传统文化进校园的实践与反思

第二届『传统文化进校园』研讨会论文集

康 震 主编

中国社会科学出版社

图书在版编目（CIP）数据

传统文化进校园的实践与反思：第二届"传统文化进校园"研讨会
论文集／康震主编 . —北京：中国社会科学出版社，2019.8
ISBN 978 - 7 - 5203 - 4458 - 6

Ⅰ. ①传… Ⅱ. ①康… Ⅲ. ①中华文化—教学研究—中小学—文集
Ⅳ. ①G623. 202 - 53

中国版本图书馆 CIP 数据核字（2019）第 094431 号

出 版 人	赵剑英
责任编辑	吴丽平
责任校对	王佳玉
责任印制	李寡寡

出　　版	中国社会科学出版社
社　　址	北京鼓楼西大街甲 158 号
邮　　编	100720
网　　址	http://www.csspw.cn
发 行 部	010 - 84083685
门 市 部	010 - 84029450
经　　销	新华书店及其他书店

印　　刷	北京明恒达印务有限公司
装　　订	廊坊市广阳区广增装订厂
版　　次	2019 年 8 月第 1 版
印　　次	2019 年 8 月第 1 次印刷

开　　本	710×1000　1/16
印　　张	17.25
插　　页	2
字　　数	270 千字
定　　价	89.00 元

目　　录

第一编　小学传统文化实践理论与教学案例

第二编　中学传统文化实践理论与教学案例

第三编　传统文化教育反思与创新

第 一 编

小学传统文化实践理论与教学案例

重构小学校园文化建设的实施路径

——从扬州市小学传统文化课程的开展情况谈起

张　华①

在新一轮的课程改革进程中，核心素养是一个绕不开的话题。基础教育阶段是核心素养形成的关键时期，因此格外引人注目。在核心素养的构成要素中，文化基础是根本，而在文化基础中，人文底蕴的养成又是重中之重。2017 年 9 月，新版小学语文教材正式投入使用，引起广泛关注。与以往教材相比，这套教材的突出特征就是大大增加了古诗文的比重，在课程设计上也更加合理，受到师生的广泛好评。中华优秀传统文化不仅是培养学生核心素养的重要途径，同时也是当前校园文化建设的重要载体，在小学校园文化建设进程中发挥着无可替代的作用。本文立足扬州市传统文化课程的开发及应用，试图分析传统文化参与校园文化建设过程中存在的不足，探讨在当前语境下，小学校园文化建设如何更好地结合传统文化资源，锤炼出更具地方特色，更有利于学生成长的校园文化。

一　传统文化课程在扬州小学的开展情况

作为历史悠久的文化名城，扬州有着底蕴深厚的传统文化资源，这

---

①　张华，扬州大学教育科学学院。

也为扬州市在中小学开辟第二课堂提供宝贵的支撑。扬州小学语文课程中涉及传统文化的有两个部分：一个是以政府有关部门为主导，结合扬州地方文化编写的校本教材。比如，早年间扬州市编写了《扬州历史》《扬州地理》《维扬文化》等读物，供全市中小学使用。在此基础上，扬州市还组织编写了《经典诵读》系列教材。《经典诵读》分小学、初中两部分，其中小学部分《经典诵读三百篇》分为三册，初中部分《经典诵读百篇》为单册，按照国家语文课程标准要求收录并适当扩展。除政府组织的传统文化课程开发外，扬州市教育主管部门和教育研究机构结合小学语文教学的特点，以母语教育为核心，通过童谣、诗词和近现代乃至外国名著等作品，研发和编写了《日有所诵》和《我的写作课》等校本教材，大大丰富了语文教学的形式和内容。

以校本教材为载体，扬州市有不少小学通过形式多样的传统艺术进校园活动，营造了系统化、长期性的校园文化氛围。比如扬州市花园路小学，除了开设古典舞、国画、书法等兴趣班，还不定期组织学生观看木偶剧，开展介绍民族文化主题班会等活动。围绕"经典诵读"的主题，扬州市邗江实验学校小学部组织了丰富多彩的校园阅读活动，从每日一吟、每周一课，到每月一本，循序渐进地提高学生的传统文化素养。"每日一吟"利用上午课前两分钟组织学生吟诵一首诗，预备铃后大家齐诵，然后开始上课。"每周一课"是每周固定的一堂校本课程——国学课，内容主要结合每周吟诵进行串讲。"每月一本"则是在每学期开学之际制定书目，每月一本好书，有选读书目和必读书目，选读的书目推荐数量略多些，必读的书目则是为了保证每个孩子最基本的阅读量。用特色课程的形式把传统文化的学习与校园文化建设结合起来，在扬州市中小学普遍实施。比如，扬州市东关小学规定每周三下午最后一节课是社团课，小朋友们可以选修不同的课程，其中就包括书法、戏曲等课。扬州大学教育科学学院附属杨庙小学每周五下午设立社团课，除了有常规的音乐、绘画课外，还开设了富有特色的剪纸课。扬州市维扬实验小学除了组织学生开展经典阅读外，还通过儿歌、童诗等形式，丰富校园文化的建设。传统文化课一旦纳入学校的课程体系，就意味着要有规范的课程目标、课程实施和课程评价方案和体系。事实上，扬州市的大部分小学也都是一边摸索传统文化课程的设计，一边用严格的课程评价体系来统筹校园文化的建设。

近年来，以"经典诵读"为主体的传统文化课程在扬州市中小学中得到普遍开展，《经典诵读三百篇》在很多学校被当作必修课教材被广泛利用。同时，为了不给学生增加课业上的负担，扬州市大多数小学在开展"经典诵读"课程的时候，要求教师在课堂完成所有内容，课后不留任何练习。经过一段时间的积累，传统文化课程的开展初见成效。在扬州，每年举办全市性的经典诵读比赛，越来越多的小学生参与其中，在社会上形成了一定的影响。

二　传统文化对小学校园文化建设的参与

1993 年，中共中央、国务院发布的《中国教育改革和发展纲要》中指出："要建设健康的、生动的校园文化，树立良好的校风、学风。"2006 年，教育部下发了《关于大力加强中小学校园文化建设的通知》，通知指出，要进一步突出、加强中小学校园文化建设，努力把校园文化渗透到学校的方方面面，并努力形成常抓不懈的工作状态。[1] 上述文件的发布凸显了小学校园文化建设的重要性。近年来，教育部在全国持续开展"中小学中华优秀文化艺术传承学校"评选活动，校园文化建设因此和传统文化艺术的继承与发展紧密结合在一起。但是，从教育部公布的第一批和第二批全国中小学中华优秀文化传承学校名单看，文化传承的项目存在项目重复、特征不明显等不足，给人以千人一面之感。

首先，校园文化建设的项目重复率高，没有体现地域特色。以教育部公布的第二批全国中小学中华优秀文化传承学校名单为例，在一千余所中小学里，以书法、书画作为优秀文化加以传承的有 193 所，剪纸有 126 所，其他如戏曲、民乐等也占有很大的比重。由此可见，当前很多学校尤其是中小学，把文化尤其是传统文化的概念狭隘化，单纯地理解为物质文化，理解为文化遗产。因此，在公布的文化传承学校名单中，带有地域色彩的项目几乎是当地的非物质文化遗产。比如扬州市第一中学

---

[1]　国务院法制办公室编：《中华人民共和国教育法典（第 3 版）》，中国法制出版社 2016 年版，第 187—188 页。

的"扬州玉雕"，上海市崇明区堡镇第二小学的"扎染"，辽宁海城同泽中学的"海城高跷"等。很显然，这些虽然都是中国优秀的传统文化技艺，但并不适合在中小学教学，也不适合作为校园文化建设的主体。其实，校园文化建设的内涵非常丰富，并不仅仅局限在技艺文化上，还应该包括文化观念和精神内核等。在现有的基础上，我们应该思考如何更好地把校园文化建设与社会主义核心价值观相结合，与本地区的人文精神相结合，体现时代性和地域特色。

其次，校园文化建设中对国学的理解存在明显的不足。从上述扬州市传统文化进校园的路径可以看出，当前校园文化建设中所理解的是一种跟风式的、缺乏准确定位的国学。无论是政府教育主管部门组织编写的经典读本，教育研究机构研发的母语教材，或是各中小学自编的校本教材，都存在取材不精、编排不合理等问题。以扬州市某学校为例，其校园文化建设体系中所选取的经典虽然考虑到小学低年级到高年级不同层次阅读的差异性，但在实际操作中却明显不足，比如《老子》的阅读是在小学三年级，而《论语》的阅读则在小学四年级，《大学》《中庸》在小学五年级、六年级，这种顺序显然是不合理的。现代诗的选取，并没有选择中国近现代著名经典诗作，而是选择了泰戈尔的《飞鸟集》，则又混淆了国学与经典的范畴。此外，作为中国传统文化的重要组成部分，道家思想和佛家思想中的优秀成分被当前国学教育选择性地忽视。《老子》是少有的能进入国学的道家思想经典，为诸多中小学所选用，其余如《庄子》《淮南子》等道家经典，《心经》《金刚经》《莲华经》等通俗佛家经典，甚至《坛经》这样的经典均很少涉及。作为传统文化的三大支柱，儒释道各具特色，同时又和谐互融，不可分割。当下单纯地把儒家经典作为国学，割裂三家文化的做法并不可取，且这种国学并不能代表真正的中国传统文化。

最后，校园文化建设逐渐失去了乡土特征，盲目追求看似高大上却并无根基的目标。中国文化是以农耕文明为根本，千百年来形成的农耕文化在当前中小学文化建设中不但没有形成传承的影响力，反而逐渐被漠视和摒弃。一个显著的例子就是在教育部公布的中小学中华优秀文化传承学校中，农村地区的中小学占比非常小。尤其是很多农村地区的小学，在发展中面临很多问题，校园文化建设明显滞后。当然，这是诸多原因共同作用的结果，兹不赘述。单就乡土特征而言，当下的乡村小学既没有足够财力，也没有足够的师资进行校园文化的设计与建设，因此往往本着拿来主义的原则，照搬城镇小学的做法。这样一来，既丢掉了特色，又在城镇小学话语体系中失去了位置，日渐边缘化。

三 重构小学校园文化的思考

基于上述问题，在当前语境下，传统文化进校园的命题已经发生根本性的转变，由进不进或怎么进转变成如何更好地进校园，参与校园文化建设的问题。经过一段时期的发展，如今弘扬优秀传统文化的观念已经在中小学扎根，在此基础上，如何从大而化之、千篇一律的校园传统文化活动中锤炼特色，营造出更好、更适合本地区发展，更有利于学生发展的文化氛围，则是需要进一步分析的问题。对此，笔者谈几点不成熟的思考。

首先，传统文化参与校园文化建设应该立足本地人文历史积淀，凝练出更具特色的校园文化理念。《义务教育语文课程标准》（2011）提出："各地都蕴藏着多种语文课程资源。学校要有强烈的资源意识，认真分析本地和本校的特点，充分利用已有的资源，积极开发潜在的资源，特别是人的资源因素和在课程实施过程中生成的资源因素。"① 在诸多地方性学校中，乡贤文化历来都被当作校园文化建设的重要资源，但其做法则往往是单纯的、口号式的崇古与师法先贤。显然，这种做法是流于表面的，对学生的发展很难起到促进作用。当前，我们应该结合社会主义核心价值观念，凝练先贤的人文素养和道德品质，形成一种价值理念，以此作为校园文化的核心内涵。比如，扬州人阮元是清代著名的思想家、政治家，其"实学"思想对清代学术影响颇深。围绕阮元的人文资源，扬州市公道小学把"实学"作为校园文化建设的主题，把乡贤文化与社会主义核心价值观，与小学课程教育目标有机地结合起来。

其次，传统文化参与校园文化建设应该有大的文化视野。在"国学

① 杨再隋、刘中林、夏家发等：《语文课程的目标·理念·策略：〈义务教育语文课程标准（2011年版）〉导读》，湖南教育出版社2012年版，第217页。

热"的推动下，当前各种国学教育泥沙俱下，渐迷人眼。在小学教育阶段，传统文化的教学如果不能"辨彰学术，考镜源流"，则会对下一代造成极不好的影响。传统文化对校园文化建设的参与，既可以是大而化之的"经典诵读"，或是形式多样的文艺活动，最具有统筹意义和本质特征的则是价值理念的建构。在校园文化建设中一旦形成一个核心理念，那么传统文化的视野就可以更加宽广。比如孝文化，既可以是儒家的孝道，可以从"二十四孝图"中选取合适的例子，给学生讲解，供大家研讨；也可以是佛家的孝，可以从佛经中寻找孝的故事，可以把盂兰盆会的由来、目连尊者救母的故事做成校本课程；还可以是道家的孝，可以在道家思想中寻找有关孝的名言警句，从《太上感应篇》中摘抄"父母为五伦之首，孝亲乃人道之先"，从《太平经》中摘抄"孝善之人，人亦不侵之也；侵孝善人，天为治之"，等等，组成一系列的警句，供学生诵读。在核心理念的统摄下，多元统一的传统文化才能更好地参与到校园文化建设进程中来。

最后，传统文化参与校园文化建设应该体现乡土特征。法国思想家卢梭曾主张教师要教给孩子乡土地理知识，"你拿地球仪和世界志教他们学了两年之后，还找不到一个十岁的孩子能够按照你所教的法子说出从巴黎到圣丹尼镇应该怎样走法。我敢说，没有任何一个孩子能够按照他爸爸的园林示意图走过其中曲曲折折的道路而不迷失方向的"。① 乡土教材在当今社会并不是新鲜名词，很多地区的中小学也都在尝试编写乡土教材，但如何把乡土教材的编写与校园文化建设结合起来，则是值得思考的问题。近代以来，中国乡土教材的编写从无到有，走过了一段曲折而漫长的发展之路，取得了很大的成就。从清末乡土教材的概念传入中国伊始，中国的乡土教材就与地方志紧密结合在一起，主要以人文地理的形式呈现，起到保存并传播乡土文化、促进乡土认同的作用。② 这种乡土志的编撰范例一直影响至今，造成大部分的乡土教材都是地理教科书，缺乏一定的人文关怀。可想而知，单纯介绍地理知识的这类乡土教材是很难激起儿童兴趣的，其实施效果也很一般。在传统文化参与校园文化

---

① ［法］卢梭：《爱弥儿》，李平沤译，商务印书馆1987年版，第137页。
② 李新：《百年中国乡土教材研究》，知识产权出版社2015年版，第184—187页。

建设的大视野下，乡土文化尤其是人文传统不但不能缺席，还要发挥其在乡土记忆与乡土认同中的积极作用，成为校园文化建设的主要抓手和重要资源。

　　综上所述，无论是在推动中华优秀传统文化创造性转化、创新性发展的视野下，还是站在培养学生核心价值观的立场上，我们都应该认真对待传统文化在校园的传承与接受。在"乱花渐欲迷人眼"的国学教育中，我们既要坚定推广传统文化的信念，同时更要立足现实，创新传统文化的转化形式，使之更好、更有力地融入校园文化建设的进程中。

亲之,近之,思辨,笃行

于兆博[①]

每个中国人都会面临一项人生课题:身份认同——即"我是谁"。身处世界,"民族"身份认同尤为重要。当今,地球村也好,信息化时代也好,都已经做到能在瞬间极大地拉近我们和世界,我们和未来、过去的时空距离。无论是现时代的成人,还是我们正在培养的这些6—12岁却同时又是未来社会主人的孩子,大家的生活环境、互动人群,已经开始越来越世界化、全球化。在这种情形下,寻根问祖,探寻中华民族的起源、发展和特点,不仅成为个体身份认同的重要任务,也是促使一个民族文明得以传承、一个民族获得永续发展的重要使命。"不忘历史才能开辟未来,善于继承才能善于创新。只有坚持从历史走向未来,从延续民族文化血脉中开拓前进,我们才能做好今天的事业"。2014年9月,习近平总书记在纪念孔子诞辰2565周年国际学术研讨会上的讲话,向全世界发出了传承和创新优秀传统文化的"中国声音",引起广泛共鸣。国学,不仅指流传下来的各种古籍、优秀诗词,更包含了诸如书法、绘画、建筑、戏剧、武术、茶艺、中医药、手工艺、民俗与节日等大量的艺术表现形式与文化国粹,还有蕴含和彰显在这些有形财富背后以尚德崇礼为重的道德追求和以百家争鸣为基奠的古代哲学思想等一系列中华民族优秀的精神遗产。这是我们的骄傲,更需要我们不断加以传承,同时是我们实现民族身份认同最好的教材。

---

① 于兆博,北京第二实验小学。

学校是进行传统文化教育的主阵地, 如何让孩子们真正地接受优秀传统文化, 领悟"传统之美"? 如何让传统文化的精髓与学校的教育教学工作实实在在地融为一体? 每个学校都在探索实践着。与大家分享一下北京第二实验小学这几年的点滴收获。

一 耳濡目染、无声滋养

校园环境是学校育人的重要途径之一。二小目前一校三址, 新文化街、王府、德胜三个校区。学校各个校区在设计初期, 就进行了缜密的讨论和思考。古色古香的四合院有"九思堂"、酬勤堂, 校园中、楼道内, 国学名句、成语故事处处可见。除此之外, 还有散落在校园各个角落的 100 个成语故事, 镌刻在教学楼上的经典名句, 张贴在楼道和教室内学生亲手写的国学经典。师生徜徉其间, 浸润在浓郁的国学氛围中, 耳濡目染, 这些深奥的文字不知不觉变得亲近。

2012 年 10 月, 在国务院参事室、中国国学研究中心, 以及我校全体行政领导的引领下, 将"国学润心田"这样一个体现国学价值、尊重教育规律和小学生发展特点的研究课题, 带入我校。随后, 我校邀请了中央文史馆陈来研究员, 中国国学研究中心朱翔非处长, 国学大家刘梦溪, 著名作家舒乙等众多名家、前辈, 来我校讲学。老师们豁然开朗。原来, 国学是如此的丰富, 如此的亲切。

为了加强学习与研究, 我们成立了"国学润心田——润之道"核心课题组, 并组织全校老师开展为期两个月的密集性学习和研究, 共开设国学教育讲堂 10 余次; 于 2012—2013 学年的寒假组织核心课题组教师 20 余人赴台交流学习 12 天。近距离地感受到台湾的学校是如何将国学融入学生的学习和生活中的。台北"孔庙"的亲子活动, 长安国小的"深耕阅读"都令我们记忆犹新。每周行政例会以"国学五分钟"为开场, 国学专题项目推进研讨会、交流活动达 15 次之多。就在这样的交流和学习中, 大家对国学内涵及国学教育价值的认识逐步深刻, 逐渐趋于统一, 为后续全面铺开"国学润心田"教育实践活动打下了坚实的基础。

二 博观约取，厚积薄发

如何让国学更好地浸润实验二小的学生呢？国学社，这一旨在传承祖国优秀传统文化的教师、学生社团应运而生。

"学高为师，身正为范。"教师要率先学习国学。子曰："有朋自远方来，不亦乐乎。"国学社欢迎喜爱国学的老师加入，志同道合的老师们一起交相问难。手握一管柔毫，品尝香粽、月饼，端午、中秋之韵味可意会，亦可言传。上行之，下必效之。喜爱祖国传统文化的学生积极参与。吟唱古诗词、民乐合奏、表演戏剧、书画展示、诵读国学经典、聆听专家讲座，国学社的活动可谓丰富多彩。更多的教师、学生共同参与其中。现在，这个社团又加入了新鲜血液——家长朋友。老师、家长、学生一起吟唱古诗词、国学经典，陪着民乐合奏、表演戏剧，伴着墨香练习书法体会博大精深的传统文化。国学社的活动日渐丰富，如欣欣向荣之木。

只是浸润远远不够，要将国学经典积累起来，内化于心，感化学生。俗话说"腹有诗书气自华"，在诵读中体会到古典诗词特有的音韵美。每天清晨，每一间教室传出的琅琅书声不绝于耳，诵读古诗、国学名句已成为学校一道亮丽的风景。《小学生必背75首古诗》《中华传统美德100句》，毕业之时，每一位学生都熟读成诵。此外，各年级还增加了《弟子规》《千字文》《论语》《孟子》等国学经典。一句句先贤的至理名言早已融入学生的精神世界。

三 思行合一，精彩展示

关注经典的德、行教育价值。读经诵典，不是为了背诵，而是为了践行。经典的价值和意义在于为"人"的发展服务，尤其为"人之德"的发展服务。德之本，不在于言，而在于行。因此，如何巧用经典促进学生品行发展，是我校"国学润心田"教育实践活动的重要任务。随着学习的深入，各年级都将国学教育自觉融入学生的德育工作之中。包括群策群力、共同整理规划出各年级学生德育发展目标（国学版）；包括，有年级发展出国学版班名、国学版班训，也有年级开展了"借国学箴言立志, 志存高远""借国学精粹润泽, 香满校园"等德育活动; 包括, 有年级将学校 10 + N + 3 评价标准, 改编为能使学生朗朗上口的国学版; 包括, 有年级借用经典格式, 编写出有关学生一日常规的《二小学生弟子规》以及反映校园生活的《二小教育三字经》。

为了展示学习的成果, 也为了提高师生继续学习的动力, 巧借国学资源, 开展丰富学生的多彩的活动促进学生全面发展。2013 年 9 月 27 日, 第一次国学展示活动拉开了序幕, 每个年级献上了一个节目。效果喜人。第二年, 国学日提升为国学周, 内容更加丰富, 有的年级, 师生一起出了 200 条国学知识问答题, 张贴在楼道内。还有的年级举行诗词沙龙会。到目前为止, 国学活动已经坚持五年了, 每年的九月已成为全校学生学习国学的高潮, 凸显了国学"思"与"行"的结合。

今年, 国学周又有可喜的变化。9 月 30 日的展演活动并非育人的节点, 而是承上启下, 既回顾了上一学年习得的内容, 也开启了新学年的国学课程内容。戏剧节、读书节、国学沙龙、各年级国学讲坛、诗词大会都成为学生展示的舞台, 更是生动、有效的育人途径。也许, 那小小的成就感会成为学生研习国学的不竭动力。

随着学习的深入, 我校六年级学生对国学有了一定的认识和积累。他们逐渐把目光聚焦在辨析国学中的精华和糟粕上。于是, "我思我辩论国学"的活动应运而生。

辩题节选: 夫孝, 德之本也, 教之所由生也; 近朱者赤, 近墨者黑; 不食嗟来之食; 水至清则无鱼, 人至察则无徒; 纸上得来终觉浅, 绝知此事要躬行; 弟子不必不如师。

之所以选择"辩论会"的形式, 基于学生六年级的年龄特点——他们已经具备了一定的思考能力、辨别能力、表达能力, 而且在成长的过程中, 他们需要一个表达自己观点的机会。学生自发地将资料加以整理、辨析, 确立属于自己的观点。有传承, 有批判。在倾听、思考、辩论、再思考的过程中提升学生对传统文化的认识。在辩论会中, 既有表达能力的训练, 又有写作能力的发展; 既有个人才华的展示, 又有团队凝聚的体现。辩论会的形式, 可以促使学生"在学习中思考, 在思考后辩论, 在辩论中倾听, 在倾听中再思考", 体验这样一个递进的过程, 学生也在递进中逐步成长。

四 勤思笃行，课程建设——笃行

目前，国学课程已成为我校"学森课程"的重要组成部分。

作为国学教育的主阵地，语文学科当仁不让。在日常教学中各教研组的老师们针对古诗、文言文的教学，进行了深入的研究，课上注重汉字字源及汉字文化的探究，并以一篇带多篇的方式增补、学习了大量课外的诗词、名篇。

每周二下午，我校会开设很多与国学有关的选修课。诸如空竹、毛猴、风筝、面塑、布衣、绳编、剪纸、篆刻等非遗内容。其中有些内容现在已经融入我校相应的美术、劳技等课程中。在二小，国学育人不止于课堂。每月一次的社会大课堂活动和每周两节连排的主题研究课中，很多年级也将目光投向国学主题，如《北京城里的四合院》《谈谈身边的非遗》。

更有老师带领学生以祖国传统文化为契机，在校外组织"中秋诗会""登高赋诗"等亲子活动。师、生、家长，欢聚一堂，融融泄泄。

二小的国学课程从书本学习走向实践体验，从校内走向校外，从京城走向更广阔的天地。

今年的国学课程紧密围绕"立体的书"这一主题，各年级的节目自出机杼、深入浅出，展现了二小学生的风采。9月30日，周云磊书记莅临我校，与学生们欢聚一堂共同参加"品国粹、继绝学，做勤思笃行二小人"展示活动。各年级将"立体的书"作为必须掌握的校本课程内容，开展形式多样的研究活动。

在此基础上，11月28日，我校举办以《立体的书》育"立体的人"为主题的西城区科研月活动。教师引领学生将"四合之美""成语之美"展现得淋漓尽致，无不彰显中国传统文化中以和为贵的最高境界。

国学教育重点不在于对错，而在于国学的价值。小学是体验式教育的最好阶段，小学的国学教育可以增加体验，增加互动，在情境中展开能够有助于小学生更好地理解国学内容。于是，我们提出未来发展的两个方向。其一，国学教育发展的核心是优秀国学教师的培养。一位优秀的国学教师可以将文化的基本理念、文化的传统美德和文化精神融为一体，最好的浸润就是——言传身教。其二，在现有教学体制下，加强国学与文科学科（语文、社会与品德、主题研究课）的融合，文、史、哲不分家。我们的研究刚刚起步，还在路上。

让文化自信在儿童心底深深扎根

——试论小学低年级段语文传统文化教育

俞　璐①

习近平总书记指出"文化是一个国家、一个民族的灵魂。文化兴国运兴，文化强民族强"。② 中华优秀传统文化是中华民族凝聚力、自豪感的源泉，是国运兴、民族强的基础。而语文教育承担着文化传承的任务，必须自觉担负起传承优秀传统文化的重任，抓早抓小，重视小学语文特别是低年级段语文的"教化"作用，积极寻求弘扬传统文化的策略，努力在儿童心灵深处埋下种子，让文化自信在儿童心底扎根。

一　小学低年级段语文进行传统文化教育的必要性

（一）树立文化自信的必然要求

习近平总书记强调，"坚定中国特色社会主义道路自信、理论自信、制度自信，说到底是要坚定文化自信，文化自信是更基本、更深沉、更持久的力量"。③ 中华民族有五千年的悠久历史，有博大精深的优秀传统文化，这是我们最强大的软实力，是中华文明传承不绝的基础，积淀着

---

①　俞璐，清华附小。
②　习近平：《在中国共产党第十九次全国代表大会上的报告》，人民出版社 2017 年版。
③　习近平：《在哲学社会科学工作座谈会上的讲话》，转引自新华网，2016 年 5 月。

中国人民最深沉的精神追求，像"自强不息"的奋斗精神，"革故鼎新"的创新思想，"天下兴亡，匹夫有责"的家国情怀，"舍生取义"的牺牲精神，"扶危济困"的公德意识等，已浸润于每个国人心中，成为"百姓日用而不觉"的价值观念、行为准则，成为中华民族奋发进取的根基、自尊自信的源泉。坚定文化自信，必须"从家庭做起，从娃娃抓起。深入挖掘中华优秀传统文化蕴含的思想观念、人文精神、道德规范，结合时代要求继承创新，让中华文化展现出永久魅力和时代风采"。①

（二）传承传统文化的必要举措

有学者认为："传统文化是古人创造的可供今人继承的文化成果。"②强调传统文化的传承性，不能继承、昙花一现、只属于特定时期的文化，都不是传统文化。"传统文化所蕴含的代代相传的思维方式、价值观念、行为准则，一方面具有强烈的历史性、遗传性，另一方面具有鲜活的现实性、变异性。它无时不在影响、制约着今天的中国人，为我们开创新文化提供历史的根据和现实的基础。"③ 中华优秀传统文化是几千年来充满伟大智慧的祖先留给今人的丰厚遗产，是带有深深中华民族烙印的有形物质文化和无形精神文化的总和，有鲜活的生命，有丰富的内涵，代代延续、渗透于每个炎黄子孙心灵深处。而今天我们正处在一个信息膨胀的时代，孩子被各种各样的文明成果所影响，有些家长也是言必称欧美，文化的兼容并包是好的，但前提是不能影响到民族精神和民族文化的传承，否则我们这一代人就可能成为历史的罪人。

（三）打好人生底色的必备手段

文化是民族的魂，语言是文化的根。正如一位学者诗意地描绘的那样，"在无数中国人的心里，古老优雅的汉语是我们五千年文明最美丽的组成部分，也是我们之所以成为我们的文化标记。横平竖直的方块字将我们民族胸中的丘壑山水，化为不尽的纸上烟云。音分四声，律有平仄，

---

① 习近平：《在中国共产党第十九次全国代表大会上的报告》，人民出版社 2017 年版。
② 庄严：《何谓传统文化》，《兰州学刊》1997 年第 2 期。
③ 张岱年、方克立：《中国传统文化概论》，北京师范大学出版社 1997 年版。

构成了汉语诗文一唱三叹、回环往复的音韵之美。千百年来，隽永优质的汉语承载着我们民族独特的思维，我们依靠它倾诉，运用它思想，凭借他穿越五千年历史文化隧道。"① 语文学科是学习民族语言文化的重要载体，而小学语文更具有培育民族精神的独特优势，它依靠鲜明的形象、生动的语言，激发学生的情感共鸣，能使学生潜移默化地接受正确的、高尚的道德和文化熏陶。小学低年级段是儿童受启蒙、打基础的阶段，更应用一种润物无声的方式为儿童铸牢民族的特色，引导他们自觉立足中华优秀传统文化的土壤，扎下中华优秀传统文化的根，体味历史的浓郁芬芳，体味汉民族语言的丰富和多彩，体味中华民族文化的广博与深邃，体味民族精神的深邃与永恒，从而打好人生底色、开启灿烂人生。

（四）语文学科是传统文化教育的最佳载体

语文学科是工具性与人文性的统一，承担着语言教育和文学教育两项任务。这里的语言正是指汉语，这是中华民族的母语。语言学家魏斯格贝尔认为，每种语言都存在于"塑造精神的力量"、"承载历史的力量"、"创造文化的力量"三重作用形式下②。可见，汉语塑造着中华民族的精神，承载着中华民族的历史，其发展和演变的过程正是中华民族文化发展演变的过程，学好汉语本身就是对传统文化的继承。而关于文学教育，语文教育家王尚文先生指出，"文学是人学，它能使读者在文学作品的字里行间发现作者的生命体验，产生共鸣感，由此而认识自己，理解他人，并把美还给美，把丑还给丑，进而使美的更美，使丑的更丑，最终把人的感情、精神提升到一个新的境界"③。而这一发现作者生命体验与其产生共鸣并由此认识自己理解他人最终提升感情和精神的过程，正是对人的重视、关怀，正是对人生的关注和追求，正是人文关怀和人文精神的精髓所在，也正是传统文化的精髓所在，在文学学习中我们能够找到和古人的共鸣，从而不自觉地完成对于传统文化的继承和发扬。

---

① 朱竞：《汉语的危机（序）》，文化艺术出版社 2005 年版。
② 彭彧：《维斯贝格尔的"母语和母语教育"理论及其对汉语汉字研究与教学的启示》，博士学位论文，复旦大学，2010 年。
③ 王尚文：《语文教育一家言》，漓江出版社 2012 年版。

二　小学低年级段语文传统文化教育的内容

（一）汉字

汉字是中华文化的基石，是五千年辉煌灿烂文化最重要的载体。它们不是一个个生硬的符号，而是具有鲜活的生命，富于生命意趣，体现着古人的伟大智慧。正如曹明海教授所指出的那样，"汉字是中华民族文化的结晶和象征，荟萃了中华民族文化的精髓，有着博大精深的文化内涵和巨大的文化魅力"。① 识字和写字在整个小学语文教学中都是重点内容，在低年级段教学中更是如此，面对刚刚开始接受学校教育的儿童，更应大力发掘汉字的审美性、趣味性，让汉字在孩子们心中鲜活起来，培养儿童对汉字的感情，从而让他们心底油然而生民族自豪感、文化自信心。

（二）文学经典

经典文学作品能润物无声般引领儿童感受汉文化的韵味。小学语文教材中选取的传统文学经典以古诗居多，小学低年级段儿童记忆潜力大，"诗教"不仅可以培养良好语感，更能陶冶性情、提升精神境界。正如有学者指出的那样，蕴含着丰厚传统文化的优秀古诗文经过千百年的大浪淘沙散发着永恒的魅力，涉及中华民族的情感状态、语言风格、生活习俗、文化习惯、审判情趣、人生信仰、民族追求以及经历漫长的历史积淀而形成的行为方式、思维品质和心理特征等内容，这与中华文化和内容既是相通的，又是相同的。② 更为重要的是，入选诗文是千百年来人们精心选择、口耳相传、深入人心的经典之作，读来朗朗上口，特别适合小学生学习和理解。学习这些经典作品，对于未来学生夯实传统文化功底，培养浓厚的民族情感，能达到事半功倍的效果。

---

① 曹明海：《语文陶冶性教学论》，山东人民出版社2007年版。

② 许序修、施仲谋：《中华传统文化教育与语文课程改革——兼谈香港中华文化承传教育》，《中学语文教学参考》2007年第2期。

（三）民俗节礼

民俗文化、节日文化是传统文化的重要组成部分，在这些活动中，人们表达情感与理性、调整思维与行为。节日在给人带来欢乐的同时，也传递着社会主流价值观，特别是一些盛大民族传统节日，堪称政治、经济、生活、宗教信仰、文化艺术、民族心理等的综合表现，发挥着强大的社会凝聚力。我国的民俗节礼活动丰富多彩，学习这些内容对于儿童来说不仅新奇有趣，更有助于民族精神与民族理想的传承。

（四）名人故事

英国哲人弗朗西斯·培根曾说过："用伟人的事迹来激励孩子，远胜于一切教育。"多年的教学经验一再验证这句话。现在语文教材中的《司马光》《聪明的韩愈》《孔子拜师》等经典的历史上伟人的成长故事，能够帮助儿童更好地了解我们民族历史上的伟大人物，对于喜欢并且需要向榜样学习的儿童来说更是具有很强的教化意义。

三　小学低年级段语文传统文化教育的策略

（一）书写——感受汉字字形之美

汉字独特的形体蕴含着丰富的文化意蕴和文化资源，而发掘这种意蕴和资源的方式就是——书写；汉字是审美性的，掌握一个字就如同打开一扇窗，而打开这扇窗最好的方式还是——书写。鲁迅先生曾经说过，我国的书法艺术是东方的明珠瑰宝，它不是诗却有诗的韵味，它不是画却有画的美感，它不是舞却有舞的节奏，它不是歌却有歌的旋律。汉字书法是最具有中国特色的艺术形式，让无数国人为之骄傲自豪。教孩子写一手好字，从而充分认识汉字象形表意的特征，充分体会汉字的字形，是语文教师崇高的使命。宋曹在《书法约言》中说："笔笔着力，字字异形，行行殊致，极其自然，乃为有法。仍须带逸气，令其萧散；又须骨涵于中，筋不外露。无垂不缩，无往不收，方是藏锋，方令人有字外之想。"① 这是一种崇高的境界。小学低年级段首要应该写好的是楷书，这种字体讲究笔画的横平竖直、结构的精致严谨、字形的方正平整，这是对书写的要求，却又何尝不是对儿童人生的期望，孩子们正是在一笔一画的书写练习中学会了人生的真谛，从而不断陶冶自己的人格境界。

（二）诵读——感受汉语音乐之美

诵读自古以来就是语文教习活动的精髓，中国文字的独特韵律特别适合诵读，尤其是古典诗文，虽短小精悍却意蕴深远，词句合辙押韵读来朗朗上口。朱光潜先生回忆道："私塾的读书程序是先背诵后讲解，在'开讲'时，我能了解的很少，可是熟读成诵，一句一句地在舌头上滚将下来，还拉一点腔调，在儿童时却是一件乐事。……我现在所记得的书，大半还是儿时背诵过的，当时虽不甚了了，现在回忆起来，不断地有新领悟，其中意味确是深长。"② 足见诵读对于传统文化教学的重要性。教学中可先由教师声情并茂地带读、教读，接着提出诵读要求请儿童自读，通过自读自学和教师范读，儿童就很容易体悟，找出整篇作品所抒之情、所达之意。诵读后教师可以用生动的语言进行引导，帮助儿童插上想象的翅膀，让眼、耳、心穿越回古代，自觉与古人对话，达到情感上的共鸣。在这样的涵咏体味中，儿童心底对经典的积累自然完成，文化的品位也自然逐渐生成，对中华优秀传统文化的自信与热爱也自然深深扎根。

（三）参与——感受传统人文精神

中国传统文化内容丰富、形式多样，其中有不少外显的如民俗节礼等本身就是以活动的形式出现，而传统道德、人文精神等内隐性内容也可以通过创设情境让学生体会与感悟。所以教师可以采取主题教学方式，结合教材整合传统文化活动引入课堂，让学生在参与的过程中亲近传统文化，感受人文精神。例如在教学北师大版《小学语文》一年级下册第

---

① 转引自危磊《中国书法艺术的圆通之美》，《广西师院学报》（哲学社会科学版）2002年第3期。

② 朱光潜：《从我怎样学国文说起（节录）》，《语文学习》2003年第6期。

一个单元"元宵节"时，就可将元宵节的传统文化活动根据教学需要整合引入课堂，不仅可以通过多媒体教学展示节日场景，还可以带领学生做灯笼、猜灯谜等，不仅活跃并丰富语文课堂，更能让学生在参与中真切感知优秀传统文化精髓，汲取其中的智慧，强化文化自信。

（四）升华——传承中华传统美德

传统文化与社会道德息息相关，与民族精神紧紧相连。江泽民同志指出："民族精神是一个民族赖以生存和发展的精神支撑。一个民族，没有振奋的精神和高尚的品格，不可能自立于世界民族之林。在五千多年的发展中，中华民族形成了以爱国主义为核心的团结统一、爱好和平、勤劳勇敢、自强不息的伟大民族精神。"[1] 其中的内涵极其丰富，既有"苟利国家生死以，岂因祸福避趋之"的爱国情怀，又有"苟日新，日日新，又日新"的创新思想；既有"吾善养吾浩然之气"的道德情操，又有"自强不息、厚德载物"的奋斗精神；既有"吾日三省吾身"的崇高操守，又有"老吾老以及人之老，幼吾幼以及人之幼"的孝老爱亲传统。课堂上，教师应充分调动孩子们的积极性、主动性，在学习和讨论中把渗透在学习材料中的这些美德升华出来，帮助儿童汲取民族精神基因中这些"善"的养分，使之成为每名儿童未来的做人准则与行为方式，从而实现"为聪慧和高尚的人生奠基"的使命。

小学语文教育，特别是低年级段语文教育，不仅能为儿童提高母语应用水平提供标杆，为儿童提高文学素养提供养料，更能为他们了解、认识进而热爱、传承博大精深的中华优秀传统文化提供其他学科无法提供的帮助，让文化自信在儿童心底深深扎根。作为一名小学语文教师，我们责无旁贷，我们任重道远。

---

[1]　江泽民：《在中国共产党第十六次全国代表大会上的报告》，人民出版社 2002 年版。

基于核心素养的小学国学
教育发展研究

赵　蕊[①]

　　国学教育以成就君子人格、实现学以成人为发展目标，对青少年的人格养成有重要意义。但在中国目前的教育大环境下，国学教育的发展仍存在学习资源的整合、学习方式、课程建设、师资、教学评价等种种限制及问题。如何将传统文化元素融入当前的教育体系，实现国学教育在义务教育中的定位与担当，进而提高全民族的公民素质，为实现中国梦打下良好的人文道德基础，是本文的研究目标所在。本文基于当前小学教育对学生核心素养的培养与关注，在对小学国学教育中存在问题分析的基础上，结合国学教育的教学实践，充分挖掘适应孩子成长阶段的系统教学模式，最终提出基于核心素养的小学国学教育的课程实施方法、小学国学教师的教师素养及课程评价体系，以期对小学国学教育的发展有所助益。

一　开展小学国学教育的意义及问题语境

　　国学教育以成就君子人格、实现学以成人为发展目标，《中庸》曾以知、仁、勇三"达德"作为衡量一个人实现自身全面发展的标准，孔子"仁者不忧，知者不惑，勇者不惧"的明理通达则是人完成自身全面发展

---

　　① 赵蕊，北京中关村第一小学。

的理想状态。国学教育这种成己达人的根本精神与现代素质教育所提倡的实现"全面而发展的人"的根本目标遥相呼应。自党的十八大以来，习近平总书记就弘扬传统文化、培育和践行社会主义核心价值观做出一系列重要指示，对当前的教育改革具有较强的理论意义。由此，如何将传统文化元素融入当前教育体系，实现国学教育在义务教育中的定位与担当，进而提高全民族的公民素质，为实现中国梦打下良好人文道德基础，是推动和开展国学教育的现实意义。

从教育学的理论意义上看，国学教育对青少年的人格养成有重要意义。《易》有言："童蒙养正，圣功也。"一个人少年时期所接受的价值观念将会影响他一生的走向。国学经典历经千年传承，其中蕴含着大美、大智慧，对孩子而言，这是养成其精神气质的基础。为此，小学阶段尤其应当加强和推广国学教育，从而培养一个独立而自由的人格，帮助孩子确立健全、向上的价值观以及高雅的情趣。

但在中国目前的教育大环境下，国学教育的发展仍存在种种限制及问题。比如，国学的学习目前只作为兴趣或特长等培训类课程存在，并不是主流的教育内容；个别私塾或社会机构的读经项目屡屡出现问题，单纯的记诵催生了一些没有独立人格和学习自主性的"读经少年"；国学在一些中小学有所推广，但多流于表面的记诵与特色活动，缺乏实质的德性践履、情趣的涵养与日常生活的行为规范，更没有一以贯之的课程体系建设；教育界、文化界乃至民间教育机构或学人对国学教育的推广众说纷纭、意见不一；国学教师的匮乏，当前很多国学老师非专业出身，而是由语文教师或思想品德教师兼任；尤为重要的是，国学教育的开展缺乏可量化、可量度的评价体系，致使许多家长和教师认为国学教育"无用"，等等。由此，如何实现国学教育与义务教育相结合，将国学教育深入学生身心，让国学学习在日常生活中真实发生，则是国学教育开展的问题语境。

二　基于核心素养推广国学教育的必要性

在当前教育改革的发展进程中，"核心素养"乃时下一个热门词汇。"核心素养"的提出，不仅标志着我国素质教育进入一个新的发展阶段，也明确了基础教育课程改革的理念和方向。2016 年 9 月 13 日，中国学生发展核心素养研究成果发布会在北京师范大学举行，最终确定《中国学生核心素养》的总体框架，并对学生发展核心素养的内涵、表现、落实途径等做了详细阐释。从学生发展核心素养的界定来看，"核心素养"立足学生全面发展，以培养"学生应具备的适应终身发展和社会发展需要的必备品格和关键能力"为内容，不仅是落实我国当前教育改革立德树人根本任务的一项重要举措，更与国学教育理念一脉相承。国学教育作为传统文化精神的重要体现，理应在教育改革中发挥其作用，其内容和方向也须适应现代教育的发展，寻求与现代教育相结合的切入点；而对学生"核心素养"的关注，梳理国学教育应当如何实现核心素养的要求，或者国学教育是如何体现核心素养的要求，则是当前国学教育在义务教育中开展的进路。

如果从国学教育与现代教育的结合来看，国学教育中"知""仁""勇"三方面的教育要求分别指向智慧教育、情感教育、意志教育。其中，智慧教育意指对学生主动获取知识以形成智慧的能力培养，情感教育注重对学生德性发展与健全人格的引导，意志教育发挥学生自身意志力和责任担当的品格，皆是国学教育在"核心素养"观念下所应呈现出的方向。

首先，国学教育中的"知"关注的是一个人生命智慧的自我养成。"知"包括两个维度：一个是作为学识层面的知识和经验的积累；另一个是作为智慧层面的判断和抉择能力的实践，两者皆指向德性修养中的智慧生命养成。世间万物皆有其生成特性及变化发展的事理，人只有通过知识和经验的学习才能实现对世界的了解，在现实生活中立身行事才不至于盲从迷信；而世间的道理又是纷繁复杂的，对知识的获取也是永无止境的，所谓"吾生也有涯，而知也无涯，以有涯逐无涯，殆矣"，只有帮助学生学会在知识学习中形成一种判断能力和总结概括能力，才会使其在面对繁难事情时，可以顺利厘清其中的条理，而不会产生迷惑。所以，孔子自言"十有五而志于学，三十而立，四十而不惑"，这即是对人通过不断学习和实践而最终形成一种生命智慧的真实写照。同时，国学教育亦言明人的智识养成要以彰显"仁德"为方向。《论语》中孔子的弟子樊迟向孔子讨教何为"知"，孔子答以"知人"，樊迟不解，孔子则又启发以"举直错诸枉，能使枉者直"，可见，对人的智慧养成不是为社会培养一群"精致的利己主义者"，而是要使人辨明美丑善恶、是非曲直，实现知识与道德相互统一的生命智慧，故而孔子把"仁"与"知"并提，"知及仁守""知仁利仁"，皆是对"知"与"仁"关系的表述。

其次，国学教育以"仁"德的健全人格养成为实现目标。"仁"是儒家思想的核心，也是国学教育的核心词汇。《论语》一书对"仁"的表述最为完整、贴切，其对"仁"德的养成和认识主要包括以下三个方面：1. "我欲仁，斯仁至矣"，关注人的自我主体性建立，"仁德"的达成是主动向上、健动不息的自我实现过程，只有培养学生自我发展、自我成长的需要，才有助于其人格境界的提升和养成；2. "仁者，爱人"，对学生仁德的培养实际上是一种情感教育，这不仅体现在其能激发并提升学生内心本具的美好情感上，也能帮助学生学会在人与人之间的相处中体会情感的互通与互发，实现人与自我、他人、社会的有效沟通和交流，并促进学生发展成为一个社会中的人，"己所不欲，勿施于人""己欲立而立人，己欲达而达人"正是对这种人我一体关系的表达，它是学生健全人格形成的保证；3. "仁者不忧"，帮助学生自我实现"仁德"的过程实际上也是学生人格自由和独立的养成过程，使其认清自身的潜能与发展方向，明确其在家庭及社会中的角色及定位，形成积极向上的自我认知和自我评价，唯有如此，面对现实生活中的成败与得失，学生才会持守自我情操而不消极颓唐、自我迷失。

最后，国学教育注重培养能磨炼意志、锤炼心性的"勇"德。国学教育中的"勇"并非仅指人的勇气和胆识，它更侧重人的意志力、定力和责任担当。《孟子》中讲述何为"不动心"时有言："自反而不缩，虽褐宽博，吾不惴焉；自反而缩，虽千万人，吾往矣"，这种以"道义"配"勇"德的思想是国学教育所应当培养的方向。所谓"我善养吾浩然之气"，"其为气也，至大至刚，以直养而无害，则塞于天地之间。其为气也，配义与道；无是，馁也"，在学生发展阶段中对其义气和勇气的养护，可以帮助学生养成光明磊落、浩然旷达的心性，使学生认识到自我作为一个社会人的担当和责任。同时，对"勇"德的注重可以提升学生学习过程中的专注力、意志力，一个意志薄弱的人在学习生活中很容易受到外界的影响，导致学习涣散、注意力不集中，影响其知识获取的效果，而"勇"正能使学生自我做主而不被劣等欲望所牵制，从而实现心灵自由。就做人而言，意志力的提升是不可或缺的功夫，意志磨炼到家，自然能堂堂正正、顶天立地做一世人。

由此可知，国学教育中对人"知""仁""勇"三方面的培养，正回应了《意见》文件中所"强调个人修养、社会关爱、家国情怀，更加注重自主发展、合作参与、创新实践"的核心素养体系目标。

三 "核心素养"观念下的小学国学教育课程应当如何开展

《论语》中孔子在谈及"知""仁""勇"等品德的养成及其弊病时说道："好仁不好学，其蔽也愚；好知不好学，其蔽也荡；好信不好学，其蔽也贼；好直不好学，其蔽也绞；好勇不好学，其蔽也乱；好刚不好学，其蔽也狂"，对"知""仁""勇"三种品德的追求要以"学"为指要，好仁德而不知"学"则会走向愚痴，好求智而不知"学"则会走向玄荡，好刚勇而不知"学"则会走向狂妄，这皆是在警示人不通过学习来辩明事理可能导致的偏颇和弊端。那么，"学"的所指应当是什么？换句话说，在"核心素养"观念下，我们应当如何开展课程以供学生学习和实践，方能保证小学国学教育"知""仁""勇"君子人格目标养成计划的实现？

1. 以经典文本为载体，推进国学教育的次第开展，以奠定学生形成智识判断的基础。《易》有云："童蒙养正，圣功也。"最好的养正教育，应当对学生的心灵有所滋养，国学经典历经千年传承，其中蕴含着大美、大智慧，对学生而言，这是养成其精神气质的基础。就像养护我们的身体一样，我们摄入的应当是营养食品，而不是垃圾食品，这样才能保证我们的身体健康成长，心灵的滋养也是一个摄取养分并进而消化、吸收的过程，国学经典无疑是最好的养分。而在小学开展国学教育，对国学教材的选取则是重中之重。如今许多中小学开展国学课程，主要以《三字经》《千字文》《弟子规》《笠翁对韵》为主要内容，并选取《论语》《道德经》《庄子》《孟子》部分章节以供行教。其中，《三字经》和《千字文》作为一种传统文化常识的普及教材，且读无妨，但《弟子规》却一直争议很大。限于《弟子规》中某些文句与现代教育理念有不甚相应之处，除非教授《弟子规》的老师有清醒理性的文化素养去引导孩子认识和理解其中的句意，并帮助孩子建立全面而健康的价值观，此书乃可读、应读。否则，一味地要求孩子强背，而又没有正确的引导，会起到相反的效果。但诸如《大学》《中庸》《论语》《老子》《庄子》《孟子》之类的经典则应当保留其完整性以着力提倡，分年级和阶段依次进行经典的推广和学习，甚至可以要求学生不理解而只记诵，老师可以在国学课堂上适时选取历史上相关人物的故事来帮助孩子理解某段之要旨，也可以用现实生活中的例子结合学生的学习、生活来阐发其中道理，甚至可以用案例讨论的形式来确立生活应持守的某种行为准则，其主要目的是让孩子对经典产生亲近感，并进而思慕古人，效仿古人之风，以滋养并提升自己的心灵境界和审美品位。

2. 以经典诵读为主要教学方式，以开启学生智慧、涵泳其心性。朱子有云："书只贵读，读多自然晓。今即思量得，写在纸上底，也不济事，终非我有，只贵乎读。这个不知如何，自然心与气合，舒畅发越，自是记得牢。纵饶熟看过，心里思量过，也不如读。读来读去，少间不晓得底，自然晓得；已晓得者，越有滋味。若是读不熟，都没这般滋味。"中国自古以来讲求诵读的学习方式，这不仅有助于学生把握语感和节奏，感受中国语言文字的音韵美、声律美；而且能帮助学生体会经典中的辞气和意味，对其沟通交流以及提升阅读和写作能力都大有裨益。同时，学生可以通过诵读、玩味、涵泳经典，实现与经典中圣贤心境和情操的契合，进而挺立志向，希求自我发展。但是，在对经典诵读方式的提倡中，却始终存在着两种声音。

（1）拥护者，如老一辈的大德南怀瑾先生，他力倡"儿童读经"，认为读经可以开启儿童的智慧德性，儿童时期是记忆力最好的阶段，一定要多读多诵，先让儿童把经典存入自己的内心（佛教"阿赖耶识"说），长大之后自然会涵泳运用其中的意思；同时，作为诵读的学习方式，不仅能增加一个人的记忆力、智力，使头脑变得更细腻、精详，而且在吟诵的过程中能不自觉地实现德育的潜移默化。

（2）反对者，如今许多儿童教育专家强烈反对儿童读经，他们说：经典是文言文，太抽象、枯燥，无法让儿童产生体验、理解等形象感知；

对经典的死记硬背属于灌输填鸭式教学，是在扼杀儿童的学习自主性；经典承载的内容大多是封建社会的产物，倡导的是成人本位的价值观，与当下提倡的幼儿本位价值观相违背，而且里面有很多奴化思想，这会把孩子培养成没有独立人格的奴化人。

如此强大的两种声音，会使大多数人失去判断力。但不论哪种教育观念更为正确、先进，其教育的目的都是指向成就人格的独立与自由、心灵的开阔与丰富。作为国学教育课程开展中的重要教学手段，经典诵读并不是唯一方式，教师在教学过程中也并不会以强制的手段来逼迫学生学习。同时，国学经典的诵读开展可以通过引导、激励和情境创设来实现，以每日 20—30 分钟为宜，不贪多、不苛求、不强迫，应机而教。比如，可以选择美好的清晨，组织学生在亲近自然中吟诵经典；可以在教室里播放舒缓的古典音乐来让学生平心静气地诵读经典；可以通过小组竞赛或班级、校园活动的方式来进行诵读比赛，并适时给予学生正面激励；等等。所谓"为学贵在有恒"，如果学生将国学诵读养成习惯，"苟日新，又日新，日日新"，则其在学习过程中的自我成就感会不断增强，而不会失去自主学习的兴趣。所以，国学课程中应当仍以经典诵读为主要教学方式，只是在具体的实践过程中如何激发学生自主学习的能力，使学生保持对国学的爱好和兴趣，是国学经典课程应当探究的方向。

3. 促进国学课堂授课方式的多样性，保证学生知、情、意的协调发展。儿童就是儿童，保护儿童的童心，顺应儿童身心发展规律以开展教学活动是小学教育的根本立场。儿童大都活泼好动、爱嬉戏玩耍，当前的国学教育若一味因循课诵识记之事，以道德规范来严格约束他们，不仅会造成学生对国学经典的抵触厌烦心理，而且会引起学生的其他不良情绪，活泼自然之性一旦受到压制，则会以逃避、撒谎来达到他们嬉戏的目的，由此国学教育立德树人的目标也就失坠了。所以，国学教育应当改进其教学方式，使学生在"乐学"的状态中实现自我提升。

王阳明在《训蒙大意示教读刘伯颂等》一文中说："今教童子，惟当以孝悌忠信、礼义廉耻为专务。其栽培涵养之方，则宜诱之歌诗以发其志意，导之习礼以肃其威仪，讽之读书以开其知觉。"阳明先生认为儿童教育应当以孝、悌、忠、信、礼、义、廉、耻为教学内容，以诗歌啸咏、修习礼仪和读书吟诵为主要教学方式，如此才能条畅顺达儿童天性，使其内心喜悦、不断进步。阳明先生的言教对当前国学教育具有借鉴意义，本文认为以下几种教学方式可以作为国学教育课程的发展方向：

（1）日常礼仪的讲授与演习。教师应先教给学生礼仪的本源，使其明理；然后以小组讨论或兴趣小组研究、课堂讲授的方式来梳理日常生活中行、止、坐、卧、饮食、言语等待人接物的仪则，引导学生体会礼仪背后的端庄美、优雅美、文明美，并与学生一起躬行实践。

（2）欣赏和品味国学。以传统文化中的书法、古典音乐、国画、戏剧、武术、建筑、剪纸、饮食、楹联为授课内容，提升学生鉴赏力，陶冶其性情，充实其内心生活。

（3）故事或动画教学。选取历史上积极、健康的人物形象或故事情节，或者贴近学生生活的国学教育动画（如《孔子》），来帮助学生认识知、仁、勇的君子人格，并树立其阳光向上的态度和价值观，持守心中的真、善、美，效仿君子言行，争做谦谦少年。

（4）鼓励学生分享交流国学修习心得。如以"谦谦小君子学修记"为班级文化建设方向，鼓励学生每日在班级中和大家分享自己日常生活中符合"谦谦小君子"的言行，以通晓生活和学习中各人的角色定位及职分，做一个自主发展、敢担当、健康乐群的阳光少年。同时，教师应及时给予学生正面奖励和引导。

（5）国学情景剧设计。以国学经典中的故事为素材（孟母三迁、孔子厄于陈蔡、曾点之乐等），进行剧本改编、话剧表演，开启学生创新思维，激发学生创造力和活力，并在话剧角色扮演中拉近其与经典的距离。

（6）日常行为量化表的设置。国学教育是一个短期难见成效的过程。除了诵读之外，我们无法建立一个量化的评价体系来证明孩子学有所得，那么，将国学深入孩子日常，以国学经典的原典内容为基础，每月建立一个可以量化的日常德行考量表，使得孩子能在日常生活中有意识地运用国学，则能有效解决这一问题。同时，也能促使家、校配合，使国学经典教育也变成家庭教育的重要部分，共同推进孩子的成长。

以上几种方式笔者均在国学教学过程中一一实践过，并发现国学教育最重要的特点是：只有拉近学生与经典心的距离，使经典真正融入学生生活和学习中，长养其快乐、自得的情感，国学教育才可能在学生身上发生效用。教师授课切记不贪多，循序渐进，要相信潜移默化、春风化雨的国学教育力量。

四　"核心素养"观念下的国学教师应加强的素养

国学教育的推广和实施，是以教师为介质、以学生为主体的教学相长过程。虽然，近年来教育改革已有了"教师本位"向"学生本位"的方向转变，但是教师对教育的影响并没有减弱，甚至在某种程度上，教育改革对教师素养的要求相应提高了。而"核心素养"观念下的教师素养，则应注重从"育才"到"育人"的意识转变。

首先，国学教师一定要先明晓其立德树人的教育宗旨，并时刻不忘其初心。教学生学习国学，不是为了多识得几个字，有助于语文的考试学习，而是为了培养一个独立而自由的人格，帮助孩子确立健全、向上的价值观以及高雅的情趣。所以，与之相应的国学教育，首要的应是帮助孩子慢慢确立志向与涵泳其情意。比如，孝、悌、忠、信、礼、义、廉、耻的基本价值观念要贯穿于国学教育之始终；琴、棋、书、画、诗词歌赋的情趣爱好应以兴趣培养的方式来抒发其情意。

其次，教师应该加强师德素养，以身行教来感化孩子的行为，私以为，这是教育成功与否的关键。师道威严固然是教学活动正常进行的前提条件，但教师能力的强弱，并非以能让孩子遵守规矩为标准。学生是最好的"鉴别专家"，一个老师自身德养厚重，学生自然会心生敬重，并听从他的教育和指导。许多教学管理方式只能做到"以力服人"，而不能让学生心悦诚服。反观孔子，这位最伟大的老师，为什么能让粗野莽直的子路顺从受教？己身德行学养不足，行事言教都是拾人牙慧，学生一眼会看穿。所以，为人师者亦要"诚"，自己对所教国学有真切情意并能身体力行，学生才主动跟从你学习。

最后，结合《易》"蒙"卦的内容来谈一下教师教学中应遵循的几项原则。《易》"蒙"卦堪为儿童教育所设。"蒙"卦上艮下坎，巍巍青山在上而潺潺清泉在下，正是一派山水灵动的自然好景致，也恰似儿童时期懵懂初开、性灵方明的活泼状态，故而历代思想家皆依据此卦来阐发儿童的"养正"教育。其卦辞有云："蒙，亨。匪我求童蒙，童蒙求我，志应也。初筮告，以刚中也。再三渎，渎则不告。利贞。"

这段话有三层意思：教学活动需以学生主动求教为原则；求教者心怀诚敬方能保证教学活动的有效完成；教师使学生明理开智乃是行正道。其核心意旨在于说明教学活动的开展必须应学生之机、应学生之需，充分发挥学生自主学习的兴趣，实现学生自主发展的需要。正如《论语》所言"不愤不启，不悱不发"，在学生不能主动思考时应先注重激发其自主学习的意识，而不是灌输知识。这也是在确定教学活动中对学生学习的诚敬、主动之心的重要性，而教师把握学生自主学习的教学原则，则是教学活动开展的首要原则。

同时，教学活动是一个持续性的过程，教师应遵循"容错"原则，包容学生的错误、允许学生犯错误。"蒙"卦九二爻说"包蒙，吉"。"包蒙"意指教师应当遵循学生学习的发展规律，循序渐进展开教学活动，并把学生看作一个不断在发展中的人，允许其有犯错误的机会。且教师既然以承担教育道义为职分，则应常怀父母之心，能坚持对学生持久行教。

另外，教师应把握教学相长的原则，认清在教学活动中教师和学生都是主动学习者。"蒙"卦上九爻"击蒙。不利为寇，利御寇"，此处的"击蒙"是指教师和学生均当与自身思想和行为中的坏习惯做斗争，提升自身的意志力，抵挡世俗不良风气的影响。这就一改往昔以教师为施教者、学生为受教者的教育理解，把教师和学生共同作为社会中的人来看待，不仅有助于德行义理的彰显，也能实现师生之间亦师亦友的良性关系。

五　"核心素养"观念下的国学评价体系

国学的课程评价，旨在为学习的发展服务，建立课程、教学、评价的良性循环系统，构建促进学生可持续发展的新的评价体系。

在具体展开国学教育应当如何评价这个问题之前，我们不妨问自己一个重要问题：国学对我们孩子的影响究竟有多大？我们时常会发现，身边一些国学经典诵读很好的孩子，过了一段时间后，曾经记诵的内容便会逐渐忘却，甚至课堂上教授的理念也会被抛之九霄云外。于是，很多家长觉得学了国学并没有什么用，连老师自身也觉得苦恼，不知道为什么下了苦功却不见成效。其实，这样的现象反映了三个问题：一是国学的独特语言问题，自新文化运动开展白话文以来，古文的应用成了陈列性的历史材料，而非日常性的交际语言，这就造成学完国学貌似无用武之地的局面；二是当前的教育环境问题，国学基本不在主流教育的考试评价体系之列，家长甚至老师无法准确把握学生对国学的掌握程度；三是国学的特性，即国学并非记诵辞章之学，更深的则在于日常行为习惯和人格养成，而这种对人内在的、潜移默化的改变似乎很难有量化的评价系统去衡量。由此，国学教育陷入一个僵局：从教师到家长，甚至孩子本身，即使知道国学是好的，却无法说出他对自己带来的具体而真实的改变。

针对这种情况，所应该关注的就是小学国学教育的评价体系问题。评价是对国学教学的教育反思，也是学生自测的一种手段。良好的评价体系对小学国学教育的推广有跟进作用，对学生的学习也有改进作用。本文认为，小学国学从根本上虽求诸内心乃至行为的改变，但仍可通过外在性的测量来评价。本文试从知识性纬度、行为性纬度、兴趣性纬度三个层面进行如下探索：

1. 建立一个简单的知识性自评体系。字词和诵读是国学经典学习的基础，对于重要字词的讲解和检查、对于篇目记诵的检查是国学经典学习自评的重要测评手段。教师可以在课堂上进行检查或检测，或者组织知识性的答题大会、竞赛性的诵读大会来开展活动，以作为国学经典学习效果的一个依据，并进而促进学生的学习兴趣。

2. 建立一个细化的行为性评价体系。国学经典的学习将深入每一个人的日常和学习生活当中，为此，提炼国学经典中的伦理道德行为规范，并将其细化为具体的、连续性的行为形成过程，以强化良好行为习惯、形成评价判断。此阶段亦可由家长担任评价者。比如，可以将这种行为规范分为"仁""礼""耻""勇""智""节""义""让"八个大条目，在八个大条目下细分为一些具体的行为，按照每月一评的步骤来实施，评价实施部分由教师、家长、自评组成，最后综合三方意见来固化好的行为习惯，纠正不良行为习惯，并形成一个"跟进式记录评价——记录学生成长历程"的形成性行为评价系统。

3. 建立一个兴趣意向调查系统。在心理学知识的基础上，做出科学的兴趣调查问卷，以随时监测学生学习国学的兴趣。在这一过程中，应该注意把握几个原则：（1）要以发展的眼光来看待学生的成长，允许学生有试错的空间；（2）着力培养学生的社会责任感，激发其家国情怀；（3）应集中在学生的学习效果上，注重学生的全面发展。

好的评价体系能为教师和学生提供良好的指导和帮助，也能凸显教育的各种问题，有助于我们及时更新教育理念。当前，小学国学教育的评价体系仍一片空白，需要更多老师联手探究和研发，以共同建立科学、合理、有效的评价体系，共同开辟小学国学教育的发展之路。

以上所说，即是对当前"核心素养"观念下小学国学教育发展的尝试性探讨。教育改革中"核心素养"以立德树人为目标的观念提出，正为国学教育的发展提供一个良好契机。作为国学教育者，如何把国学教育与"核心素养"观念相结合，不断改进教学方式，提升教师素养，则是所有国学教育工作者应当努力的方向。"道不远人，人能弘道，非道弘人"，愿我们每一位国学教师都能做一名传道解惑的人师，不断实现自我成长和发展！

让传统照进未来　用文化浸润生活

王建云[①]

尊敬的各位专家、各位领导、老师们，大家好！我是史家小学三年级的语文教师王建云。在过去的一个学年，我亲历了史家小学中年级"诗词吟唱"和"服饰礼仪"课程从无到有的全过程。今天想跟大家分享的是我们的"诗词吟唱"和"服饰礼仪"的教学实践为孩子们带来了什么。

下面我想撷取几个传统文化课程实践的小情景与大家分享我们的思考。

一　在课程的陶冶熏染中实现学生的情感认同

情景1：

大家请看，照片里的这名小男孩，正在聚精会神地聆听树干里汁液流淌时那轻柔的、微弱的声音——敞开他小小的心灵，去感受春天里这棵碧桃树的生命韵律。

这是我们在校园内一次诗词吟唱课程的剪影。不同的季节里，我们会和孩子一起走出教室，漫步在生意盎然的林木花草之间，从观察草木、认知草木、感受草木入手，进而和孩子们一起吟唱诗句，

---

① 王建云，史家小学。此文系主题报告发言稿。

体会大自然四季交替、阴阳代序的奥秘。文化与生活相遇，传统与现实对接。

　　面对孩子，我们的传统文化教育，所寻求的不是知识的灌输，而是在对话自然的过程中，孩子们那颗温柔敦厚诗心的养成，是在文化无声滋养下，孩子们生命力量的畅达与舒展；是在"风乎舞雩（yu），咏而归"的过程中，孩子们与身边的一草一木、一花一叶——进而是与整个世界相互感应、彼此交融。

情景 2：

　　这是在史家举行的一场独特的"婚礼"。记得，那是在教唱《诗经·桃夭》时，一个孩子不无遗憾地说："什么时候老师才结婚呀？

我们真想去老师的婚礼上吟唱《桃夭》!"——为了满足学生的这小小的愿望，我们借来了汉代婚礼的礼服，依照古代礼仪，为孩子们上演了一场老师的"婚礼"，学生们穿着粉色衣裳，组成歌队，为老师的婚礼伴唱《桃夭》:"桃之夭夭，灼灼其华，之子于归，宜其室家……"

我们强调的是，文化体验、文化熏染在传统文化学习过程中的重要作用，因为我们相信孩子们的成长就是在他们对生活的经历与体验、对生活的探索与拓展中实现的。

二　在课程与德育活动和学科教学的对接中实现学生的文化自觉

在课程实践中，我们努力将诗词吟唱和服饰礼仪的课程内容与学校的德育活动、学科教学进行对接。

情景3：对接德育活动

　　在母亲节前夕，我们教唱《诗经·小雅·蓼莪》。当天，我们还邀请了几位妈妈代表亲临课堂，在悠扬的笛声中，孩子们娓娓歌来。吟唱中，我们引导学生体会并表达"树欲静而风不止，子欲养而亲不待"的悲哀，抒发了子女对父母深切的孝顺之情，孩子们婉转而悲切的曲调让所有人动容，在场的妈妈们泪凝于睫。

情景4：对接学科教学

　　在我们的小学语文教材中有很多必背古诗词都可以采用吟唱的方式学习和呈现。本学期我教三年级，人教版教材三上就有《九月九日忆山东兄弟》这首古诗。金秋十月，重阳佳节来临之际，传统文化课堂上，若葵老师带着孩子们在了解重阳节的习俗后，通过吟唱的方式带领孩子走进大诗人王维的内心，在音律中去感悟他的那份思乡之情。

三 在丰富的实践活动中提升学生的文化趣味

在课程实施过程中，我们关注学生心理发展的规律，关注学生社会性发展规律。在传统文化实践中努力做到：情感为先（内驱力）、行为在后（行动力）、认知相随（认知力）。情感是第一位的，实施中华优秀传统文化教育，先要让孩子接纳、喜欢，感受到其中的"真、善、美"，才能让他们萌发行动的意愿。为此我们设计了丰富的课堂实践活动。

下面以一组图片呈现我们四年级"服饰礼仪"课程中为孩子们设计的课堂实践活动。

1. 这是我们服饰礼仪的第二课"释菜礼"的学习、体验与实践，课上老师提出了这样的问题，同学们在课堂上分小组讨论，家长们也被孩子们的学习热情所感染，在家长群中进行着热烈的讨论和交流，我们看这位家长的留言：9班的孩子有福气，因为有传统文化课，早上可兴奋了！这才是我们的第二节课，孩子们就被丰富的学习内容、多样的学习实践深深吸引着……这样的精彩在后续一学年的学习中一直没有断过。

2. 这是我们在学习"古代发型"一课后，进行的课堂实践活动。最先兴奋起来的是女孩子们，男孩子开始是不好意思动手实践，后来看到女生们不亦乐乎地盘发，也加入进来，看我们男孩子的手艺也是很不错的。再看活动中孩子们专注的眼神、幸福的表情，就知道孩子们对传统文化这门课的喜爱是发自内心的。最开始盘的不太好的，后来越来越好，我的同事看到照片是这样评价的：本来很普通的一支笔，当作发簪别到姑娘们的头发上，立刻特别显好。同事们也纷纷表达了想旁听我们的传统文化课的意愿。

3. 这是孩子们在学习"秋冬礼俗"课时的课堂笔记，孩子们的笔记图文并茂，这是文字派的，这是创意派的，这是个性理解派的，这是综合实力派的（孩子们把传统文化课的学习收获呈现在少先队队报上，这张队报的作者是去年在这个地方进行传统文化会演时那个可爱的小礼官小邹同学）。

4. 临近清明，我们在史家的地下体育馆组织了一场别开生面的蹴鞠比赛，孩子们兴奋极了，一个男孩课后意犹未尽，写下的一篇周记，洋洋洒洒真情流露，字里行间都是对传统文化课的喜爱！

5. 5月，为期一年的传统文化课即将结束，面对分别，孩子们尝试给若葵老师、晓宁老师写一封道别的信，孩子们这样写道：

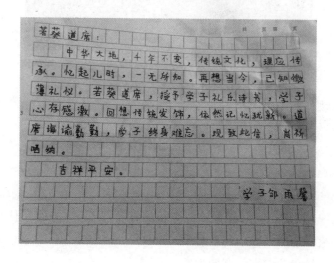

就这样，在诗词吟唱和服饰礼仪课程的落地过程中，我们努力设计丰富的课堂实践活动，引导学生通过多种形式感受与触摸传统文化，加深对民族文化的理解，提升学生的文化趣味，潜移默化地形成对传统文化的自信。

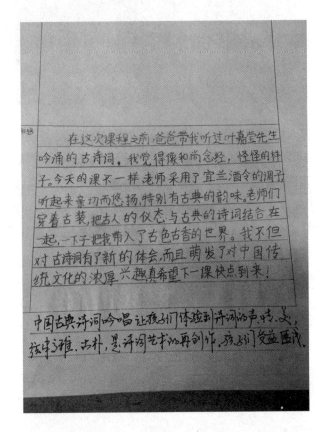

6. 结语：大家请看，我们三年级的小朋友，在课后的传统文化学习单上这样写道：

家长们也情不自禁地为我们的课程点赞。

古人说："种树者必培其根，种德者必养其心。"在小学阶段，我们需要提供给学生的最根本的教育就是这样"养心的教育""培根的教育"。

以上就是我的发言，谢谢大家！

诵读经典　浸润童心

——小学一年级学生诵读实践与探索

董　虹①

核心素养是一个人能够适应终身发展和社会发展需要的必备品格和关键能力。核心素养根植于本民族的文化历史土壤之中。中华文明源远流长，有许多传世的经典作品。对小学生而言，诵读经典，既是让他们了解中华文化之根、把握中华文化命脉的有效途径，也能使他们树立民族自信心、提高人文素养，在文化冲击和碰撞中得以创新性地发展。心理学家指出，素养包括外显表现和潜在特质，而潜在特质是人格中最深层、长久不变的部分。这潜质部分就是我们所说的精神底子，也是我们中国人常常提及的"心"。坚持诵读经典，对小学生来说，就是一个被中国的传统文化浸润的过程。诵读经典，浸润童心。

"经典"一词在《现代汉语词典》中有四个义项，本义是指传统的具有权威性的著作。"诵读"一词在《现代汉语词典》中是念（诗文）的意思。"诵读经典"就是念传统的具有权威性的著作。对小学生来说，为什么要诵读经典？诵读哪些经典？如何诵读呢？我们在教学实践中，进行了两年的探索。

---

①　董虹，呼家楼中心小学。

一 诵读经典的意义

《义务教育语文课程标准》（2011 年版）在第一部分前言中指出：
"语文课程对继承和弘扬中华民族优秀文化传统和革命传统，增强民族文
化认同感，增强民族凝聚力和创造力，具有不可替代的优势。"由此可
见，诵读经典就是继承和弘扬中华民族的优秀传统文化。

在课程基本理念中，指出"语文课程应激发和培育学生热爱祖国语
文的思想感情，引导学生丰富语言积累，培养语感……语文课程还应通
过优秀文化的熏陶感染，促进学生和谐发展，使他们提高思想道德修养
和审美情趣，逐步形成良好的个性和健全的人格"。而核心素养具有民族
性，核心素养根植于本民族的文化历史土壤之中。

由此可见，诵读经典最重要的作用就是为学生打好精神底子，浸润
童心，让每一个孩子有一颗中国心。

二 诵读经典的内容

北京市教委发布《北京市中小学语文学科教学改进意见》（以下简称
《意见》），《意见》指出，小学和初中语文将增加优秀传统文化如古诗
词、汉字书法、楹联等内容，通过不同形式丰富学生阅读经典的渠道。

《义务教育语文课程标准》课程总体目标中，特别强调背诵优秀诗文
240 篇（段）。

参考这两份重要的指导性文件，我们首先确定古诗词成为我们经典
诵读的内容之一，将《语文课程标准》中的必背古诗文作为我们经典诵
读的首选。其次，我们根据学生的年龄把小学六年分为三个年级段，一
二年级，以《声律启蒙》为主，旨在用带有优美音律的语言材料，激发
学生诵读经典的兴趣。三四年级，精选经史子集中优秀篇章，让学生在
诵读中，在良好的文化氛围中，受到良好的熏陶与感染。同时完成课标
中小学阶段的 80 首古诗积累任务。五六年级，则严格按照年代编排，呈
现序列化特征。通过诵读不同时期的文学作品，让学生初步认识中国文
学史的发展脉络。我们根据这个指导思想，编辑出了我们学校的诵读校

本课程的教材《诵经典　润童心》上下两册。

三　诵读经典的原则与方法

诵读经典的核心价值是积累与沉淀。在核心素养的文化基础中，人文底蕴指标中的人文积淀、人文情怀、审美情趣都可以从诵读经典中进行培养。诵读经典是一种文化传承，要像春雨那样"随风潜入夜，润物细无声"，浸润孩子们的心灵。只有经典被孩子从内心深处接受，这些人文的种子才能在孩子们的心中慢慢生根、发芽、抽枝展叶。因此，我们遵循中国文化传统的规则和学生的身心发展规律，精心设计诵读的层次，在摸索中落实经典诵读。

（一）轻讲授、重诵读、不强记强背

我们国家的文化源远流长，几千年的文化博大精深。因此，很多人认为小学生诵读经典的障碍就是不理解经典的内容，生硬的死记硬背会扼杀了学生对经典的兴趣，同时诵读还会加重学生的负担。对于这个问题，我们的团队有过深入的思考，通过对儿童心理阶段的研究，我们发现十岁之前，学生的理解能力是一个逐渐增强的过程，而学生的记忆力，在这个阶段是一个非常宝贵的黄金期。人类的大脑在大量的阅读和诵读中，不断被训练，就像在荒芜的草原上开垦出一片片的田地。当他们再

去学习其他学科的知识时，就像把种子种在已经耕耘好的田地里，这些种子就会很快地萌芽成长。

基于以上的理解，我们对于诵读采取"轻讲授、重诵读、不强记强背"的原则。

轻讲授——经典内容大多数是古人创造出来的，采用的都是古代的文言文，而古文和我们现在使用的文字还是有着比较大的差异的。如果一味地讲解，那么诵读就会变成传统课堂中的讲授，学生会觉得非常枯燥，没有意思，所以我们"轻讲授"。只会根据每篇文章的情况略微说一说，甚至根本不讲解。

重诵读——我们编写的《诵经典 润童心》诵读手册只是我们诵读的材料，不是课本。我们按照每个年级的诵读计划，每周落实诵读。我们学校每天早晨7：45—8：00这个时间段，都是诵读的专用时间。每天这个时间，琅琅的诵读声就会从每一间教室响起，诵读声在几个校区的楼道里回荡。每周一下午的第三节课，都是我们诵读的正音课。每个语文老师和班主任，都会在这个时间，按照我们的诵读计划，把新的一周的诵读内容读给学生听，让他们跟着老师一起诵读。我们的诵读从来没有让学生强记强背，因为我们的诵读采取了科学的方法和策略。

(二) 坚持"1337"原则

根据"艾宾浩斯遗忘曲线"的规律，所记忆的知识随着时间的推移，遗忘的速度是先快后慢，遗忘的内容是先多后少。由此得出7次复习时段，即学习过后的第20分钟、1小时、2小时、一天、一周、一个月、三个月，可以做到终身不忘。

根据"艾宾浩斯遗忘曲线"的规律，结合小学生的在校学习情况，我们研究出"1337"的诵读原则。

1——每天诵读一次。

3——每次诵读三种不同的阅读材料。

3——每种诵读材料诵读三次。

7——连续诵读七天，七天为一个周期。

每天早晨的7：45至8：00就是我们学校固定诵读时间，专时专用，已经坚持了两年。早晨的诵读已经成为我们学校一道亮丽的风景线。

每次诵读三种不同的材料。低年级诵读的三种材料分别是儿童诗、古诗和《声律启蒙》。中年级诵读《声律启蒙》、诗词、《道德经》和《大学》。高年级诵读《庄子》《论语》《史记》。每天诵读三种材料的目的是变换诵读的内容，避免诵读一种材料产生厌倦感。

每次诵读三次。在校每天坚持诵读，每一种诵读材料都会诵读至少15 遍。循序渐进的方式，让这些诵读的内容在无形之中就留在学生的大脑中。

一周的七次诵读，有五次在学校中，还有两次在家庭里。老师们借助班级微信群，让学生落实诵读，保证学生诵读的时间和数量。以一年级新生为例，经过诵读训练，他们已经轻松诵读百余首童谣、几十首古诗，以及合辙押韵的《声律启蒙》。家长们都惊讶于孩子的诵读能力。学生在诵读中也找到自己的成就感。我们从来不强制要求学生背诵诵读内容，但是学生自然而然就会背诵了。这就是我们"1337"原则的魅力。

（三）创新诵读方法

提起诵读，一定会有人觉得很枯燥、很乏味，刚入学一年级的小朋友肯定不适应，也不喜欢诵读。我们对于诵读的方法进行了研究，开发出许多有趣的诵读方法，在诵读过程中穿插进行，增加诵读的趣味性。

跟读——跟读是我们在正音时常用的方法。老师或领读的同学读一句，全班同学跟着读一句。目的是纠正读音，完成我们诵读的第一步：读正确。

对读——对读是领读和跟读的人，根据诵读材料上下句接着读。这样可以保证跟读的同学注意力集中，避免长期跟读产生的疲惫。

打节拍读——我们的诵读材料大多数是古文古诗词，它们有一种独特的语言节奏感和韵律。当学生用自己的手打着节拍配合着诵读时，学生的身心都得到释放，全身的感官都以诵读为中心被调动起来。每个学生都有强烈的参与感和存在感，因此，诵读的兴趣一下子就被激发起来。每次诵读时，学生最喜欢的就是打节拍读。在去国子监进行社会实践时，学生看到石碑上雕刻的《大学》，就情不自禁地打着节拍诵读起来。

通读——在学生读准字音，掌握节奏后，就可以放手让全班学生在领读同学的带领下通读全文。通读全文就是一个制造诵读场域的过程，齐声诵读的声音会让学生浸润其中，形成美的感受。

速读——当诵读达到一定的熟练程度后，我们就放手让学生练习速读。速读就是快速读，能读多快就读多快。我们还要比较谁读得最快，谁能创造自己的速读纪录。在这样的氛围中，学生感受到自己速度的提升，自信心和自豪感油然而生。在反复的速读中，学生自然而然地就将诵读的内容牢牢记在大脑中。这种记忆是一种主动记忆，这样的诵读就是最扎实的童子功。

（四）开展诵读活动

我们的诵读活动不是只拘泥在每一间教室中，我们的诵读活动还会走出教室，在学校这个舞台上不断地呈现。

每周升旗，都是我们诵读展示的时间。升旗仪式中有一项就是班级文化展示，每个班级都会不约而同地把班级最拿手的诵读内容在全校的展示。当一个班级开始诵读，整个学校的学生都会跟着一起诵读。

"百千万"活动。诵读是一个长期的过程，学生非常容易倦怠，以至丧失诵读的兴趣和动力，所以我们开展"百千万"的活动，记录学生的诵读量。当学生的诵读量够一百字后，就在班级的诵读记录表上登上"百"字的台阶，以此类推。为了配合诵读，每个班级各显神通，创新各种形式，落实"百千万"的诵读量。

专题诵读展示活动。为了让每个班级展示自己的诵读成果，我们组织了专题的诵读活动，给每个班级展示的机会，在学校的舞台上进行特色诵读。

丰富多彩的诵读活动让学生深深地被诵读吸引，诵读经典已经成为我们学校的常规安排。

中华文明源远流长，在丰富的传统文化思想以及独具特色的传统教育体系中，蕴含了诸多对人才培养和教育的思考。教育要体现中华优秀传统文化的继承与创新。在诵读经典的过程中，我们不断感受着诵读带给老师和学生的欣喜。诵读经典，浸润童心。

入情入境习诗文

——小学阶段古诗文教学模式初探

孙　宇①

很长一段时间，古诗文教学是以"读读背背"为主。如今，随着课改的逐步深入，对古诗文教学的要求在提高。具体表现为课文的篇目在增加，考试的范围在扩大，如今不但要考查课文内容，而且还要向课外扩展。这无疑使得中小学的古诗文教学必须与时俱进，更上一个台阶。应当说这对学生以后的继续学习和对文化品位的发展是有益的，汉语文言是一个精美的语言系统，具有言简意丰的表现力，中国古代的文明史，给后人留下了丰富的古诗文精品。学生加强古诗文学习，可以汲取丰厚的人文养料，增加自己的文化积淀。所以指导学生从古诗文中汲取精华、陶冶情操、继承和发展中华民族的优秀文化是语文教师义不容辞的责任。通过对古诗文教学的摸索，笔者认为要加强古诗文学习，必须抓好以下四个环节。

一 "创设情景，激发兴趣"

现今社会，古诗文在生活中出现和运用的概率已比较少，曾接受过旧式文言教育的老一辈也不再是社会的主要人群，报纸杂志、流行书籍、

---

①　孙宇，呼家楼中心小学。

广播影视对古诗文的运用也有限。在这样的社会背景下学习古诗文，老师很有必要提高学生的学习趣味，从而发挥他们的主观能动作用，产生对古诗文的浓厚兴趣。例如说到诗人白居易，就先介绍他的生平、诗歌特点。白居易活到75岁，是位长寿的诗人；他的诗现存2800多首，是位高产的作家；同时又是"安史之乱"以后，在中唐诗人中首屈一指，与陶渊明、李白、杜甫齐名。这样可使学生对作者有个大致了解，除此以外，还可以说说关于他的小故事：白居易识字早，五六岁学写诗，八九岁已会声韵格律，十六岁拿了诗稿去长安拜访老诗人顾况。顾老先生见不速之客是个孩子，名字是"居易"，就打趣说："长安米贵，在此'居'可很不'易'呀！"当读到"离离原上草，一岁一枯荣。野火烧不尽，春风吹又生"不禁叫绝，郑重地说："能写出这样的诗句，'居'不难……"这样一说，学生自然会对作者产生兴趣，然后再教他的《卖炭翁》，学生自然神情专注，更加容易接受。

再譬如教到欧阳修的作品，也可用有趣的小故事导入。相传宋朝有个秀才是富家子弟，自以为很有学问，总想和欧阳修比试高低。一天夹了几本唐诗上路，见路边大树就即兴赋诗"路边一古树，两朵大丫杈"。偏巧欧阳修也路过，见他没下文，就替他续上"未结黄金果，先开白玉花"。自命不凡的秀才点头称好。为扳回面子，又见物而吟："远看一群鹅，一棒打下河。"可又没词了，欧阳修续曰："白翼分清水，红掌踏绿波。"这秀才拱手说："想不到你也会诗，我们一同去与欧阳修比试吧！"到渡口，上了船，秀才又自作聪明吟道："诗人同登舟，去访欧阳修。"欧阳修听罢大笑，随口说："修已知道你，你还不知羞。"这里欧阳修利用谐音巧作双关续诗联，嘲讽了酸秀才自以为是……这样导入，学生对作者机智、幽默的印象颇深，也就会饶有趣味地去研读欧阳修的作品。当然这些仅是开头第一步，让学生在接触所教的古诗文作品前，对作者及有关情况有个了解，然后引导学生向学习古诗文的纵深发展。

二　"反复诵读，注重感悟"

随着语文学科人文性的推进，教学古诗文已不再是单纯的读读背背。过去比较偏重机械地背诵，而对作品的理解与感悟这方面较忽略，这样对一个学生在真正意义上的积累是有缺陷的。入选中小学的古诗文都是经过精心挑选、具有代表性的古文化精品，那些诗文含义隽永，言简意赅，韵律和谐，读起来朗朗上口。可以引导学生进行多种方式的诵读，如范读、个别读、小组读、自由读、背诵……从形式各异的多种阅读中去领会作者深邃的思想，领悟作品所要表达的感情，感受其诗文中的意境，从而激发学生在情感上产生共鸣，增进语言感受能力，企盼学生在"读书百遍"的基础上加深理解。当然这样还不够，教师还要启发学生从中感悟，在语文课上为他们的深入学习进一步铺路搭桥，指点迷津，为他们拓展相关知识的背景，挖掘作品本身的文化因素，使课文的内涵更加丰富。例如梁启超的《少年中国说》，文章以酣畅的气势，贬斥了封建官僚统治集团，赞美了新生力量勇于改革的精神，讴歌了祖国美好的未来，激励人们发愤图强，肩负起建设少年中国的重任。课文明白畅达，感情奔放，让学生在反复的诵读中领会作者盼望祖国富强的强烈愿望。尤其那些运用了比喻和排比修辞所造成的文章气势，学生在反复的诵读中会感受到巨大的鼓舞力量。老师也应适时点拨，对文末一气呵成的四字句引导学生去理解其比喻意义，让学生充分发表自己的感悟与体验，从而明白梁启超对中国少年寄予了怎样的殷切希望。再联系到学生个人的感受，要树立起以天下为己任，以蓬勃的朝气做到自强自立，为振兴中华，为祖国强盛贡献自己的力量。

三 "合作交流，迁移拓展"

学生是课堂学习的主人，是学习和发展的主体，老师要最大限度地引导他们参与课堂教学，师生彼此形成一个真正的"学习共同体"，让课堂成为师生交流互动的天地。在古诗文学习中让学生自己发现问题，提出问题，解决问题，提高质疑能力。帮助学生掌握适合自己的学习方法，养成良好的学习习惯，鼓励学生利用工具书联系上下文查解字句。讨论交流时，引导学生互相启迪，互相学习。例如教学《小石潭记》，这是柳宗元脍炙人口的散文游记，要让学生读通读懂，可指导学生查找疑难字词，再让他们熟读成诵，从中感受美的陶冶。向学生提出：想寄情山水的作者在僻远荒凉的永州确实找到了乐趣，听到"如鸣佩环"的水声，使他"心乐之"的清澈潭水与活泼的游鱼，作者陶醉于自然美景的欢悦之情可见一斑。可下文写其"以其境过清，不可久居"匆匆离去。作者是否有点"喜忧无常，性格不可捉摸?"学生各抒己见，最终明确这与作者在当时环境下的心境有关，柳宗元想解脱感伤，然而又无法彻底解脱，是处于抑郁矛盾之中所表现出的举动，这与欧阳修贬官滁州《醉翁亭记》中寄情山水与民同乐的思想有所不同。

古诗文教学光是对文本作品的解读还不够，因学生的积累还是有限的。作为老师可适当做些拓展与迁移。如学了《小石潭记》，可对作者的《始得西山宴游记》《钴鉧潭记》等其余几记做些介绍。又如学了蒲松龄的《狼》，可对《狼三则》的内容做些介绍。除此以外，还可做些相关迁移。例如学了《扁鹊见蔡桓公》，要使学生认识到虚心听取别人意见、防微杜渐的必要性；明确固执己见、盲目自信的危害性。老师还可介绍《曲突移薪》的故事，文中写客见主人家"灶是直突，旁有积薪"，就直言告诫主人"更为曲突，远徙其薪，否者有火患"。对此忠告主人却"默然不应"，造成"家果失火，邻里共救之"的后果。这样通过同类及相关内容的迁移，可以让学生加深对课文主旨的理解，同时也扩大了阅读面，对古诗文的有关知识也得到了有益的拓展。

四 "强化积累，适时引用"

文章中名句的引用并非是多余之笔，就举当代散文家梁衡《赏不尽看不够说不完的大自然》为例，文章歌颂大自然在物质和精神上对人类的赐予："……'大江东去'不由人不追慕英雄伟业，'杨柳依依'却叫你享受幸福人生。唐太宗说处世有三面镜子，以铜为镜，可正衣冠；以古为镜，可见兴替；以人为镜，可知得失。其实还少说了一面，以自然为镜，可调身心。"仅几句中的引用就有苏轼的《念奴娇·赤壁怀古》，还有《诗经·采薇》，另有唐太宗的名言。如果没有这些引用，文章就会少了意蕴与灵气。我们学习古诗文就是要把中华民族的传统文化在新时代得到继承、发扬与光大，所以在古诗文教学中，要引导学生积累与引用。那么如何效果更好些？是否可在教学中把相关古诗文内容重组：例如诗词中比较多的写"山水"、写"送别"、写"春色"等。就以"春"

这个话题来说：可以把王安石的《元日》中"爆竹声中一岁除，春风送暖入屠苏"；白居易的《忆江南》"日出江花红胜火，春来江水绿如蓝"；杜甫的《春夜喜雨》"好雨知时节，当春乃发生"；贺知章的《咏柳》"不知细叶谁裁出？二月春风似剪刀"；叶绍翁的《游园不值》"春色满园关不住，一枝红杏出墙来"；崔护的《题都城南庄》"人面不知何处去，桃花依旧关春风"，另有杜牧的、陆游的、晏殊的……这样组合在一起，各写春色，异曲同工，在欣赏一幅幅优美绚丽春天美景的同时，可使人心旷神怡、身心愉悦，在吟诵中受其感染加深记忆。还可对古诗文中含有哲理的名句进行组合。如，表示站得高，才能望得远的"欲穷千里目，更上一层楼"；生活中困难看似重重，但只要努力坚持就会出现转机的"山重水复疑无路，柳暗花明又一村"；人们所处地位不同，看问题出发点不一样，对客观事物认识就会有一定片面性的"横看成岭侧成峰，远近高低各不同"；要想学问深，就必须不断地学习，常学才能常新的"问渠那得清如许，为有源头活水来"……

老师还可从思维训练的角度引导学生引用名句，把平时熟记的名言警句自然贴切地引入写作中，使之为表达自己的思想感情服务，也使文章显得更加厚实而优雅。举例说：（1）那整片刚落成的乡村别墅群，有的粉墙红瓦，有的蓝瓦尖顶，一排排齐展展地延伸到远处，中心区域小桥流水，杨柳依依，不禁使人想起陶渊明笔下的世外桃源；（2）西湖的美，不全在山水本身，它少不了那些引人入胜的众多传说和故事，"填《陋室铭》的句子"一旦没有了这些人文传统的点缀，人们浏览西湖的兴致就会大减；（3）古人云："一叶落而知天下秋。"放眼望去，万顷稻海轰轰烈烈地黄了，千亩棉田风起云涌地白了，满树的叶子呐喊着扑落下来。转瞬之间，"填《醉翁亭记》句子""填《桃花园记》句子"。

答案如下：

（1）"屋舍俨然，美池桑竹，阡陌交通"

（2）"山不在高，有仙则名；水不在深，有龙则灵"

（3）"风霜高洁，水落石出"

做这样的名句引用，让学生懂得恰当地引用古诗文名句，可以使文章更加言简意赅，表意生动。在平时学习中形成思维习惯，把名言警句在自己的习作中有意识地学以致用。同时也让我们感受到，名句的适时引用从某种意义上说也是一种历史感的体现，而写作可以说是贯通古今的精神漫游。

总之，古诗文的教学方法可以多种多样，但笔者认为这四个环节是学好古诗文的有效步骤。中华民族具有悠久的历史，有着丰富的文化遗产，数千年的文明史，留下了数量极丰的古诗文精品，这些光辉灿烂、脍炙人口的名篇佳作，就像一座光芒四射的宝藏，是取之不尽、用之不竭的精神财富。学生作为民族文化的继承者和走向未来的开创者，完全有必要也有可能在语文课以及课外广泛阅读中，学习并掌握一定数量的古诗文，做到含英咀华、古为今用。要不断扩大视野，从优秀的古诗文中获得熏陶、感染，增强民族自尊心、自信心，从而激发爱国热情，培养高尚品格、情操和正确的审美观念。老师在古诗文这块园地同样要不断改进教学方法，加强自我修养，做到沟通古今、激活传统、继往开来。树立继承和发扬优秀传统文化的意识；指导学生学习、借鉴古代名家的高超技巧，提高文化修养，多读一些古诗文书籍，累积于心，养成对古诗文的爱好，使每个学生从中学到知识，受到启迪，获得教益，不断充实自己的文化底蕴。

论小学语文课本古诗选录的
经典化进程

田萌萌[①]

清末科举废除后，新式教育随之兴起，国语教科书探索式的编撰道路亦由此而始。我国小学语文课本古诗选录的经典化，从清朝末年的初始阶段，到民国时期在推进中探索，再到新中国成立后的发展和完全确立，经历了一个漫长的演变进程，并于不同时期呈现出不同特点。

古诗作为我国传统文化的精髓，是传统文化在课堂教育中传播的直接载体，而课堂教育又以基础教育为主要形式，成为重中之重。因此，小学语文课本古诗篇目的选录显得十分关键。小学语文课本古诗选录的经典化，经历了一个从初始到确立的演变进程，在不同时期呈现不同阶段的特点。

一 小学语文课本古诗选录经典化的初始

清末施行"新政"，进行教育改革。继 1902 年（即壬寅年）公布"壬寅学制"后，又于 1904 年（癸卯年）施行"癸卯学制"，该学制直接促进了科举制的废除，大量新式学校随之兴起，教科书的编撰应需而生。在我国近代中小学语文教科书编撰史上，商务印书馆所编中小学语文教科书占市场份额最大。1904 年，商务印书馆编辑出版我国第一套从

---

① 田萌萌，北京师范大学文学院。

内容到形式都比较完备的教科书《最新国文教科书》。此书不仅一版再版，且当时其他各大书局编撰中小学语文教科书均以商务版为参照。

这一套教科书中，《最新国文教科书初等小学用书》由庄俞、沈颐编，共十册，为文言读本，供初等小学堂用。其中共选录古诗7题12首。分别为：第三册李绅《悯农》二首；第五册阮籍《咏怀诗》；第六册陆游《金错刀行》；第八册白居易《燕诗示刘叟》、岑参《白雪歌送武判官归京》；第九册乐府《木兰诗》；第十册杜甫《出塞》五首。课本中均只标诗题，无作者，甚至诗题亦有所更改。如《悯农》二首只题为"悯农诗"，《燕诗示刘叟》只题为"燕诗"，《白雪歌送武判官归京》只题为"白雪歌"等，且从第三册起才开始有古诗选入。这与当时的编撰理念有关，正如编者在前言中说："教科书中，以国文最难，无成法可依附也。国文中，以第一册最难，须求合初学程度也。夫聚七八岁未经受教之儿童，脑力薄弱，思想简单，忽授以与言语不相涉之文字，其困苦万状，殆不可以笔墨尽。"① 可见，编者是在充分考虑到七八岁孩童的理解能力和语言水平的基础上而选取教科书内容的。

总的来说，该教材古诗选录较少。商务印书馆亦出版《女子国文教科书》，1908年（即光绪三十四年）4月初版，供初等小学用。北京师范大学图书馆所藏该书为1912—1913年订正版，虽不能观其初版原貌，但主要内容亦可窥测一二。全书八册无一首古诗选录，且书中多选取针对女性的课文如《刺绣》《煮笋》《缫丝》《孝妇》《姊妹》《缠足之害》等。

当然这两部教科书主要用于初小。由于受材料所限，虽不能一睹清末小学语文教科书古诗收录情况全貌，但作为最早的近代小学语文课本，依然可以看出其经典化倾向。例如，即使考虑到小学生的理解能力和语言水平，选入作家也是杜甫、岑参、白居易、陆游等文学大家，作品则是阮籍《咏怀诗》、汉乐府《木兰诗》、李绅《悯农诗》等在文学史上比较重要、历来为人所传诵的作品。这一阶段是小学语文课本古诗选录经典化的初始阶段，选录者已有明确的经典意识，表现为对经典作家、经

---

① 庄俞、沈颐：《最新国文教科书初等小学课堂课本》，李保田编，广西师范大学出版社2013年版，第1页。

典作品的倾向，但选入诗歌数量较少，且讽喻、战争类诗歌的选择，对初入学儿童来说，并不具备较强的适用性。

二　小学语文课本古诗选录经典化在推进中探索

辛亥革命后，1912 年南京临时政府成立，颁行"壬子癸丑学制"。商务印书馆根据该学制要求，编辑出版教材《共和国教科书新国文》。这套教科书的初小用书，由庄俞、沈颐主编，于民国元年至民国五年出版（1912—1916），共八册，供初等小学秋季始业第一至第三学年学生用。考查全书，无古诗选录。其高小用书，由樊炳清、庄俞编，民国二年至十年（1913—1921）出版，供高等小学校秋季始业用，全书共六册，只于第三册选杜甫《出塞》四首、岑参《白雪歌》①；第五册选《木兰诗》，诗题下标作者。虽古诗收录较少，但在他册收有大量古文，如《醉翁亭记》《师说》等。同一时期，中华书局则编辑出版《新制中华国文教科书》，此套教科书的初小用书由戴克敦、沈颐、陆费逵编，民国三年至四年出版（1914—1915）。全书计十二册，同样无古诗选录。而高小用书，由郭成爽、汪涛、何振武编，民国二年至四年（1913—1915）出版，全书共九册，于第三册选录白居易《观刈麦》；第四册选岑参《白雪歌》；第五册杜甫《出塞》；第六册陆游《初夏》；第八册《木兰诗》。古诗收入数量有所增多，并于各册间收录大量古文。此外，由（清）汪渤、何振武编，中华书局于民国元年（1912）出版的《中华高等小学国文教科书》（高小用书），亦于第二册收白居易《杜陵叟》；第三册白居易《观刈麦》；第四册二十三课题为《绝句五首》，选李白《望天门山》《早发白帝城》《游洞庭湖》《望庐山瀑布》以及朱熹《失题》；第三十四课选杜甫《出塞》五首，第七册选《木兰诗》、陆游《初夏诗》，共 14 首古诗。选诗的数量和题材都有所改观。

无论中华书局还是商务印书馆所编教科书，都对《出塞》《白雪歌》《木兰诗》有所选录，说明在当时，这些作品选入小学教科书已普遍为人们所接受。文学作品的经典化，是其在传播过程中，不断经受淘汰与扬

---

① 即《白雪歌送武判官归京》。

弃，而具有永久生命力，并成为经典的过程。再编小学课本，又一次选录《白雪歌》《出塞》《木兰诗》等作品，并以李白、杜甫、白居易、陆游等经典作家的作品为主，促进其在小学语文教科书经典地位的确立。后来的教科书编撰过程中，都对此有所借鉴。

如1922年，"中华民国"北洋政府颁行"壬戌学制"，各大书局陆续编辑出版的国文教科书，对李白、杜甫、白居易等作家作品以及《悯农诗》《木兰诗》等有所选录。具体情况如下①：

书名	适用年级	编者	出版书局	出版时间	古诗选录情况
《新式国文教科书》（共六册）	高小用	武进吕思勉	中华书局	民国十年至民国十一年（1921—1922）	第四册：杜甫《出塞》五首；第六册：《木兰诗》
《新法国语教科书》（共四册）	新学制高小两年	沈圻	商务印书馆	民国十一年（1922）八月初版	第三册：杜甫《石壕吏》
《新小学教科书国语读本》（共八册）	初小四年使用	黎锦晖	中华书局	民国十三年至民国十四年四月初版（1924—1925）	无古诗收录
《新小学教科书国语读本》（共四册）	高小用	黎锦晖陆费逵易作霖	中华书局	民国十二年至民国十五年（1923—1926）	第二册：《明日歌》；第三册：《木兰诗》、《罗敷》（《陌上桑》）、《上山采蘼芜》、杜甫《石壕吏》；第四册：五言绝句四首②；七言绝句六首③

---

① 今以民国时期主要几部教科书为例。
② 孟浩然：《春晓》、李中：《柳絮》、王维：《竹里馆》、白居易：《遗爱诗》。
③ 周朴：《塞上曲》、贺知章：《回乡偶书》《秋夕》、杜牧：《山行》、张继：《枫桥夜泊》、杨万里：《西湖》。

续表

书名	适用年级	编者	出版书局	出版时间	古诗选录情况
《新学制国语教科书》（共八册）	初小四年使用	庄适、吴研因	商务印书馆	民国十一年（1923）初版，民国二十一年（1932）国难后第一版	无古诗收录
《新学制国语教科书》（共四册）	高小两年使用	庄适、吴研因等	商务印书馆	民国十三年至民国十五年（1924—1926）	第四册：唐宋七绝六首①
《新撰国文教科书》（共四册）	高小用	缪天绶	商务印书馆	民国十三年（1924）八月初版	第一册：诗三首②、范仲淹《淮上遇风》；第四册：白居易《观刈麦》；第五册：《木兰诗》
《新学制小学教科书初级国语读本》（共八册）	初小四年使用	魏冰心	（上海）世界书局	民国十三年六月初版	第六册：《悯农》二首《七步诗》

---

① 李白：《下江陵》（《早发白帝城》）、杜甫：《独步寻花》、杜牧：《江南春》、苏轼：《春江晚景》、陆游：《夏秋之交小舟往来湖中》、杨万里：《淮村兵后》。

② 李绅：《悯农》二首、《悯蚕妇》。

续表

书名	适用年级	编者	出版书局	出版时间	古诗选录情况
《新学制小学教科书高级国语文读本》（共四册）	高小两年用	魏冰心	（上海）世界书局	民国十四年至民国十五年（1925—1926）	第三册：七绝五首①、白居易《卖炭翁》、五绝四首②；第四册：《木兰诗》、杜甫《石壕吏》、七律两首③、七绝五首④

　　由上表可以看出，古诗选录仍主要集中于高小阶段。所选九套教科书，除两套初小课本未收录古诗，其余七套教科书中，有两套选录《悯农诗》，四套选录《木兰诗》，三套选录杜甫《石壕吏》，这是对选录作品经典化的进一步推进。且经典作家以及经典篇目范围有所扩大，在原有基础上，增加了李白《下江陵》、苏轼《春江晚景》、杜牧《山行》、贺知章《回乡偶书》、张继《枫桥夜泊》等作品。这些诗歌在小学课本中的经典地位之始，正在于此举。甚至有些诗歌在现行小学课本仍有选录，就当时意义来说，这无疑亦是对小学课本古诗选录经典化的推进。

　　1932年，国民政府又颁布了《中小学国语课程标准》，取消学分制，实行学时制。此次语文课程设置的目标更为全面，覆盖了政治、经济、文化、科学等领域。商务印书馆根据该课程标准编辑出版一套《基本国语教科书》，其初小用书共八册，由沈百英编，于民国二十年至民国二十一年（1931—1932）出版，无古诗选录。高小用书由戴洪恒主编，共四册，于民国二十年至民国二十一年（1931—1932）出版，其中第四册选

---

　　① 范成大：《村景即事》、雷震：《村晚》、苏轼：《春江晚景》、志高：《绝句》（古木阴中系短篷）、叶靖逸：《游园不值》。

　　② 李白：《静夜思》、王维：《杂诗》、袁凯：《京师得家书》、彭远贡：《家书》。

　　③ 杜甫：《蜀相祠》、赵孟頫：《鄂王墓》。

　　④ 司空曙：《江村即事》、王士祯：《真州绝句》、黄庚：《江村》、李白：《下江陵》、杜牧：《山行》。

录《唐宋名家七绝六首》及《木兰辞》。中华书局则于民国二十六年
(1937) 八月编辑出版《新编初小国语读本》（共八册），无古诗收录。
同年二月初版，由吕伯攸、徐亚倩编《新编高小国语读本》①，第一册选
王昌龄《从军行》、岑参《凯歌》；第二册选杜甫《出塞》。可以看出，
《木兰诗》《出塞》等诗歌的选录，仍是对之前教科书编撰作家经典化的
沿袭。

这一时期的古诗选录经典化，与清末相比，有所推进，然而仍处探
索阶段。对于律诗、绝句等诗歌的选录，有明确的组诗选录意识，如
"七绝五首"便选录以五首写春景的绝句，并以"使知江村风景的优
美"② 为教学目的；"七律二首"选杜甫《蜀相祠》和赵孟頫《鄂王墓》，
以"使知古代英雄的爱国热忱"③ 为教学目的。此外，还强调对诗歌体式
特点的认知，如课本中明确要求对七律、七绝诗体的欣赏及其做法的研
习④。以诗体为特征选录组诗并强调诗体认知，是当时古诗选录较为明显
的倾向。但在今天看来，小学语文教育中，虽然课文有以"古诗二首"
"古诗词三首"形式选录古诗，但对诗体的强调并不明显，所以说这一做
法并没有完全被时代所接受。那么，民国时期，小学语文课本中经典诗
歌以诗体为特色的组诗选录以及对诗体特征的强调，以及不同教材对古
诗选录数量的多少不一，都是对古诗选录经典化的探索。所以这一时期
小学课本诗歌选录经典化，既有推进，又有探索。

三 小学语文课本古诗选录经典化的完全确立

1949 年后，我国更加重视基础教育，小学教科书一版再版。1951
年，人民教育出版社开始编订第一套教科书；1954—1956 年第二套陆续
出版；1961 年人教社出版第三套；1964 年人教社编写出版第四套；1977
年，教育部决定以十年制为中小学的基本学制，1978 年人教社编写出版

---

① 北京师范大学图书馆藏一、二、四册。
② 魏冰心：《高级国语文读本教学法》，（上海）世界书局，民国十四年（1925），第 287 页。
③ 同上书，第 250 页。
④ 同上书，第 250、287 页。

第五套教科书；1982—1986 年，人教社编写出版第六套；1987 年秋，人民教育出版社根据新颁布的教学大纲，对中小学教材进行全面修订、改编后开始陆续出版第七套全国通用版中小学教材；1991 年人教社编写出版第八套小学教科书；1993 年秋，人民教育出版社按照新大纲重新编写九年义务教育小学教科书，这是人教版第九套全国通用中小学教科书。现行人教版小学语文教材被称为"义务教育课程标准实验教科书"，该教科书严格按照《义务教育语文课程标准》（2011 年版）要求编订。且于2001 年始，全国基础教育实行"课程改革"，教材编写权放开，目前各地使用的小学语文课本除人教版外，还有北师大版、冀教版、苏教版、沪教版等多套教材。由于人教版使用范围广，并严格遵循《小学语文课程标准》的理念和要求编排，本文便以现行人教版小学语文课本为例，考查其古诗收录情况。

现行人教版小学教科书，仍沿袭前代选取文学史上较有成就作家的作品做法进行选录，且以唐宋诗人为主，如唐代主要有：李白、杜甫、王维、孟浩然、贺知章、刘禹锡、白居易；宋代主要有：王安石、苏轼、陆游、杨万里、范成大。且所选作品多为千百年来脍炙人口的名篇：如李白《静夜思》《望庐山瀑布》《望天门山》《黄鹤楼送孟浩然之广陵》《独坐敬亭山》《赠汪伦》；杜甫《绝句》《春夜喜雨》《江畔独步寻花》《闻官军收河南河北》；王维《画》《九月九日忆山东兄弟》《送元二使安西》《鸟鸣涧》；苏轼《饮湖上初晴后雨》《题西林壁》；杨万里《小池》《宿新市徐公店》；贺知章《回乡偶书》《咏柳》，以及孟浩然《春晓》、白居易《草》、刘禹锡《望洞庭》、杜牧《山行》、王安石《泊船瓜洲》、陆游《游山西村》等。可以看出，经历了清末、民国年间的流传与淘汰，一直到 1949 年后几十年间小学语文课本的不停修订，李白、杜甫等作家作品在小学语文课本中成为具有永恒价值的经典作品，古诗选录经典化已在不断地流播与接受过程中，通过扬弃与时代的自主选择而被完全确立。且该经典化具有明显时代特色，具体变化主要表现如下。

首先，数量明显增多。

现行人教版小学语文教科书中，古诗选录数量大大多于前代。与前代明显不同的是，现行小学语文课本每册均有古诗选录。整套教科书收录古诗五十余首，数量比清末民国时期任何一部小学语文教科书都要多。

从一年级下册开始到四年级上册，每册教科书中的古典诗歌都以《古诗二首》形式选录课文，四年级下册开始出现《古诗词三首》的题目，其中加入词的编选，而民国时期小学语文课本中，词大多直接以词牌或词名为课文题目。且除课文外，现行课本在课后部分亦有古诗选录，以扩充学生知识面，其对古诗的侧重程度，由此可见。

其次，由难而易，更贴近少儿语言与理解水平。

现行人教版小学语文课本古诗的选录难度有所降低，选录诗歌更贴近少儿语言与理解水平。如对杜甫作品的选录，破除前代《出塞》《石壕吏》等对初入学孩童而言不易理解的作品，在低年级选《绝句》（两个黄鹂鸣翠柳），高年级《春夜喜雨》《江畔独步寻花》《闻官军收河南河北》。将《木兰诗》《观刈麦》等作品调到中学阶段，小学主要以李白《静夜思》《望庐山瀑布》《独坐敬亭山》，杜牧《山行》等贴近生活的写景言情作品为主，更易于少儿接受。而《春夜喜雨》《独步寻花》《静夜思》等作品，经历从民国以来小学课本的不断改革后，依然被收录为课文，可见其经典意义与地位。

最后，由机械、古板的知识传递到注重能力的培养和德育教育。

与清末民国时期相比，现行人教版小学语文教科书古诗选录的经典化过程中，更侧重学生能力的培养和德育教育。与前代强调诗体特征，要求诗歌体式学习不同，现行版本对古诗体式要求相对宽松，对于平仄、格律、对仗等要求不高，甚至打破诗体、词体界限，以"古诗二首""古诗词三首"的方式结合，选取主题共性较强诗歌，如写景、写自然、写情感等，呈单元组诗形式出现，更注重学生感悟力的培养。如四年级下册第一课《古诗词三首》中：李白《独坐敬亭山》、刘禹锡《望洞庭》、白居易《忆江南》，第二十三课《古诗词三首》：翁卷《乡村四月》、范成大《四时田园杂兴》、张志和《渔歌子》，选取主题相同的诗词组合模式，以诗代词，对词体的学习，由与诗歌相同的题材内容角度切入，增强画面感，使学生对词有更直观的了解与感受。此外，这种同一题材的成组选录现象，有利于展示古诗中的不同画面，注重培养学生感受力的同时，无形中增强了学生想象力和语言表达能力。

此外，与前代机械传递知识不同，现行人教版小学语文课本，更注重德育教育。如表达感情主题的诗歌，李白《赠汪伦》《黄鹤楼送孟浩然之广陵》，王维《送元二使安西》等注重情感教育；有哲理类诗歌，如苏轼《题西林壁》、陆游《游山西村》，启迪学生哲思；而节令类诗歌，如王维《九月九日忆山东兄弟》、林杰《乞巧》、李商隐《嫦娥》等，通过诗歌向学生展示传统节日及节日习俗，这使传统文化传承更具实用性与趣味性。

　　我国小学语文课本古诗选录的经典化进程，从清末初始到民国在推进中探索，再到现行版本的经典化确立而独具时代特色，经历了漫长的一个世纪。虽受学制、课程标准要求，但诸多诗人、名篇却在这一过程中淘尽铅华，建立了他们在小学语文课本中的经典地位，同时使小学语文课本古诗选录经典化完全确立，为教科书编写开辟出一条具有经典意义的道路，同时也为传承优秀传统文化在教材层面开辟方向上也做了积极探索。

从"文章学"到"文学"

——论"新学制时期"小学语文教科书的视角转变

王　聪①

新学制时期，小学语文教科书在课文编排方式上，由传统范文汇编的方式逐渐过渡到主题选文；在教学方法上，由注重熟读背诵到注重趣味和审美熏陶的启发性教育；在文体观念上，由正统的诗文传授到充分吸收小说、戏剧，乃至民间文艺之精华。小学语文教材的这些转变反映了当时语文教学领域，由重视"文章学"到"文学"的内在机理变化，而传统文化在教育中从方法论层面做出的这一调整与转型，在很大程度上，促进了以人为本位的新式小学语文教育的逐渐生成。

"语文"这一学科名称，是 1949 年以后才出现的，叶圣陶曾指出："'语文'一名，始用于 1949 年华北人民政府教科书编审委员会选用中小学课本之时。前此中学称'国文'，小学称'国语'，至是乃统而一之。彼时同人之意，以为口头为'语'，书面为'文'，文本于语，不可偏指，故合言之。"而依据近、现代语文教育史的发展脉络，民国时期的小学语文教科书可以分为三个时期②：民国初期（1912—1919）、新学制时期（1919—1929）和课程标准时期（1929—1949）。其中，"新学制时期指的

①　王聪，北京师范大学文学院。

②　参见闫苹、张雯主编《小学语文教科书评介》，语文出版社 2009 年版。

是以民国九年（1920）一月教育部正式下令将初等小学国文教学改成国语教学为起点，到民国十八年（1929）暂行课程标准出台之前结束。重要标志是1922年的新学制（壬戌学制）①以及小学语文课'课程标准纲要'（1923年刊布，吴研因起草）②。"③

　　吴研因曾指出，"我国二十年来，在教育上着实占势力的，就是学生用书，最占势力的也就是儿童用书。无论到哪一个学校去参观，所闻所见的，第一件事就是书本的教学。"④"教科书力求汇集人类认为最基础、最精华的知识，同时也隐含着教材编制者的价值取向以及对教育教学过程的认识和理解。"⑤ 1902年，清廷颁布了《钦定学堂章程》，1903年，颁布了《奏定学堂章程》，自此开始着手兴办新式教育。其中，在小学堂设立"中国文字"课程，只是当时科举刚刚废除不久（1898年废除），尽管建立了分年级、分学科的新式教育，但是处于学科的新创期，受传统文章讲授思维影响颇久，故小学语文课本的编写仍主要参照《古文辞类纂》《古文观止》等传统文章范本。"民国初期"，"在课程设置上废止了'读经讲经'科，提出设'国文'科；在国文教科书的内容上也废除了清末'忠君''尊孔'的说教，加进了一些资产阶级的道德教育和实用科学的知识，体现了'共和精神'"⑥，与清末小学国文教科书相比，打破了私塾教授"四书五经"的局限，教材选文内容更加丰富多样，历史、

---

①　壬戌学制改革案由全国教育会联合会提出，对各级学校修业年限作了规定。其中，初等教育为6年，初级小学4年，高级小学2年。《学校系统改革案》列有七条标准：适应社会进化之需要，发挥平民教育精神，谋个性之发展，注意国民经济力，注意生活教育，使教育易于普及，多留各地方伸缩余地。新学制从某种意义上说，是一场自下而上的改革，其中民间知识分子教育群体扮演重要角色。而新学制的颁布和实施，标志着中国资产阶级新教育制度的确立，标志着中国近代以来的学制体系建设的基本完成。

②　全国教育会联合会在提出《学校系统改革案》的同时，组织了新学制课程标准起草委员会，1923年刊布了新学制课程标准纲要。其中，规定小学校课程为国语（包括语言、读文、作文、写字）、算术、卫生、公民、历史、地理、自然、园艺、工用艺术、形象艺术、音乐、体育等学科。

③　闫苹、张雯主编：《小学语文教科书评介》，语文出版社2009年版，第84页。

④　吴研因：《新学制建设中小学儿童用书的编辑问题》，《新教育》1922年第5卷第1—2期。

⑤　范远波：《民国小学语文教材研究》，博士学位论文，华东师范大学，2007年，第102页。

⑥　闫苹、张雯主编：《小学语文教科书评介》，语文出版社2009年版，第2页。

地理、实业、国民知识、世界知识等方面的内容均有所涉及。但是，文言文在此时期的小学教材中仍占有很大的比重，且在文章的选取和编排上，仍留有桐城派的痕迹。到了"新学制时期"，"由于学制的改革，这一时期小学语文教科书从形式到内容都发生了很大的变化。从形式方面说，白话文逐步取代了文言文，实现了言文一致。从选文内容来看，教科书的选文呈现出文学化、趣味化的特点"①。

以往多从"新文化运动"的角度看待这一时期国语改革的成就。从表面上看，随着白话文的推广和普及，"新学制时期"小学语文教材中传统文章的比重呈现出下降的趋势，但严格说来，这是一种有选择的取其精华去其糟粕的过程，是有针对性地基于孩子年龄特点教材编写方式的革新。从某种意义上说，这种小学语文教材文章选录方式的转变，知识性、审美性、情感性启蒙式教学互动的增强，折射出由"文章学"到"文学"的观念转化过程，使得传统文化在小学语文教材的不断革新中实现转型与新生。

一　课文编排方式的转变

"民国初期"的小学语文教材在课文编排上主要采用范文汇编的形式，属于"文选型"教科书，课文之间大部分没有联系，一般按照由易入难的顺序进行编写。如《中华高等小学国文教科书》② 全套共八册，供高等小学四个年级使用，虽然偶尔会把作者相同或是内容相关的课文安排在一起，如第二册第四课《意园记》、第五课《醉乡记》、第六课《睡乡记》三篇都是戴名世的文章，第六册第七课《荆轲刺秦王》和第八课《咏荆轲》因为写作对象一致编到一起，等等。但仅是极个别的篇章，并没有形成单元的编排体例。又如《新制中华国文教科书》③ 同样是单纯的范文选编，以教儿童识字入手，从儿童已有知识出发，引出各种未知领

① 闫苹、张雯主编：《小学语文教科书评介》，语文出版社 2009 年版，第 4—5 页。

② 编者：汪渽、何振武，印刷发行者：中华书局，出版发行：民国元年（1912），全套教材共八册，供高级小学用。

③ 编者：戴克敦、沈颐、陆费逵，出版发行：中华书局，出版时间：民国三年至民国四年（1914—1916），全套教材共十二册，供初级小学一至四年级用。

域，致力于在知识的传授中兼及审美的感发与熏陶。课文彼此关联度不高，偶尔出现同类别事物的关联编排，如第十册第二四、二五、二六、二七课，分别以虎、兽、鸟、鹦鹉为主题，但这种情况在整套书中也并不多见。

相比之下，虽然"新学制时期"小学语文教材仍然没有明确的单元编排，但是以主题组织选文的趋势越来越明显。如《新体国语教科书》①，以第三册为例，第七、八、九、一〇、一一课，讲的是各种儿童玩具；第一七、一八、一九、二〇课，讲的是各种植物；第二一、二二、二三、二四、二五课，讲的是农事生产；第三五、三六、三七、三八、三九、四十课，都是以人物为主题。并且，在几篇内容相关的课文后面，安排有综合练习。所以，整体来看，教材虽然没有有意地进行单元编排，但在节次目录上，给人一种章法有序的客观效果，这一模式也自然地成为后来主题选文的一种雏形。又如《新法国文教科书》② 第二册第一、二、三、四、五、六课都与学校教育相关；第七、八、九、一〇、一一、一二、一三课，虽然介绍角度不同，或游历，或寓言，或记叙，但都可视为对自然事物的介绍；第一四、一五、一六课，讲述不同的人；第一七、一八、一九、二〇、二一、二二课，是关于各种动物的小文章，等等。虽然没有明确的主题划分，但相连的几课间呈现出一种主题选文的主导趋势。

之所以出现这一趋势，张心科认为，主要原因为：一是五四时期人文思潮兴盛，师生热衷于讨论"问题"和"主义"；二是杜威来华宣扬教育，强调教材要符合学生经验；三是阅读与写作教学分离，使教材功能发生改变；四是白话文知识缺乏，无法按知识体系组织选文；五是新文学历史太短，无法按文学史顺序组织选文。③ 所以，在五四的时代背景

① 编者：庄适，校订者：庄俞、范祥善、黎锦熙，出版发行：商务印书馆，出版时间：民国八年（1919），全套教材共八册，供初级小学一至四年级用。

② 编者：庄适、许国英、泛祥善等，参订者：庄俞、高凤谦，出版发行：商务印书馆，出版时间：民国十年（1921），全套教材共六册，供高级小学用。

③ 张心科主要针对的是"新学制时期"中学阶段的语文教材以主题组织选文的情况进行分析，但是发生这一转化的时代背景同样适用于小学语文教材。参见张心科《以主题组织选文的成因与利弊分析——由新学制时期中学语文教科书谈起》，《语文建设》2016 年第 5 期，第64—65 页。

下，传统范文汇编式的小学语文教材渐渐发生着改变，课文越来越贴近时代脉搏，越来越贴近儿童的年龄和兴趣，不再是生硬地将古代文章罗列在那里，而是有意识地以之传达新时代的人本理念。

二　教学方法的转变

"新学制时期"，小学语文教材不仅在编排方式上呈现出新的变化趋势，在实际的教学方法中，也逐渐探索出一条适合儿童年龄特点、能够发挥语文教学优势的新路来。

"民国初期"，尽管小学语文教材的编撰者已经在试图走出清末桐城派的影响，但新型的教学模式仍在探索中。因此，在教学方法上，仍不免依赖一直以来熟读背诵的方式。如《中华高等小学国文教科书》，尽管在文体的选择方面，充分考虑到不同类型的诗文，但是其重点不在于凸显选录作品的文学特征与审美特性，也不在于对学生进行思想引导与文化熏陶。在教学方法上，仍强调"教师的讲解和学生的熟读背诵为主"[1]，这就意味着，应用《中华高等小学国文教科书》进行小学阶段的授课，并没有摆脱传统教学中"文章学"的主体范畴，在教育经验和学习经验上仍然强调对文言文的认知与掌握。

相比之下，"新学期时期"小学语文在教学方法上有了很大的改善。如《新法国文教科书》全套共六册，主要供高等小学三年使用。虽然为文言教本，但为了强化国语教学，在各册后面附了四篇语体文。在收录内容方面，较前一阶段有明显的进步，"分文艺材料与实科材料两大类：文艺材料，以具有情感为主；实科材料，以收得实用智识为主"[2]。尤其值得关注的是，不同于《中华高等小学国文教科书》主要选录传统经典文章，《新法国文教科书》在此基础上还侧重编录一些生动有趣的故事，如第二册第二课《蜗牛之教训》，讲了一个思维迟钝的孩子被同学取笑，回家向母亲诉苦，母亲教育其要向蜗牛学习，"则勤必有功，虽钝何害"，这个孩子听了母亲的教诲，开始勤学，后来学业大进，当人问起缘由时，

---

① 闫苹、张雯主编：《小学语文教科书评介》，语文出版社 2009 年版，第 4 页。
② 庄适、许国英等编：《新法国文教科书》编辑大要，商务印书馆 1921 年版，第 2 页。

尽授蜗牛之法。选录这样的课文目的在于充分考虑儿童的年龄特点，避免枯燥乏味的道德说教与死记硬背，贴近儿童的实际生活与兴趣爱好，使学生真正深入有趣的故事中，通过有趣的故事培养学生健全的人格，在善的教化、美的感知中进行小学语文的学习。

此外，《新法国文教科书》文章后面还加入了练习题，启发孩子思考，由强调文章的背诵到启蒙式教学，越来越注重培养孩子的理解力、认知力。以前重视文章，是因为科举考试要考查八股文的写作，文章是进入仕途的重要途径，所以教育无差别化地进行文章的灌输。而重视文学，则是通过文学的理解，强调孩子思想的提升，审美的感知，是基于人的成长需求设立的文艺熏陶。可见，"新学制时期"的小学语文在教学方法上，正努力实现以"文章"为中心到以"人"为中心的重大突破。

尤需说明的是，受新文化运动等时代思潮的影响，"新学制时期"极力推行国语教育，普及白话文，所以此时小学语文教材出现低小以国语为主，高小国文、国语并行的局面。北京师范大学图书馆现藏有当时八套初小教材，其中七套为国语教材，一套为国文教材。[1] 有趣的是，这一时期国语教材的相当一部分内容，只是对传统文章进行口语化改写，如《新学制小学教科书初级国语读本》第八册嫦娥奔月、完璧归赵、李广射石、武松打虎等课文，而这种现象在高小的国语教材中更加普遍。所以，"新学制时期"的小学语文教材传授给学生的依旧是传统文化，只不过换了一种孩子易于理解和接受的方式，其精神内核并没有改变。可见，尽管当时受到西方思想浪潮的影响，剔除固有糟粕，追求不破不立，但传统文化一直是国人生于斯、长于斯的根系所在，是对子孙后代进行教育和滋养的思想源泉。

---

[1] 国语教材分别为：《新体国语教科书》（庄适编，商务印书馆1919年版）、《新学制国语教科书》（庄适、吴研因、沈圻编，商务印书馆1923年版）、《新学制小学教科书初级国语读本》（魏冰心、范祥善、朱翊新编，世界书局1924年版）、《新小学教科书国语读本》（黎锦晖、陆费逵编，中华书局1924—1925年版）、《实验国语教科书》（北京师范大学附属小学教科书编纂会，北京平民书局1925年版）、《新时代国语教科书》（胡贞惠，商务印书馆1927年版）、《新中华国语教科书》（王祖廉、黎锦晖、黎明，中华书局1927—1928年版）。国文教材为《新撰国文教科书》（胡怀琛编，商务印书馆1926—1927年版）。

三　文体观念的转变

"新学制时期"，小学教材课文编排大致形成了新的文体分类方式，例如，《新教育教科书国文读本》编辑大意中将课文分为普通文、特用文与文艺文。普通文主要指记叙文、说明文、表抒文、议论文等；特用文主要指书信、契约、广告、电报、传单、章程等；文艺文主要指诗歌和散文等。当时的高小教材最常见的是把课文分作记叙、说明、议论、诗歌等几大类别。记叙、说明、议论、诗歌这种分类方式，是在西学东渐以后，西方学者对写作类型的一种界定方式，在小学的教材中选用此种分类方式，说明当时的教材编撰者已经接受西方的文学概念，并在语文教学中试图引导学生建立一种新型的对文学的认知方式。也意味着教材编撰者渐渐远离传统的文章学教学体系，试图从小学开始在国人心中树立一种新型的文学观。

在"新学制时期"的小学语文教学中，除了文体分类方式发生变化外，文体观念也发生了巨大的变化。在中国古代社会，最受重视的文体形式是诗文，小说和戏剧在古人的观念中皆为不登大雅之堂的游戏娱乐之作，一些官宦人家甚至禁止子女读小说和戏剧，如《红楼梦》中贾宝玉和林黛玉要躲起来共读《西厢》。但是从民国小学语文教材的变迁中，能看到语文教育中这一传统观念正在发生扭转。

在西方的文学观念中，小说、戏剧是两种主要的文学形态，有着颇高的地位，因此，受西学东渐的影响，加之小说、戏剧本身的故事性与趣味性，"新学制时期"的小学语文教材收录了大量的小说、戏剧，"这种体裁便于表演，容易引起学习兴趣。戏剧多为新编，或改编自古代作品，或反映现实生活。形式上有独幕剧、短剧以及歌剧等"①，使得以往语文教学中重诗文、轻小说戏剧，重道理、轻趣味的枯燥教学模式得到了有力的改善。例如，《新学制小学教科书高级国语文读本》② 中有很多

---

① 闫苹、张雯主编：《小学语文教科书评介》，语文出版社 2009 年版，第 86 页。

② 编者：魏冰心，校订者：杨喆等，出版发行：世界书局，出版时间：民国十四年（1925），全套教材共四册，供高级小学用。

课文节选或改编自经典的古代故事，在对《孙叔敖埋蛇》《圯上老人》《聂隐娘学剑》等的娓娓道来中对儿童进行德育、美育的培养。《新小学教科书国语读本》① 中人物传记、历史故事等也占有相当高的比重，从《儒林外史》《老残游记》等优秀清代小说中进行了节选。《新学制国语教科书》② 全套八册，供初小四个年级使用，因此在体裁上十分丰富，包括寓言、笑话、传记、小说、剧本、诗歌等，其中有很多儿童喜欢的成语故事、断案传奇，同时还别开生面地出现了民歌、弹词、鼓词等珍贵的民间艺术。

可以说，"新学制思想"小学语文教材文体观念的这一转变，有利于在新的时代思潮下对传统文化进行重新认知与定位，促进教材编撰者和教育工作者在新的文体观念下，以一种更易于推广和接受的方式传播传统文化。

《论语·先进》言"文学，子游、子夏"，古时"文学"指的是文章博学，除了文章兼有学问之意。自从引进西方学科分类的概念后，在学校里建立了中国古代文学这一学科体系，"文学"对应着古代的概念更接近于"文章"。"文章"在古人心中分量颇重，曹丕言"盖文章，经国是大业，不朽之盛事"，杜甫言"文章千古事，得失寸心知"，《红楼梦》写道"世事洞明皆学问，人情练达即文章"。祝尚书指出，"对'什么是文章'的问题，学界已有基本的共识，即'文章'可分广义和狭义两类。广义的文章，指所有行诸文字、载于典册的作品，除散文、韵文外，还包括诗歌及词、曲；而排除诗歌及词、曲，便是所谓的狭义文章"③。相应的，如果就其广义而言，"文章学"即是研究如何写文章的学问。④ 在中国古代社会，尤其是从隋唐开始，科举作为朝廷选拔人才的重要途径后，文章（主要指诗文）成为重要的考查方式，成为文人进入仕途的必

---

① 编者：黎锦晖、陆费逵，校订者：戴克敦等，出版发行：中华书局，出版时间：民国十二年（1923），全套教材共八册，供初级小学一至四年级用。

② 编者：吴研因等，校订者：高梦旦等，出版发行：商务印书馆，出版时间：民国十三年（1924），全套教材共四册，供高级小学用。

③ 祝尚书：《关于文章学研究的几点思考》，《社会科学战线》2013年第1期，第183页。

④ 祝尚书论述的是古代文学的具体研究问题，对于"文章学"给出更为精确的狭义范畴。但本文重在探讨民国语文教材的变化趋势，因此，此处"文章学"取其广义。

修功课。而"文章学"可谓是古代教育最主要的教学内容之一。但随着晚清科举的取缔以及中西方文化交流的深入，西方的"文学"概念渐渐取代"文章"成为各个阶段语文教学的主体。从"民国初期"到"新学制时期"小学语文教材的转变中可以看到，编撰者由易到难选取不同类型的文章，不再只是为了让学生学会如何写文章，进行写作技巧的训练，而是以文学为媒介，向学生传授各个方面的知识，培养学生的思想情操，提高学生的审美素养。换言之，教育的目标发生了变化，教育的重点亦随之发生改变，因此，教育工作者虽然同样是从古代文化中汲取教育的养料，但在"新学制时期"语文学科的内部，则发生着从"文章学"到"文学"这一潜移默化的视角转变。"文学即人学"，这一转变影响深远，在很大程度上，促进了以人为本位的新式小学语文教育的逐渐生成。

以端午节为例谈传统节日
作为语文课程资源的开发与实施

刘　媛①

《全日制义务教育语文课程标准（实验稿）》在课程资源开发方面指出："自然风光、文物古迹、风俗民情，国内外和地方的重要事件，以及日常生活话题等也都可以成为语文课程的资源。"传统节日是民族传统文化的浓缩和精髓，是人民日常生活的重要组成部分，同时也是培养学生正确的文化观念以及爱国情怀的重要依托。因此，传统节日不仅应该被"请"进课堂，成为语文课程资源的重要组成部分，还应该将其深刻的文化价值落到实处。而在教学实施方面，则强调应"充分发挥师生的主动性和创造性"，"充分体现语文的实践性和综合性，开展综合性学习活动，拓展学生的学习空间，增加学生语文实践的机会"，从而在实践中以熏陶感染、潜移默化的方式实现情感、态度、价值观的引导。传统节日作为语文课程资源的开发与实施是当代社会给语文教学提出的一个现实要求。

一　传统节日进课堂的社会背景

（一）深厚的历史文化教育价值

传统节日源远流长，绵延千年，流传于各地区和民族，早已融入生活的各个领域。节日的内容仪式丰富多彩，相关的传说诗文妙趣横生，

---

①　刘媛，北京师范大学实验小学。

并且在用最动人的方式向后人传达民族的情感、民族追求和历史轨迹。随着中国现代化的脚步日益加快，人们愈发地感受到传统文化的宝贵。

中国最主要的传统节日有春节、元宵节、清明节、端午节、中秋节等。每一个节日都蕴含着深厚的历史文化价值，寄托了古老的中华民族许多特有的、宝贵的情感。例如，期许团圆、寄托思念的"中秋节"，只要是有中华民族血脉在的地方可能就会有对中秋团圆的念想，它不仅是古往今来人们重要的情感依托，更成为维系国家统一、民族团结和社会和谐的重要精神纽带。"中庭地白树栖鸦，冷露无声湿桂花。今夜月明人尽望，不知秋思落谁家。""海上生明月，天涯共此时。情人怨遥夜，竟夕起相思！"借中秋佳节之际抒发心中思念的古诗名句比比皆是，字字珠玑，感动和激励着一代又一代人。再如寄托对高尚人士追思和对幸福吉祥生活愿望的"端午节"，人们会在端午节进行各种丰富多彩的民俗活动，如祭祀屈原、伍子胥、越王勾践等人物；插艾、插菖蒲；吃粽子、赛龙舟等活动。通过活动辟邪止瘟、驱鬼禳灾并祝福平安，祈祷吉祥。"节分端午自谁言，万古传闻为屈原。"（唐文秀）"五月五日天晴明，杨花绕江啼晓鹰"（唐张建封），传颂端午节的诗篇比比皆是。

传统节日就如同一个巨大的文化宝库，其历史文化教育价值不容忽视。

（二）明确的国家文化政策导向

随着中国经济文化的发展，传统节日经历了一个由被忽视到被重新重视的认知变化过程。特别是近几年，越来越多的知名文化学者呼吁增加传统节日为国家法定假日。2004 年 2 月 27 日，中国人民大学校长建议增加传统节日为法定假日，取消黄金周，强化春节长假。2005 年 6 月，中央部门发布文件详细说明增设除夕、元宵、清明、端午和中秋节的重要性。2007 年 1 月 22 日，国家发改委到中国人民大学听取增加中国传统节日为法定假日的意见。2007 年 2 月，调整国家法定节假日，进入征求意见阶段，法定节假日调整呼之欲出。2007 年 11 月 9 日，国家法定节假日调整研究小组的方案在人民网、新华网、国家发展和改革委员会网站，以及新浪、搜狐等网站上予以公布，开展民意调查。终于在 2008 年起，国家出台政策将除夕、元宵、清明、端午和中秋节列入法定假日范畴。这一举措明确给出了我国文化发展的导向。让人们在传统节日里，有了更宽裕的时间，与家人团聚，与好友重逢，体验传统节日文化的魅力，缅怀悠久的民族历史，感受家庭和美、社会和谐。

（三）堪忧的国民传统文化素养

教育从娃娃抓起，传统文化的熏陶以及民族感情的积淀更要从青少年开始。但是就目前社会生活状况、家庭教育状况，以及学校课程设置、教材编写、教学的实际情况来看，传统文化教育现状令人担忧。调查显示如下。

调查一：北京师范大学实验小学五年级做了全校学生关于传统节日认知度的调查。调查显示："仅有30%的同学完全了解传统节日的具体时间和习俗。52%的同学只知道节日的日期，13%的同学只了解个别的节日，5%的同学对传统节日一概不知。"①

调查二：2015年3月我校五年级关于端午节、圣诞节的调查②

人群对比　　节日对比	认知程度			热情程度		
	老年人	中年人	青少年	老年人	中年人	青少年
端午节	高	高	低	高	中	低
圣诞节	低	中	高	低	低	高

中秋节丰富的文化内涵和文学元素使之成为语文学科课程开发的重要资源，语文教师应该重视并利用好这样的教育教学契机，研究和探索中秋节以及其他传统节日课程设计与实施的方案，从而实现相应的教育教学目标。

---

① 陈景、贺乐：《延川文艺》。http://yanchuan.678114.com。
② 参看中考语文模拟试题。

二 端午语文课程设计案例

（一）前期准备：端午节语文学习报告

指导语：

亲爱的同学们：

你们好！今年的端午节是被列入国家法定节假日后的第二个端午节。端午节是中华民族世代传承的节日，还被列为世界非物质文化遗产。而实际上，世界人民，甚至是国人对于端午节的由来以及文化内涵并不是很清楚。作为小学生的你，在社会上也在扮演着一个文化传播使者的角色，就此机会，把自己了解到的内容与亲朋好友分享，也为中国优秀文化的传承做出我们自己的贡献。

1. 我的角色：传统文化小博士

我的任务：文化考古，介绍端午节

2. 我的角色：名人访谈记者

间接采访人：某高校古典文学专业教授，文化名人。

采访题目：从端午节的由来看，最早是为了纪念春秋时期伍子胥的，为什么后来人们更多是在端午节这天纪念爱国志士屈原呢？（可以补充其他问题）

3. 我的角色：民风民俗摄影师

我的任务：全面展现端午节的传统活动（照片，网上图片或者绘画，也可以是文字）（篇幅有限，图文结合）。

4. 我的角色：（填节目的名称）节目主持人

本期节目：关于今天我们过端午节意义的探讨。

（嘉宾自定）

主持人☕：嘉宾☕：

节目过程：（包括开场白，探讨过程，总结）

5. 我的角色：编导和指挥。

我的任务：参考家长的意见，设计全家端午节活动方案，并写出活动后的感受。

（二）优秀作业展示（4、5 为例）

4. 我的角色：（填节目的名称）节目主持人

本期节目：关于今天我们过端午节意义的探讨。

（嘉宾自定）

主持人☕：任若溪（五年级 4 班）

嘉宾☕：蔡依林

节目过程：

我：欢迎大家参与我们这期"漫谈端午"节目，今天我们请到的是嘉宾是一位著名歌坛小天后——蔡依林小姐！

嘉宾：hello，大家好！我是蔡依林！

我：今天，依林只是以大众角度来与我们共度探讨端午节的意义，依林是台湾人，不知对这个节日知道多少呢？

嘉宾：嗯，还是蛮熟悉的，在台湾那边我们也过端午节，不过只是买来粽子吃（因为工作忙的关系），也没有赛龙舟什么的。

我：也就是说，你们那也不会举行什么特别的活动喽！那你认为还有必要过这个节日吗？

嘉宾：我觉得过节还是挺有必要的，这样毕竟可以让我们一代又一代的人记住这个日子，传承我们伟大的文化。

我：嗯，也就算是传承和发扬我们自己的精神财富吧！让我们来听听网友怎么说……

一位来自小朋友的留言：过端午节很好呀！可以放假！吃粽子！还可以参加许多有趣的活动！

这是一位叫"虚假过客"的网友留言：过端午节在这种大城市里完全变味道！还是想过最真最纯粹的那一种！

最后一位是来自"咪卡什"的网友留言：在我们这里过端午非常热闹！我丈夫还是赛龙舟的队员呢！

我：看来基本上所有人都对过端午节赞成……感谢蔡依林来我们节目做嘉宾……感谢观众们的收看……我们下期再见！

4. 我的角色： 茶后端午节目主持人（填节目的名称）节目主持人
本期节目： "今天过端午节的意义"

主持人☕： 韩雨桐（五年级 4 班）

嘉宾☕： 姐姐、爸爸、阿姨

节目过程：

武林悦： 端午节在今天已经是一个十分重要、被国家列入法定节假日，今天就是端午节，但很多人都只是把今天的端午节当作一个休闲娱乐的日子。今天，我们一起讨论端午节的意义，爸，你觉得为什么国家要把端午节列入法定节假日呢？

爸爸：我觉得也有一个你刚说的，我们工作了一段时间，可以在这天休息休息，还有我们大多数人都知道的屈原故事，所以也是为了纪念爱国志士屈原。

武林悦：哦，那阿姨你知道端午节本来是源于纪念伍子胥的故事吗？

阿姨：不知道。

武林悦：呃，那我来讲吧，是这样的，越王勾践的故事肯定是众所周知，其实那时候伍子胥建议，应彻底消灭越国，夫差却不听，吴国的宰相受贿陷害子胥，而子胥临死时说："我死后将我的眼睛挖出悬挂在京之东门上，看越国军队入城灭吴！"便自刎而死，夫差闻言大怒，令取子胥之尸装在皮革于五月五日投入大海，所以相传端午节为纪念伍子胥之日，那姐姐你觉得为什么更多的人在端午节纪念志士屈原呢？

姐姐：应该是屈原的传说更具代表性吧？

武林悦：嗯，也因此屈原比伍子胥的影响更为深远，因为这天也叫"诗人节"。

5. 我的角色：编导和指挥。我的任务：参考家长的意见，设计全家端午节活动方案，并写出活动后的感受。

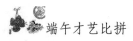端午才艺比拼

参与人员：周汝岐、爸爸、姐姐、阿姨（奶奶是观众）

人员	项目				
	唱歌	讲传说	诗朗诵	做食物	小辩论
武林悦	√		√		√
爸爸		√		√	
姐姐				√	√
阿姨	√	√			

注：食物是粽子，阿姨唱的歌是激昂的传说，使用英语（她是英语老师）。

感受：虽然开始计划我有一个是诗朗诵，但是上去了之后不敢演出来，不过到辩论的时候完全敞开了心扉，辩论的题目是"端午节我们到底应该纪念屈原更多些还是纪念伍子胥更多些"，结果输给了姐姐！！！

（三）课堂实施

形式：演讲与朗诵

说明：通过完成端午节的学习报告，学生对于端午节的文化和内涵已经有了比较深入的了解。课堂拟采用演讲和朗诵并用的形式进行成果展示。设置一下课题：端午节的足音（介绍端午节的由来）；当代人的端午情怀（评价今天庆祝端午节的意义）；我的端午节（说说你的端午计划与收获）；端午图说（用图片诠释端午节）；端午视角（在端午节，你发现了什么？）。学生结合自己的体验需选定课题，做好发言准备。同一课题，小组交流，推荐有代表性的人班级内交流。

1. 想象力为教学带来生机

以上为笔者 2015 年端午节设计的一个语文课程。与之前参与设计过的中秋节语文课的设计有类似之处：都是以特定传统节日为话题，选择综合实践活动的方式，引导学生深入生活、回归传统文化，从而对特定的民族传统节日有一个全面的认识和深刻的体验。但不同的是，本次端午节前的准备作业引导学生把自己假定为各种比较时尚和光鲜的角色，比如说"主持人""活动策划和导演""传统文化博士"等，这样的平台有效地调动了学生关注传统节日的积极性，还有利于学生发挥自己的创造力，开阔自身的文化视野。

2. 站得高，才能看得远

以传统节日为题材的语文课程的开发与实施为语文教学打开了一个新的天地，这个天地不仅是传统文化教学的天地，还是语文教学组织形式不断创新的天地。这次端午节语文课程的实践是比较成功的（尤其是前期的作业部分），分析其原因还在于在课程设计之初能够站在国家教育方针和社会发展需求的高度上，正视传统文化在当代以及任何一个时代的重要性，深入体会课程标准中关于弘扬中华民族传统文化，培养学生正确的文化观念以及爱国情怀的要求，真正对学生的终身发展负起教育职责。站得高，才能望得远，这也启发我们在进行教学设计的时候既能关注学生的生活实际，又能站在国家总体育人目标的高度上，锤炼课程，激活课堂，形成能力，积淀素养。

结　语

传统节日课程资源的开发观照了国家总体育人目标，遵照了大语文学科观念，突出了课程形式的灵活和趣味性；课堂实施过程则由前期的作业准备实现自然延伸，以创新的形式进行成果汇报，促进了生生之间的交流、合作和多元智能的培养，也一定程度上激发了学生的潜能。传统节日是语文课程资源的重要组成部分，小学语文教学需要研究传统节日的文化内涵，探索有效的教学途径，促进学生综合语文素养的提升。

关于传统文化节日课程资源的开发和实施的研究任重而道远。

用文字触碰传统,借画笔描绘创想

——《有趣的汉字》课程实践

高江丽①

一 课程现实意义

课程是为了促进学生更好地成长!从低年级孩子的成长需求来看,《有趣的汉字》课程具有以下三方面的现实意义。

(一)趣味识字

识字是低年级学生学习的重要内容之一,而激发学生识字的兴趣、掌握巧妙的识字方法无疑是识字的前提。《有趣的汉字》课程通过一个个汉字小故事,引导学生认识和了解最早的甲骨文字是如何创造出来,又是怎样一步步演变成今天的方块字的。例如,"果"这个字,学生通过认识甲骨文🌳,知道了这一汉字的字形就是一棵长着很多果实的树。演变到金文🌳时,原本在甲骨文里那三个表示果实的符号,被一个像"田"一样的符号取代,也是用来表示果实的意思。下面的部分表示树木,因为"果"本义是指树木的果实。在了解"果"字演变的过程中,学生进一步感受到汉字的美和古人的智慧。这种追本溯源式的学习认知,大大激发了学生识字的兴趣,字理识字也逐渐成为孩子们巧妙识字的方法之一。

---

① 高江丽,史家小学。

（二）感悟传统

汉字的魅力还在于它能通过一个个有机组合的语言符号传达出丰富的情感，从古传诵至今的国学经典便是佐证。《有趣的汉字》课程在引导学生认、知汉字的同时，还引入了与之相关的传统文化，使学生初步感受博大精深的中华文明，一定程度上增强了民族自豪感。例如，在讲"星"这个汉字时，孩子们在认、知"星"的情况下，我首先给孩子们讲了《数星星的孩子》这个故事，由这个故事内容，孩子们认识了我国东汉时期著名的天文学家张衡，并结合图片向学生普及了故事里"北斗七星总是绕着北极星转动"的科学常识。在讲"人"这个汉字时，和孩子们分享了一些历史名人的故事：孩子们自己讲了司马光砸缸、孔融让梨等自己熟知的故事，我给孩子们讲了李白铁杵磨成针的故事等。

经典国学的渗透，不仅丰富了孩子们对汉字的认知，更加深了孩子们对中华传统的喜爱和感悟。

（三）创意表达

语言表达作为一种文字输出，是学生各个阶段能力培养的重点之一。然而兴趣是最好的老师，低年级作为各项能力培养的奠基阶段，兴趣的培养尤显重要。

《有趣的汉字》课程遵从低年级孩子形象思维占主导的认知特点，巧借孩子们喜爱绘画的天性，引导学生运用古文字进行绘画创作，并将自己的作品介绍给全班的同学。此外，课程还引导学生结合当堂所学，课下走进大自然留意观察身边相关事物，用自己喜欢的方式记录下自己的发现，课上与同学们汇报交流。这种围绕某个主题我口说我画、我见、我思的表达，创新了表达的形式和内容。

二　课程实施

《有趣的汉字》课程实施主要包括以下四部分内容：

（一）选汉字分类学习

本课程选择的汉字都是孩子们生活中常见的汉字，且按照自然、生活、自我三种类型分类学习，帮助孩子们更好地亲近自然、走进生活、认识自我。

（二）用文字触碰传统

文字的发展演变历史本身就是一种传统文化，《有趣的汉字》课程以汉字为触手，引领学生走进与该汉字相关的国学，了解和感悟祖国博大的传统文化，从而激发学生对中华传统文化的喜爱，为今后深入学习探究传统文化奠定良好基础。

（三）借画笔描绘创想

一个个妙趣横生的古文字就是一幅幅线条优美的画！爱画画是孩子们的天性，课程充分发挥了孩子们的这一天分，引导学生了解汉字小故事及与之相关的传统文化，借助手中的画笔和所学的古汉字，加上丰富的创想，大胆进行绘画创作！当一幅幅生动多彩的画面呈现出来时，老师和孩子们都惊喜连连！而这一创作活动更增加了孩子们对汉字的喜爱！

（四）有主题观察生活

《有趣的汉字》课程引导学生完成了课堂学习之后，课下又引导孩子们围绕该主题走进大自然、走进生活进行观察，并将观察结果以照片、视频、绘画、PPT、手工（捏彩泥、剪纸）、手影等多种形式记录下来，课上与同学们汇报交流。

这里，我以自然类汉字《水》一课为例，来具体展示课程的实施过程。

首先，引导学生认识甲骨文。

古人是怎么创造出甲骨文这个字的呢？这里面还有一个小故事呢。古人观察河流时发现，河川中央的水流因为水深，所以水流平缓通畅，因此中间一笔写下来；两边的水流因为水浅，所以水流遇到阻碍较多，波纹较多，因此两边用断断续续的四笔写下来。通过汉字故事，孩子们明白了正是古人善于观察生活、发挥聪明才智才创造出了伟大的文字。

其实，甲骨文的"水"字演变为现在楷体的"水"字，是有一个过程的。引导学生了解"水"字演变过程中，让学生感受汉字的美和古人的智慧。

从古至今，水与人们的生活密切相关。

就说古代吧，与水有关的古诗词就有很多呢，你知道哪些跟水有关的古诗？这一环节，孩子们自由说与水有关的诗句。接下来，孩子们一首接一首地诵读与水有关的古诗。

并重点诵读了苏轼的《惠崇春江晚景》：

竹外桃花三两枝，春江水暖鸭先知。
蒌（lóu）蒿（hāo）满地芦芽短，正是河豚欲上时。

直到现在，水与我们的生活依然息息相关。将孩子们的思绪从古代拉回到现实。生活中，你对水有哪些感受呢？出示图片，引导学生或借助图片，或结合自己的经历来谈。孩子们有的说了自己夏天在水里游泳解暑的经历，有的说了父母带着自己在水上划船的快乐经历，还有的说了自己和家人旅游时玩儿水上滑梯、海边戏水等难忘的经历。

是呀，水给我们留下了这么多快乐和美好的感受！古代还有一个跟水有关的神话故事呢！学生根据日常学习积累和课下收集到的与水有关的故事，纷纷猜测是什么故事，有的说是精卫填海，有的说是大禹治水，还有的说是《八仙过海》。一阵热情的猜测过后，孩子们观看了视频《大禹治水》，感受了智慧的大禹三过家门而不入，最终带领大家制服洪水的精神和毅力。

你们知道吗？有不少传统节日都跟水有关呢！你知道哪些这样的节日？孩子们有的说出了傣族人民的泼水节。是呀，泼水节这一天，水表达了人们对他人的祝福。我接着出示节日图片：四川都江堰地区的清明放水节，用水纪念修建都江堰的李冰父子和祈福；苗族龙船节，用在水上划龙舟的方式表达民族的勇敢和团结；每年的 3 月 22 日，是世界水日，号召世界人民节约用水，保护水资源。

看来水对人类不仅重要，而且还被人们赋予了这么多丰富的含义！

让我们一起来写写这个字吧！

我知道大家都特别喜爱画画，你能用今天学习的甲骨文"水"字画一幅画吗？你可以围绕某个主题（如节约用水、大禹治水）画，也可以用上之前学过的花、鸟、草等几个甲骨文字。如果能给自己的画配上一两句话就更好了！

孩子们当堂完成的部分绘画作品，我会及时把画得快、画得好的作品展示在黑板上以便于交流分享。

在课堂临近结束之际，我引导学生进行课外拓展学习。水不仅是人类的朋友，还是很多动植物的家园呢！周末时，快和爸爸妈妈一起，去寻找水里可爱有趣的动植物吧！你觉得能在哪些地方找到它们呢？孩子们基本能说出这些地方：海洋馆、湿地公园、小河边、小溪里、小区池塘里、假期还可以去海边……

你可以把找到的这些动植物照成照片，用画笔画下来，录成视频，做成PPT，用彩泥捏出来，用剪刀剪出来，用手影比画出来……不管哪种方式，一定要加上你精彩的解说，下次课上汇报给大家，一起来分享，看看谁的汇报最吸引人！

第二次课上，我按照汇报形式对孩子们进行了分组，组内讨论交流后，再集体汇报展示。我用图片记录下了孩子们的汇报。

有的孩子还结合之前诵读的古诗，把诗句转变为一幅古文字画。

三　课程效果

其实，从孩子们丰富多彩的作品已然感受到孩子们对这门课程的喜爱。

（一）激发识字兴趣，掌握识字技巧

课程实施以来，孩子们识字兴趣更浓了，在识字时更会发挥想象、运用字理识字法等识记生字。

（二）触碰传统文化，奠基国学经典

孩子们对祖国的传统文化有了更浓厚的兴趣：更喜欢阅读传统文化

类的课外书了，班级展示活动中更乐于运用国学经典故事，日常诵读《中华古诗文》系列传统经典文章时，遇到课上讲过的相关内容，表现出了更浓厚的兴趣，在日积月累中，孩子们的国学积淀越来越多。

（三）以字绘画，创意表达，感悟古人智慧

发挥想象，用古文字进行绘画创作，将学习与绘画相结合，增强了学习的趣味性；受到古人善于观察、勤于动脑的影响，感悟古人智慧的同时，在生活中以字为主题进行观察，并以丰富多彩的形式记录下来与同伴们交流观察所得等，创新了孩子们日常表达的形式和内容，使得孩子们有话可说，有话想说，加上老师的适时评价引导，孩子们在这种氛围中越来越愿意表达了。

第 二 编

中学传统文化实践理论与教学案例

传统文化进校园策略与路径的
实践研究

——华南师范大学附属中学"中华传统文化"
课程建设与实施

黄德初　　王志龙①

一　"中华传统文化"系列特色课程建设实施的背景

（一）社会发展与教育改革

2017 年 1 月 25 日，中共中央办公厅、国务院办公厅印发了《关于实施中华优秀传统文化传承发展工程的意见》（下文以《意见》简称）。《意见》提出文化是民族的血脉，是人民的精神家园。文化自信是更基本、更深层、更持久的力量。中华文化独一无二的理念、智慧、气度、神韵，增添了中国人民和中华民族内心深处的自信和自豪。《意见》明确指出传统文化传承发展工程的总体目标：到 2025 年，中华优秀传统文化传承发展体系基本形成，研究阐发、教育普及、保护传承、创新发展、传播交流等方面协同推进并取得重要成果，具有中国特色、中国风格、中国气派的文化产品更加丰富，文化自觉和文化自信显著增强，国家文化软实力的根基更为坚实，中华文

---

① 黄德初、王志龙，华南师范大学附属中学。

化的国际影响力明显提升。

《意见》提出的重点任务之一是：围绕立德树人根本任务，遵循学生认知规律和教育教学规律，按照一体化、分学段、有序推进的原则，把中华优秀传统文化全方位融入思想道德教育、文化知识教育、艺术体育教育、社会实践教育各环节，贯穿于启蒙教育、基础教育、职业教育、高等教育、继续教育各领域。以幼儿、小学、中学教材为重点，构建中华文化课程和教材体系，修订中小学道德与法治、语文、历史等课程教材。丰富拓展校园文化，推进戏曲、书法、高雅艺术、传统体育等进校园，实施中华经典诵读工程，开设中华文化公开课，抓好传统文化教育成果展示活动。

由此可见，国家对中小学的中华传统文化课程体系建设的高度重视和大力支持。华南师大附中在此基础上，着力建设并实施相关特色课程，不仅是顺应时代潮流，更是利在当代、功在千秋的教育大业。

（二）学校传统与办学思想

华南师范大学附属中学，是广东省教育厅和华南师范大学双重领导的国家级示范性高中，其前身可追溯至 1888 年建立的广州格致书院。华南师大附中秉承"以完整的现代教育塑造高素质的现代人"的办学宗旨，确立面向未来的办学目标，即培养可持续发展的学生，造就可持续胜任的教师，创办可持续攀高的学校，实施可持续提升的教育。学校既注重基础文明，也注重领袖才能的教育；既要求学生要有高尚的道德素养，也要求学生有优异的学业水平。"中华传统文化"系列特色课程极大提高了学生语文学习的兴趣和效率，提升了整体学生的语文核心素养，形成了华附师生"崇尚一流追求卓越"的气韵风度和文化标识。

（三）校本课程开发与"中华传统文化"系列特色课程建设实施

自 20 世纪 80 年代以来，尤其是新课改以来，华南师大附中大力推行课程改革，构建了一个适应素质教育、体现时代要求的"规定性课程与选择性课程相结合"的校本课程体系，在高标准完成国家规定的课程任务的同时，构建起一个包括自然科学类、人文科学类、体育艺术类、社会实践类四大模块共 80 多门课程的校本课程体系。

华南师大附中语文科，秉承"大语文"教育理念，提倡"语文学习的外延等于生活的外延"，一直以来坚持把自然、社会、人生、文化当作语文教育的大课堂，这既是语文教育崇高的出发点，也是语文教育终极的归宿地。课程建设既是实现教育目的的保证也是转变学习方式的前提，因此在强化国家课程教学的同时，也在不断优化具有本校特色的语文课程体系。这一体系由拓展性课程、研究性课程、实践性课程、综合性课程构成。它包括"国学大课堂"、"《易经》解读"、"言语交际"、"中国当代诗歌鉴赏"（自编教材）、"中国当代散文鉴赏"（自编教材）、"中国古代诗歌鉴赏"、"电影艺术欣赏"、"微型小说创作的理论与技巧"、"西方美学理论研究"、"两岸四地国学夏令营"、"传统文化台湾体验夏令营"、"中华传统文化节"等 20 种。

华南师大附中"中华传统文化特色系列课程"就是在这样的时代大环境和具体的学校背景中构建的，它"以实践活动为载体，以发展学生语言建构与运用、思维发展与提升、审美鉴赏与创造、文化传承与理解的学科素养为目标"。

二　"中华传统文化"系列特色课程建设实施的原则

（一）"全面发展"原则

"中华传统文化"系列特色课程的教学内容要在华师附中每一名学生身上得到落实，着眼于每一个学生的全面发展。

（二）"知行合一"原则

一是要求教师本身要发挥表率作用，真正做到"学高为师，身正为范"；二是摒弃说教灌输的教学方法，强调"以实践活动为载体"，在语文学习活动中提高语文素养，在文化研习活动中提升文化素养；三是在课程教学的过程中，与德育相结合，与日常行为教育相结合，对中华优秀传统文化，既要知其源，明其流，更要入之心，付之行，做到知行合一。

（三）"因材施教"原则

一是课程必须根据我校学生"成绩优异、博闻强记、善于思辨"学情特点实施；二是课程必须服从于我校"以现代教育培养高素质的现代人"的办学宗旨；三是必须与全校的校课程建设相结合，与校园文化建设相结合。

三 "中华传统文化"系列特色课程建设实施的目标

（一）引导学生充分理解有关"中华传统文化"的"四个讲清楚"

要破"崇洋媚外""民族虚无主义"的迷障，就要通过"中华传统文化"系列特色课程，从语文课的角度达到"四个讲清楚"的目的。即讲清楚每个国家和民族的历史传统、文化积淀、基本国情不同，其发展道路必然有着自己的特色；讲清楚中华民族在五千多年的文明发展进程中所创造的博大精深的中华文化，中华文化积淀着中华民族最深沉的精神追求，包含着中华民族最根本的精神基因，代表着中华民族独特的精神标识，是中华民族生生不息、发展壮大的丰厚滋养；讲清楚中华优秀传统文化是中华民族的突出优势，是中华民族自强不息、团结奋进的重要精神支撑，是我们最深厚的文化软实力；讲清楚中国特色社会主义植根于中华文化沃土、反映中国人民意愿、适应中国和时代发展进步要求，有着深厚历史渊源和广泛现实基础，中华民族创造了源远流长的中华文化，中华民族也一定能够创造出中华文化新的辉煌。

（二）引导学生充分认同中国古代优秀文化传统

传统文化是一个民族的根，是一个民族的精神支柱。中国五千年文明历史，是中国古圣先贤几千年经验、智慧的结晶，表现出来的是民族的精神内涵和辉煌灿烂的中华文明，有着强大的生命力。接受古老的人类文化的教育熏陶，有助于学生更好地明道理、辨善恶；而理解传统的理念和道德文明，则可帮助学生处理好人际关系、明确人生价值、提升人伦道德，更好地继承和发扬中华文化传统。

华南师大附中的办学宗旨是"以现代教育培养高素质的现代人"，我们在确保教育质量的同时，开设"中华传统文化"系列课程，提倡学生在中学阶段有限的时间里，提高学生的文化认知水平和自身的素质修养，形成社会主义核心价值观，进而在日常的学习、生活、交往中自觉践行，如此才是高素质的现代人。

（三）提升学生"文化传承与理解"的核心素养

通过"中华传统文化"系列课程的学习，体会中华文化的博大精深、源远流长，增强文化自信，理解、认同、热爱中华文化，继承、弘扬中华优秀传统文化。

（四）提升学生语言、思维与审美等方面的核心素养

"中华传统文化"系列课程的文本多为历代传诵的文章名篇，其语言准确、凝练、精辟、言简意赅、言简义深；其中的观察、比较、分析、综合、抽象、概括、判断、推理等思维能力，具有深刻性、灵活性、独创性、批判性、敏捷性和系统性等思品质；其中许多诗文所表达的形象鲜明、意境优美、节奏明晰、韵律和谐。这些都有助于提升学生语言、思维与审美等方面的语文核心素养。

四 "中华传统文化"特色课程体系

华师附中语文科在学校校本课程的基础上，建构了一个"4＋1＋1＋1＋N"语文课程体系（见下图）。在这个课程体系里，"中华传统文化"特色课程体系进入课堂教学，有固定教材、固定课时、固定教师、固定教学模式。并从课堂延伸到了课外，并形成系列探究性实践活动课程，如"两岸四地传统文化夏令营""台湾文化体验夏令营""唐诗宋词地图夏令营""欧洲文学体验夏令营""中华传统文化节"，等等。

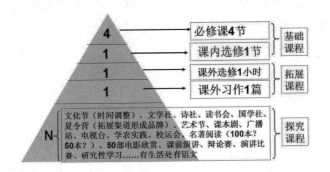

图1 4+1+1+1+N

（一）传统文化必修课程系列

"中华传统文化"系列课程核心内容以教材形式进入课堂教学，在华南师大附中的"4+1+1+1+N"的课程体系里，每周有1/2节课专门用于"传统文化"课程的教学，教学方式以学生自学为主体，教师导读为主线，以师生研讨活动为主要的教学方式。近三年的高中课堂教学，尝试过以下两种教材的组合方式。

年级	高一年级		高二年级	
教材选用一	《中华文化基础教材上》（中华书局）	《中华文化基础教材下》（中华书局）	《中国文化经典研读》一（人民教育出版社）	《中国文化经典研读》二（人民教育出版社）
教材选用二	《〈论语〉选读》一（广东教育出版社）	《〈论语〉选读》二（广东教育出版社）	《先秦诸子选读》一（人民教育出版社）	《先秦诸子选读》二（人民教育出版社）

上述教材皆为公开正式出版的，其内容参见具体教材，此处不一一赘述。

（二）传统文化选修课程系列

基于学校的办学目标，回应学生自主需求，结合老师个人特长，我校构建了"传统文化选修课程系列"。

课程名称	课程提要	上课教师	上课时间和地点	招收人数、对象、要求
走进国学系列课程——古粤岭南有秀色：国学在广州	以时间为经线，以中国古代哲学和中华古代文化经典为纬线，以点带面，从"五经之首《易经》"开始，到"康梁思想"的发展，为学生拉一条中华传统文化进程的线，了解中华传统文化的传承与发展	略	周五第8节，高二某班课室	非毕业班30人，授课与实地参观调研并重，要完成参观调研作业，同时可能利用节假日外出参观考察。要求选课同学要有对岭南文化的热爱，还要有研究的兴趣和热情，更有查阅文献资料、书写学术小论文的严谨精神
电影欣赏与传统文化	通过电影形象生动地呈现中国传统文化以及相关文化元素、风俗、人情、艺术及其变化，等等	略	周五第8节，南楼6楼电脑室	高一、高二共30人，要求对影视作品有兴趣，对传统文化有浓厚兴趣，且能够专注欣赏电影
中华文化溯源（与政治科合开）	从人文环境、政治制度、科学技术、思想伦理、文学艺术、民俗风情等方面，引导学生认识中国传统文化的源流及其文化意义	略	周五第8节，南教学楼205	高一20人，高二20人，要求对中华传统文化有浓厚兴趣
语文大天地——赏诗词、读红楼、领略文化散文的魅力	从人物关系、精彩情节、诗词曲赋等方面入手，以多样性的探究活动，通过研读《红楼梦》，进而掌握研读中国古典小说的方法，拓展文化视野	略	周五第8节，东教学楼高一（4）教室	高一、高二共30人，没有上过《语文大天地》这一选修课的同学均可参加
篆刻与书法艺术（与美术科合开）	了解书法、篆刻艺术的发展历史、基本技法及审美特征	略	周五第8节，工艺美术室	对中国传统篆刻与书法艺术有兴趣者，20人

续表

课程名称	课程提要	上课教师	上课时间和地点	招收人数、对象、要求
且行且吟——唐诗宋词地图	根据当年夏令营、冬令营的线路精读相关唐宋诗人代表作品及其传记评述	略	周五第8节，高一11课室	热爱唐诗宋词。有兴趣参加且行且吟夏令营、冬令营、台湾国学夏令营的同学，40人
古文字与古代经典研读	了解古代经典的概况及其现代意义，学会以现代眼光读古代文化经典	略	周五第8节，高二12课室	热爱古代经典文化典籍，对国学传承有热忱者，40人
千古文人侠客梦：金庸武侠小说研读	研讨中国武侠文化和金庸武侠小说	略	周五，高一7课室	对中国武侠文化和金庸武侠小说有浓厚兴趣者，30人

（三）传统文化专题课程系列

此系列将研究传统文化专家学者请进华师附中的课堂，让学生近距离聆听大师们的教诲。近三年，我们在举办"中华传统文化节"期间举办了"中华传统文化"专题讲座共计5场次。部分讲座列举如下：

1. "我眼中的中国文化"，主讲人：台湾作家薛明仁

台湾作家薛仁明携其新作《孔子随喜》以谦和冲淡的态度，与同学们交流：在日常生活，在读书求学，在理想追求中，孔子之道是如何给我们以启迪的。

薛仁明简介：1968年生于台湾高雄县茄萣乡，祖籍福建漳州，台湾大学历史系、佛光大学艺术学研究所毕业。曾长期困惑于安身立命之道，18岁时因之休学半年。19岁开始，有心于儒释道三家，关心的焦点，是文化之重建与生命之修行。有《万象历然》（2010年），被誉为"绝对大气之书"；随后《孔子随喜》（2011年）面世，还原孔子的活泼本色，有人称之为"使孔子出土"。

2. "古典的中国"，主讲人：严凌君

深圳育才中学高级语文教师严凌君老师带着他的《青春读本》引领

同学们走进传统文化中诗意生活的世界里，使学生情感上更加亲近传统文化，在理性上对传统文化有了进一步的认识。

严凌君简介：多年以来致力于改善学生的读书方法和审美意识，自创"青春读书课"，精心选用古今中外的名家名篇，编出一套 7 卷 14 本 300 万字的《青春读书课》人文读本，他的"五个一"工程：一套书、一堂课、一个网站、一本刊物、一个文学社，滋润了众多中学生的青春，在全国语文教育界产生广泛而积极的影响。

3. "城市文化与城市审美"，主讲人：蒋述卓

暨南大学党委书记蒋述卓教授做了以"城市文化与城市审美"为题的专题讲座。

蒋述卓，时任暨南大学副校长、党委书记，博士生导师。现任广东省文艺批评家协会主席，广东省作家协会主席等。已出版的学术著作有《佛经传译与中古文学思潮》、《佛教与中国文艺美学》、《山水美与宗教》、《宗教艺术论》、《在文化的观照下》、《中国山水诗史》（合作）、《中国山水文化》（合作）、《二十世纪中国古代文论学术研究史》（合作）、《城市的想象与呈现》（合作）、《传媒时代的文学存在方式》（主编）、《文学批评教程》（主编）、文学评论集《诗词小札》等。

4. "岭南文化的前世今生"，主讲人：陈一平

华南师范大学文学院陈一平教授清晰地讲述了岭南文化的发展历程，详尽地分析了岭南文化的形成原因，从政治、经济、文化、人口、地域、气候等多方面介绍岭南文化的崛起过程。陈教授从岭南文化的历史进程探讨了当代广东文化精神的内涵，对现今的文化精神提出独到的见解。令人印象深刻的是陈教授运用科学的研究方法、丰富的历史资料和大家熟知的广州历史遗址文化等来论证观点，并旁征博引，让同学们深刻感受到人文学科的学术研究更应该具备科学、严谨的思维和扎实的理论基础。讲座给大家诠释了"岭南文化的前世今生"，岭南地域正是有了文化元素的渗透与融入，增添了人文底蕴，令人回味。

5. "诗歌里的中国"，主讲人：谢有顺

中山大学文学院谢有顺教授引入"诗歌中国"的概念。中国自古以来有以文治国的传统，而诗歌又在"文"中占据中心地位，中国的诗歌在中国代替了宗教的意义，具有塑造人的情怀的作用。每次经历自然灾

害，往往出现叙述灾难的诗歌，诗歌由此具有了宗教式的抚慰人心的作用。而与信仰宗教的国家的人不同，中国人在取名时，往往以名字是否有诗意、有出处、有用典等文学标准评价取名水准的高低。在中国传统文学中，诗文之所以比小说、戏曲等叙事文体地位更高，便是因为从诗文中可以见出一个人的旨趣、情怀、追求，而叙事文体讲述他人的故事，看不出作者本人的情怀与抱负。谢有顺教授认为，诗歌为中国人提供一种普遍的价值观，诗即是国人的宗教。

谢有顺教授认为，诗歌位于文学的金字塔尖，一个国家对诗歌、诗人的态度即是一个国家对文化的态度。当前社会，诗歌依然是抒情的最佳方式，凝练着中国人对人生最好的认识，古今诗歌中也存在一种情怀的传承。在教育领域，诗歌也可以培养对心灵的精微观察与体验能力。

谢有顺教授，中山大学教授，博士生导师，是当代著名文化评论家，"长江学者"，省作协副主席，2010 年被达沃斯论坛评为"全球青年领袖"。思想新锐，见解独到，深入浅出，风趣幽默。

（四）传统文化研学课程系列

1. 两岸四地国学夏令营

1994 年由全国高中教育委员会、台湾素书楼教育基金会、香港中文大学联合举办两岸四地中学生国学夏令营，我校成为首批成员校，二十年来我们一直认真参与两岸四地国学夏令营活动，通过此活动加强向同行学习与借鉴国学教育的经验。2006 年我校成立国学社，推动国学社团活动的开展。2007 年，我校承办了两岸四地国学夏令营之岭南文化夏令营，组织工作得到两岸四地专家、学者、师生的高度肯定。一批又一批的教师和学生在夏令营里亲身聆听了国内外一流专家的教诲，与热爱传统文化同道的交流提高了自身的文化修养。

2. 台湾文化体验夏令营

我校面向全体学生开设了"中华文化经典研读"校本选修课程，并以此选修课为依托，组织"台湾文化体验夏令营"，让学生"读万卷书"的同时"行万里路"，培养中华情怀，追求高尚情操。经过一个学期充分的学习体会后，学生们产生了亲身游历以追寻古人思想痕迹之欲望。在夏令营行程计划中，我们设置了丰富的课程内容，其中有参观访问，有校际传统文学教学交流，有专家学者讲座，有名胜古迹游览，有传统文化习俗礼仪体验，还有与台湾姊妹学校同学们的交流，同时还要求并指导学生完成相关的课题研究。"行万里路"使学生深化对文本的理解，深刻体会中华传统文化的源远流长及其强大的凝聚力。

3. 唐诗宋词地图夏令营

是由"唐诗宋词地图"选修课延伸而来的"且行且吟——唐诗宋词夏令营（巴蜀行）"实践探究课程。选修课就是以唐宋时期与巴蜀相关的著名诗人、词人为阅读专题，重点突出李白、杜甫、"三苏"、陆游等名家。在实践探究课程"且行且吟——唐诗宋词夏令营（巴蜀行）"开展的过程中，以行走为实践探究活动的载体，学生带着在选修课上阅读名家名篇的收获，尤其是带着对青年李白壮游的行踪、诗篇、传说的好奇，带着预设的研究性学习的课题，怀揣强烈求知的欲望，踏上重返文学现场的旅途，去探究作家成长的环境，去体验作品创作的场景，去重温作品描绘的情境，并在探究学习的旅途中时刻进行着学生与学生之间，学生与教师之间，学生与专家之间的交流与分享。这是一个动态学习的过程，也是一个动态的成长过程，更是一个"核心素养"形成和发展的过程。

（五）传统文化活动课程系列

我校把传统文化教学与校园文化建设相结合，自 2007 年起每年（最近两届改为两年一次）举办"中华传统文化节"，迄今已举办十届，在"文化节"期间先后开展了多项传统文化专题活动，分述如下。

1. 经典咏流传晚会

我校怀揣着高度的文化自觉，践行对民族精神提升和灵魂塑造的责任感、使命感，借鉴央视《经典咏流传》节目，为使文学经典更接地气，大力开展中华传统文化教育。以 2018 年第十一届中华传统文化节闭幕式暨经典咏流传晚会为例，我们将晚会分为四个章节，即序曲：经典中国，新华相传；第一篇章：战火先秦，相思绵绵；第二篇章：魏晋民歌，唐宋风流；第三篇章：古典新声，清音雅韵。通过学生的自编自导自创，以吟咏、表演的方式来演绎对传统文化经典作品的理解，并以此激励全校师生爱传统文化、学传统文学、诵传统经典的时代新风尚。

2. 征文比赛

形式1：我校坚持多年的"国庆征文"比赛，征文主题或缅怀历史的风云变幻，或描绘时代的前进足音，或抒发自己的内心情感，或叙说成长路上的深切感受……在写作的过程中，学生学会了关注我们的国家、我们的民族，或深情地抒写"东方梦想"，或自豪地呼喊"我的名字叫中国"，学生投稿踊跃，文章质量较高。

形式2："我最欣赏的一句中国传统格言"征文活动，发动学生以"经典名言四十句"为主题，结合自身实际体验，阅读学校推荐有关书目，撰写格言。

3. 书法大赛

为了更好地传承传统文化，勉励附中学生学习国学，透彻理解传统文化，配合经典诵读活动，开展"经典名言"书法比赛展览活动、钢笔字书法大赛主题活动。发动学生以"经典名言四十句"为题材，以形式多样的钢笔字书法，来表达对经典名言的理解与感悟。这一活动结合我校语文科的日常教学中的钢笔书写练习要求，并没有额外增加学生的负担，把诵读经典与书写练习结合起来，把日常教学与课外活动结合起来，把校内比赛与全国全省比赛的选拔结合起来，得到学生较高的认同度。

4. 经典诵读大赛

"经典诵读大赛"以比赛的形式推动学生诵读传统文化经典，培养良好的道德情操和健康的审美情趣，为学生打开一个更加广阔的世界。

5. 诗词朗诵比赛

在初中开展的"诗词朗诵比赛"，以朗诵比赛的形式来弘扬中国传统文学艺术，营造文明高雅的校园文化氛围，打造"诵读国学经典，积淀文化底蕴"的书香校园；让同学们感受中国古代民族文化和儒家思想的博大精深，获得古先圣贤的智慧之光；学会与圣贤为友，与经典同行，在熟读成诵之中潜移默化，培养开朗豁达的性情，自强不息的人格，和谐诚信的品质，做有德之人。

6. 汉字听写大赛

语言增进交流、文字记录生活、文学陶冶情操、文化砥砺品格。汉字听写大赛的赛制为按班级设置若干参赛队，每队由5名同学组成。比赛分为两组，两组选手轮番上场、每组每队各派一名同学上台迎战。凡书写正确的同学留在本队，书写错误的同学自动退回到本班观众座席。文字是思维与语言的载体，是文化传承的桥梁，是人与人之间沟通的纽带，它对人类文明的延续具有不可替代的作用。

7. 成语知识大赛

众人皆说，成之于语，故为成语。成语是汉语言的高度凝练，富有深刻的思想内涵，简短精辟易记易用，是中华文化的一大特色。同时，成语来自古代经典、历史故事，以及时人的口头故事，学习成语、积累成语，有利于了解和学习灿烂的中华文化。"成语知识大赛"旨在激发学生学习成语的兴趣，让学生感悟汉语文化的博大智慧。根据赛制，比赛按班级共设若干参赛队，每队由5名同学组成。比赛分为两组，分初赛、决赛两轮，初赛淘汰产生前6强，进入决赛。其中初赛包含"释义猜成语""看图猜成语""比画动作猜成语"三个回合，决赛则增设高难度的"看故事猜成语"。融学习于比赛，融文化于活动。快哉乐哉！

8. 古诗文大赛

比赛旨在激发同学们诵读经典、传承中华文化的热情。中华古诗文大赛通过创新比赛形式，包括小组淘汰赛、终极挑战赛。团体赛的第二现场，人手一台手机"挑战古诗词"，以班级为单位挑战"古诗文接龙"。比赛中第一现场与第二现场遥相呼应，知识竞赛与团队合作相结合，有效地实现了中华传统古诗词与娱乐元素的有机结合。

9. 宿舍春联大赛

为配合学校宿舍和谐文化建设，弘扬中华优秀传统文化，我校语文科组与学校宿舍管理部门在新年元旦开展春联大赛。春节是中华民族的传统节日，贴春联是春节的传统习俗。虽然春节期间正好是寒假，这一比赛无法在春节进行，我们适时调整在元旦这天进行这一比赛。借此机会营造欢乐、喜庆、祥和的喜迎新年的氛围，也借此培育和践行社会主义核心价值观，弘扬中华优秀传统文化。

10. 传统文化社团活动

我校有国学社、文学社、歆月诗社、电影社等与语文相关的学生社团，他们在老师的指导下开展很多学生喜闻乐见的活动。分述如下：

（1）传统文化电影展播

该活动是国学社与华附电影社合作。电影的选择主要是从不同视角审视中国传统文化，如京剧、粤剧，有些则在情感与传统文化上一脉相承，如邻里的彼此守望，人与人之间的脉脉温情。在表现手法上，影片都获得过各大电影节奖项的认可，无论是平淡还是华美，都恰如其分地表现了电影主题。列举部分展播电影：《孔子》《刮痧》《喜福会》《菊次郎的夏天》《霸王别姬》《南海十三郎》《天水围的日与夜》《千里走单骑》《大闹天宫》《入殓师》。

（2）汉服表演

汉服表演是学生中的汉服爱好者自行组织的活动。汉服是汉民族传承几千年的传统民族服装，汉民族凭借自己的智慧和信仰，创造了绚丽多彩的汉服文化，发展形成具有汉民族特色的服装体系——汉服体系。

（3）国学夏令营图文展

展出2004年始我校国学社成员参与两岸四地国学夏令营活动的情况，增进同学们对国学和夏令营的进一步了解。

（4）"岭南文化"图文展

展览图文并茂地讲述岭南大地的民俗，使观众感受岭南文化的博大精深，深化普通百姓对岭南文化的了解与认识，激发广大民众对岭南文化的深厚感情，促进岭南文化的传承与发展。

（5）国学社活动回顾展

华附国学社是一个秉承"传播传统文化，弘扬民族精神"的学生社团。自成立之初，便吸纳了众多的国学爱好者。国学社由同学们自发成立，是众多"文化传播者"展示、弘扬中华民族传统文化的舞台。在语文科组老师的指导下，开展了形式多样的活动，或举办讲座，或组织讨论，或参观访问，或朗读表演，等等。该活动旨在引领同学们进入高质量的研究学习和宣传国学文化的活动中，切实发扬中华民族优秀的传统文化。

（6）"歆月诗社"专题作品展

"歆月诗社"是学生自发成立的以研习古诗词为主的文学社团。成立以来，开展了一系列诗歌鉴赏和创作活动，出版诗刊，是校园中传播传统文化的一支新生力量。

（7）国学知识一站到底

由校国学社、文学社共同打造，比赛以参赛队为单位，题目涉及校本课程中的国学知识以及课外拓展中的国学知识，以比赛的方式传播中华传统文化理念与知识。

（8）国学知识游园会

游园会以设置小游戏为主，如：俗称"掉城戏"的豆叶戏，考验同学诗词积累的"闻一词而知雅意"，考验同学繁体字、简体字转化能力的"繁体字辨认"，香包、折扇 DIY 制作，以及灯谜竞猜、对联配对等。秉承着一贯的"以我赤诚兴中华，以我勤学兴国学"的信念，每次游园活动都在传承与创新的基础上，不断发展，每届均有特色。

（9）京剧公开课

学生社团邀请中山大学岭南京剧社开展京剧公开课，介绍京剧基础知识、京剧的基本唱段、身段示范及表演互动。以轻松、活泼的方式传播京剧，让中学生最大限度地了解国粹京剧。

五 "中华传统文化"系列特色课程的组织、管理与评价

本课程以两年为一个周期，分四学期，有梯度、分年级进行，分门别类进行组织、管理与评价。

（一）"传统文化必修课程系列"以"4＋1＋1＋1＋N"的课程方案进入学校课程表，其教学内容落实到具体的教材和教学课时里，有备课组的集体备课，也有课堂教学的具体落实，相关内容会体现在学校统一安排的语文中段考试和期末考试里，以考试成绩的方式进行评价，这就使"中华传统文化"的课程教学真正落到实处。

（二）"传统文化选修课程系列"与传统文化相关的选修课，进入学校的选修课目录供学生自由选择。每一个选修课有教师自创教材，有完整的教学大纲，详尽的教学内容。有完整的教学环节，更有严格的考勤制度。在课程结束之后有多种评价方式，最终会按照学校选修课的学分评价制度给予评价，此评价也体现在学生的素质报告书里。

（三）"传统文化专题课程系列"是我校"华附论坛"的一部分，这是学校课程的有机组成部分，按要求每一位学生每个学期至少应该参加不少于 4 次的论坛活动。对此学校有相关的考勤制度和学分制度进行管

理评价。

（四）"传统文化研学课程系列"虽然完全基于自愿原则，但也是有准入门槛的，是否参加了相关的选修课，是否有足够的阅读量，以及相应的写作表达能力，都是考量的标准。在参与愿意人数较多的情况下，有时还会以考试方式进行遴选。在夏令营活动中的表现，包括准时率、完成作业情况、课题完成情况都是课程评价的标准。

（五）"传统文化活动课程系列"大多是趣味性、娱乐性极强的比赛活动，这些活动作为校园文化建设活动被纳入学校的德育或教学工作计划中。对比赛结果的奖励本身就自带评价效果，这些奖励最终也都体现在学生的素质报告书里。

六　"中华传统文化"系列特色课程的反思

华师附中语文科组的传统文化特色系列课程，从内容上来看，包罗万象，均是从零碎的、单打独斗的个体活动，逐渐地以组合拳的形式统一起来，围绕在"传统文化"这个核心上。以系列活动形式弘扬传统文化的一种新的尝试，把从前比较零碎的语文活动整合到"中华传统文化节"之下，扩大了影响力。学生在参与中体验到了语文的魅力与传统文化的内涵。

在学校大力推进自主高效课堂建设的背景下，语文科组在开设本课程时，也有了一定的课程建设的意识。比如"'经典诵读'系列活动"，这些活动，备课组从设计到组织实施都有了较明显的课程意识，这些活动也确实都具有了实践性课程应有的性质特征。

历经几届一些活动已经成了"传统文化节"中的品牌节目得以固定下来，并且越办越好，越办越有新意。

当然也有需要反思与改进的地方，比如传统文化节的活动如何把学术性与趣味性结合得更好，仍须作更大的努力。

以文化人，精神滋养，成就八一品质学生

——挖掘实践课程中的传统文化教育价值

王华蓓[①]

2014 年教育部印发的《完善中华优秀传统文化教育指导纲要》，从立德树人和培育社会主义核心价值观的高度，对中华优秀传统文化教育各方面做了全面细致的规定。《北京市中小学培育和践行社会主义核心价值观实施意见》中也提出，中小学应分阶段有序推进中华优秀传统文化教育。八一学校在传统文化教育方面也做了许多积极的探索，特别是在如何挖掘实践课程中传统文化的教育价值方面，思考如何利用不同类型的课程载体，探索传统文化教育渗透的有效途径，如何才能在教育实践中发挥其最大的教育价值与功能。

一 以文化人——传统文化教育的价值与定位

雅斯贝尔斯在《什么是教育》中这样理解教育："教育的本质意味着：一棵树摇动另一棵树，一朵云推动另一朵云，一个灵魂唤醒另一个灵魂。"他认为教育乃是"人灵魂的教育""创建学校的目的，是将历史

---

① 王华蓓，北京市八一学校。

上人类的精神内涵转化为当下生气勃勃的精神，并通过这一精神引导所有学生掌握知识和技术"，教育是整体精神成长的过程。文化是一个民族的灵魂。

文化建设，就是一个民族灵魂的建设、精神世界的建设。党的十八大报告在强调文化是民族的血脉、是人民的精神家园过程中，把弘扬中华优秀传统文化、中华传统美德提到很高地位，强调要"建设优秀传统文化传承体系，弘扬中华优秀传统文化"，要求"树立高度的文化自觉和文化自信"。在学校教育中融入中国优秀传统文化的元素，例如优秀的传统美德和礼仪、包容精神、不懈的探索精神、无私无畏的价值追求等，使优秀传统文化成为我们精神家园里最重要的内容。根植于学生生活实践的文化传承，才是真正落地的价值引导。

因此我们把传统文化教育定位为推动学生未来成长、丰富滋养学生精神成长的教育，通过传统文化教育，实现对学生的精神塑造、价值引导、民族凝聚、精神激励的作用。通过传统文化教育，培养学生的家国情怀、民族自豪感、责任感，培养正确的义利观、交往观、诚信观。

二 明德至善——传统文化教育价值探索

古人云："大学之道，在明德，在亲民，在止于至善。"明德至善作为《大学》的核心思想，意指追求光明正大的品德，使自身的境界达到至善至美，是儒家学者的最高追求。加强中华优秀传统文化教育，是培育和践行社会主义核心价值观、落实立德树人根本任务的重要基础。社会主义核心价值观从国家、社会、个人层面提出了价值目标与价值取向，如何与传统文化教育相结合，让学生真正入脑入心，引领学生精神成长，转化为学生的自觉行为，达到"明德至善"是我们追求的目标。

（一）与学校文化相结合，关注传统文化解读

我校在六十多年的办学历程中形成了"以学校价值教育体系为主导"的校本德育课程体系。在沈军校长的带领下，继承以往学校文化的精髓，基于学校多年来的德育教育实践，重新梳理完善学校文化体系，提出"品质文化"理念体系。在"品质文化"确立过程中，提出了八一学校

"十二人才基因"——独立、忠诚、文明、阳光、责任、诚信、开放、勇敢、尊重、创新、执着、雅趣，并放在一年 12 个月中用具体活动落地生根。每一个基因下均有三级指标体系，每一体系都有围绕基因主题开展的落地活动。借助学校品质文化中"十二人才基因"的落地活动，与传统文化教育相结合，丰富活动形式，对传统文化进行概念阐释与行动落实。以 3 月文明月为例：

> 对于文明月从理念体系的解读，到落地活动设计，再到形成资源汇总，均有详细的推进方案。
>
> 从学校的顶层设计到不同年级的特色活动，再到班主任理解后的活动设计，力求通过理念解读，活动设计（如学校大型活动、年级会、主题班会、品质班级文化），最后形成资源，让传统文化与核心价值观在学生心中埋下美好的种子。

（二）关注小初高学段衔接，形成文化教育系列

2014 年 3 月教育部先后颁发了《关于全面深化课程改革落实立德树人根本任务的意见》和《完善中华优秀传统文化教育指导纲要》。明确指出：大力弘扬中华优秀传统文化，把培育和践行社会主义核心价值观融入国民教育。为了让每一个年龄段的学生都获得精神成长，我们还特别关注了小、初、高学段衔接教育，把国学经典、学校文化、核心价值观教育等活动做整体设计，形成系列。例如，在不同学段开设国学系列课程，小学开设《经典与练笔》《经典与养成》等系列课程；初中开设《古诗诵读》；高中开设"国学课程"（教材《中华文化基础教材》），校本课程《来自孔子的智慧》《唐宋诗词十八讲》《走进红色经典》。

（三）关注教育视野的拓展，丰富传统文化内涵

我校的办学理念是"为学生的品质人生奠基"，八一学生的生活是有品质的。八一学校坚持为学生的品质人生而服务，启迪智慧、增长知识、激发潜质，历练能力，为实现品质生活时刻准备着。有品质，意味着学生的视野更开阔，学生的胸怀更宽广，学生的积淀更丰厚。因此，我校

设计了不同的社会实践活动，让学生走进社区、走进高校、走进企业、走进博物馆、走进文化名胜，力求把活动课程化、系列化、可视化。例如，初高中实践活动课程化，分别推出系列活动课程。

高中整合语文、历史、地理、政治四个学科内容，开发四条"文化游学"线路，从教材开发到行前设计、行中活动探究、行后小结分享，已经形成一套完整的活动课程设计方案。

在活动中，学生了解我们优秀传统文化，激发民族自豪感，感悟家国大情怀，从课程开发到具体实施到游学后课题的研究与分享，同学们以不同的形式分享了他们学习的思考与沉淀，真正体现了游学课程在学中游、在游中学的特点。

同时我们也充分利用校友资源、社会资源，注重知行结合。带学生走进高校、社区、企业，探访历史文化古迹、追寻伟人足迹，甚至带学生走向世界，开阔国际视野，把名家、校友请进校园，进行高端讲座、校友访谈等活动，为家长开设"道德经与家庭教育"系列讲座，提升家长的国学素养与教育经验。

三　精神滋养——传统文化教育价值思考

中国传统文化的基本精神，实质上就是中华民族的民族精神。在中国传统文化的人格理论体系中，人文思想和人文精神对人的道德观形成和人格塑造有着极其重要的作用。因此，传统文化教育对于学生而言就是人格塑造和精神滋养，在实施过程中，应该与学校育人目标、学校文化相结合，通过不同教育途径的探索，在学科课堂、实践活动、社区体验、自主探究等方面渗透传统文化价值，同时与社会主义核心价值观教育相结合、与北京地域文化特色相结合，培养"内心高贵，精神丰厚"的品质人才。

从爱校教育到关注社会，热爱国家，奉献社会，我们播撒的种子在不断生根、发芽、开花，孩子们写道：

我也对自己的转变所惊讶。私底下，一个很亲密的朋友也问我："你怎么对八一的态度变化这么大啊？"我借用崔卫平的一段话来解释我转变的原因:你所站立的那个地方,正是你的八一学校。你怎么样,八一便怎么样。你是什么,八一便是什么。你若卓越,八一便不平庸。

——2014 届曹逸锋

是的。从任何历史、任何经传、任何感情上看,人类所反对的从来不是一个国家。整个世界,都是反对暴行、反对伤害、追求幸福的。这就是人性。

南京大屠杀是泯灭人性的过程。所以我们悲哀,为那些因为他人的谬误而丧失生命,成为人性消失的牺牲品的人;所以我们铭记,为不管任何时刻,人性总不能够泯灭,甚至不能减少分毫。

——2017 届唐璇

洛阳龙门石窟,一个宏伟古老,具有佛教品味,凝聚着中华人民智慧的地方。游览此处,我有两种感受。一种是历史的厚重感——精美的佛雕,让我深感祖国文化艺术的博大精深;一种是耻辱感——为某些国人的愚昧行为而感到耻辱。只因石窟中的佛像大多被国人切割盗走,被破坏的惨状令人发指,几乎没有一个完整、完美的佛像存了,所见都是残缺、都是破坏、都是劫后的余生。厚重感令我更加珍爱民族的艺术;耻辱感让我痛恨损害祖国文化的民族败类,更加增强爱护、保护珍贵祖国文化遗产的责任感。

我走过的一个个空空的石窟,基本上没有了石佛,就像眼睛被挖去了眼珠,留下空洞的“眼眶”,心里感到非常沉重,实在是欲哭无泪。优秀的文化遗迹历经磨难和浩劫之后,剩下的更应由我们来保护来珍惜。

——2018 届杨帆

认为在名胜古迹的游览中有三种境界:最差便是走马观花图个热闹,看看这园子是不美?那佛的头没了好生滑稽。最后还在那角落刻个“到此一游”的字样。好些是在跟着导游的步子,在那残破的楼台上听千年前的故事,在匆匆中领略时光酝酿出的韵味。就比如我们,扫一眼那大佛真看不出些什么,然而听了卢舍那大佛的渊源来历,便生出一股子敬佩让我不由自主低了头。我不信佛,敬佩为的是那些不知名的工匠。我想古迹背后的故事真有画龙点睛的作用，听了，想了，才有悟。而追求不得的境界，是走到哪，知识储备就跟到哪，真的在读万卷书后行万里路。走到书院，便从脑中抽出相关人文、历史、政治的记载，与周公来一场跨越千年的神交。

——2018 届宋雨菲

当我们看到学生发自内心的成长和滚烫的文字时，我们又怎能不感慨，我们给学生一个窗口，他们回报整个世界，是对生命、对灵魂的唤醒，我们在教育中不断追求将学生培养成"凝聚中国灵魂、传播中国文化、弘扬中国精神、推广中国价值的文明使者"的目标，让传统文化与社会主义核心价值观真正在学生心中落地、生根，结出最美的果实，为学生的品质人生奠基。

让"道德学堂"承载优秀传统
文化润泽每位学生

张　晖　宋　方①

缘　起

习近平总书记强调，中华优秀传统文化是中华民族的基因，培育和践行社会主义核心价值观必须立足中华优秀传统文化，使优秀传统文化成为涵养社会主义核心价值观的重要源泉。

2013年5月，学校以首都文明单位标兵承办海淀区教育系统"道德学堂"启动会为契机，在海淀区率先开设道德学堂课程。通过源起释义、诵读经典、学习模范、发表善言、传送吉祥等环节加以课堂教学设计，开展弘扬优秀传统文化，培育和践行社会主义核心价值观教育活动。学校以"仁义礼智信廉"为内容，开设"道德学堂"课程，开展传统文化教育。这里成为学生"爱父母，尊师长，仁爱孝悌；诵经典，学圣贤，修心正身；读历史，品文化，慎终追远；树榜样，学模范，见贤思齐"浸润优秀文化的重要场所。

至今，道德课堂共举办84讲。"道德学堂"课程的开设，得到广大师生、家长以及社区社会高度认可。2013年10月31日，学校代表区政府接受首都精神文明办对海淀区道德学堂开展情况进行的调研与观摩，受到首都文明办领导的好评；2013年11月29日，学校按照区教工委的

---

① 张晖、宋方，北京科技大学附属中学。

要求，面向全区中学召开道德学堂现场会，全区中学德育主管领导到学校观摩交流。2015年2月学校被评为第四届全国文明单位，2015年4月，学校被国家环保部授予"国际生态学校"绿旗，被授予北京市学校文化建设示范校。

全国文明单位、北京市学校文化建设示范校以及国际生态学校，这些荣誉是全校师生弘扬传统文化、践行社会主义核心价值观内化于心、外化于行的真实体现。

发　展

"十三五"期间，学校为拓展"道德学堂"的教育成果，深化教育内涵，拓展教育外延，依托"道德学堂"，开展传统文化融入教育教学活动的实践研究，让优秀文化教育落实到每节课堂上，渗透在每项活动中，呈现在校园的每个角落，真正让"道德学堂"承载的传统文化教育涵养每个学生。使传统文化教育与社会主义核心价值观同频共振、互通共融，促使学生真正内化于心，自觉践行。

1. 建构有序、有效的教育活动模式

依托"道德学堂"，以"明德至善，鼎新力行"为契合点，构建部门联合、活动对接、学科融合的"明德力行"教育活动模式，德育处和教学处联合组织年级组、教研组以及备课组，加强传统文化教育教学活动的整体设计研究，使教育活动的组织有秩序，使活动内容有延续，使教育的内涵有共识，使教育效果能化人。

例如，经典阅读是中学语文教学的重要内容，是提升学生语文学科素养的重要支撑，也是学科育人的载体之一。学校"同共体的经典诵读活动"由德育处和教导处共同组织，教导处根据各学段的经典诵读内容提供给德育处，德育处在整体规划年级组活动时，指导年级组根据年级学生发展需求和特点确定经典诵读活动内容，之后，教导处会责成教研组指导各年级跨学科备课组（语文、政治、历史）具体设计活动，促使学生在同体经典活动中读懂经典故事，读通经典内容。

案例1：《读名著 悟真谛 演西游 展风采》

阅读名著精华，领略经典魅力，可以滋养一个人的心灵和思想，可以影响一个人的一生。我们科大附中初一年级同学，在阅读《西游记》的一系列语文活动中，一起经历了品读作品、聆听评书、趣说人物、课本剧展演等环节。创作的过程使学生深深体会到唐僧师徒四人取得真经的磨难和艰辛，更深深领悟到在追求、实现一个美好理想和目标的过程中，必然会遇到各种艰难险阻，团队的所有人必须用智慧、勇气和信心去战胜这些困难，克服这些挫折，大家团结在一起最终会走向成功。

案例2：《红岩》——"铁窗下的心歌"诗词朗诵大课

为了提升学生阅读经典的兴趣，深刻领悟经典中的育人真谛，初二年级组于2017年10月23日开展了全年师生共同读诵经典的活动。通过师生一起读《红岩》，共同演绎《红岩》，共同设计诗歌朗诵，随着一幕幕演绎的诗歌朗诵推进，在场的每个人仿佛走近了《红岩》中英雄人物的身边，跟他们一起为建立新中国与敌人展开不屈不挠的斗争。整个朗诵会分为几个篇章：烈火永生、铁骨柔情、天将破晓、辉煌中国，在激情澎湃的师生互动的朗诵中，引导学生了解经典背后的故事，学习革命先烈建立新中国"抛头颅，洒热血"的大无畏革命精神，教育学生珍惜当今的幸福生活，激励学生为实现中华民族伟大复兴的中国梦努力学习，贡献力量。

2. 建立传统文化教育课程的管理机制

德育、教学部门联动年级组、教研组成立传统文化教育管理项目组，以项目的形式，优化和研发校本课程，根据学生不同学段的成长规律，设计教学内容，开设国学必修课程和选修课程，建立经典阅读机制，使学生在课程学习中沐浴优秀传统文化雨露。

项目组	课程内容	负责人	参与者
文化育人课程	《"道德学堂"案例集》《诗词吟唱》《践行"弟子规"》	张晖	周琦、龚晨

续表

项目组	课程内容	负责人	参与者
渗透文化教育课程	《学科渗透传统文化教育案例集》《走进"论语"》《在文化中读懂政治》《用历史的眼光看文化》	崔丽	石峰、李涛、李志红、沈阿莲、
校园文化建设	网站,宣传栏	田丽	张晖、崔丽、宋方
经典诵读	《认繁识简》《一诗一画》(上、下)《京剧其实很好"玩"》《诗文融入学校文化建设》	张京宇	石峰、田丽
艺术教育	《跟宋老师学篆刻》《写意山水画》《国乐飘香》《跟薛老师学唱民歌》	宋春艳	薛亮、徐静

3. 丰富"道德学堂"主题课程

学校在原来"五环节"道德学堂主题班会的基础上,根据各学段学生的发展需求,由班主任、家长、学生共同设计教学内容,先从"仁义礼智信廉"中提取需要的教育内容,再从传统文化的发展脉络厘清教育内涵,诵读与之有关的经典,讲述与之有关的历史故事,加深对教育内容的理解和感悟,进一步引申"仁义礼智信廉"在当今社会的教育意义,讲述当代或身边孝亲尊师的故事、道德模范事迹,激发学生感同身受的共鸣,唤醒学生内心的善念。用优秀文化引导学生见贤思齐、择人处善、厚德自强,激发学生思想道德正能量。

4. 以学科育人理念落实传统文化教育

全员德育、学科育人是每个老师的责任,学科教学是整个学校教育的基础所在,挖掘学科资源适时进行传统文化教育,能起到润物无声的教育效果。特别是学校根据育人需求,将语文、历史、政治、地理、语课、艺术归为人文课程,通过跨学科整合,你中有我,我中有你,关联资源,分享资源,针对性进行传统文化教育,使师生都能在教育和自我教育中有"修身齐家"的优秀品质,有"治国平天下"的旷达胸襟。

5. 加强综合实践活动设计研究

传统文化综合活动设计要遵循三原则。一是贴近生活原则,家校联合设计活动,要与学校生活、家庭生活和已有的生活经验相结合,贴近学生、贴近生活，贴近实际，让学生学会在生活中受到教育，在教育中学会生活，懂得感恩。二是继承创新原则，既要体现继承、发扬中华民族优良传统的要求，又要体现与时俱进、不断创新的要求，在创新过程中形成学校特色，实现"一个年级一特色""一个年级一精品"。三是实践体验原则，主体活动要坚持"知行统一"的原则，加强学生的道德实践环节，帮助学生从自我做起，从身边做起，达到在实践中认知，在实践中养成的目的。

展　望

学校将建设传统文化氛围浓郁的书香校园，使校园成为一个大的"道德学堂"。从课程设计、课程管理、课程评价以学校的硬件环境如班级板报、年级宣传板报、班牌设计、学校宣传栏以及校园网、图书馆、班级书吧等方面，从学校到年级，从年级到学段，按需求、按发展、按层次、按次序对传统文化融入学校文化建设中，使"仁义礼智信廉"内涵真谛在润物无声中润泽每一位学生。

"范文"与"传统文化进校园"的关系

——以香港高中教育为例

叶德平①

绪　论

习近平总书记在中共中央政治局第十三次集体学习时指出："牢固的核心价值观，都有其固有的根本。抛弃传统、丢掉根本，就等于割断了自己的精神命脉"②；其后，习近平总书记在出席香港特别行政区第五届政府就职典礼后发表讲话，特别强调要加强青少年的国家历史和文化教育。③"传统文化教育"是中国教育发展的重点，而"如何把传统文化带进校园"也是当下亟待思考的课题。本文旨在以香港高中教育为例，论述"范文"与"传统文化进校园"二者密切的关系。

一　"范文"对"传统文化进校园"的重要性

本文的"范文"，是指把若干篇优秀的文章录为中国语文科（内地称

---

①　叶德平，香港中文大学专业进修学院。

②　《习近平：弘扬核心价值观必须立足传统文化》，2014 年 2 月 26 日，《文汇报》（http://news.wenweipo.com/2014/02/26/IN1402260014.htm）。

③　《习近平会见新任特首和官员》，2017 年 7 月 1 日，香港政府新闻网（http://www.news.gov.hk/tc/categories/admin/html/2017/07/20170701_142011.shtml）。

"语文科")指定修读篇章,作为统一公开考试的考核内容。(2012 年起,香港中学文凭试①成为香港中六学生的统一公开考试,类同国内的"高考"。)

　　香港中学文凭试施行以前,范文一直是中国语文科最重要的元素。早在 1978 年香港考试及评核局接手举办香港中学会考以前②,香港教育司署就颁布了《香港英文中学中文科教材》,并设定为当时会考内容,成为升读大学的必修课题。

表1　　　　　　　　　《香港英文中学中文科教材》范文篇目

先秦	《诗经》:《蓼莪》《蒹葭》《东山》 《论语》:论孝、论学、论仁、论君子 《孟子》:论四端、论义利、离娄章 《庄子·秋水》 《荀子·修身篇》 《左传·晋败秦师于殽》
汉	《古诗十九首》(五首) 诸葛亮:《前出师表》
魏晋南北朝	《后汉书·张衡传》 曹植:《赠白马王彪(并序)》 陶渊明:《归园田居》 庾信:《小园赋》
唐	李白:《宣州谢朓楼饯别校书叔云》 杜甫:《北征》 韩愈:《送孟东野序》 柳宗元:《始得西山宴游记》 杜光庭:《虬髯客传》

---

　　①　香港中学文凭考试,Hong Kong Diploma of Secondary Education Examination,是因应三三四高中教育改革,由香港考试及评核局于 2012 年开始举办的公开考试。应考者为中六级学生,是升读大学前唯一一个公开试。
　　②　香港考试及评核局接手举办香港中学会考后,于 1980 年开始考核范文。

续表

宋	周敦颐：《通书·文辞》 欧阳修：《江邻几文集序》 王安石：《答司马谏议书》 苏轼：《念奴娇·赤壁怀古》 辛弃疾：《永遇乐·京口北固亭怀古》 文天祥：《正气歌（并序）》 朱熹：《语类·学校》
元	马致远：《东篱乐府》（小令二：双调拨不断；套数一：般涉调哨遍、耍孩儿、么篇、一煞、尾）
明	黄宗羲：《明儒学案凡例》
清	戴震：《六书论序》
近现代	蔡元培：《复林琴南书》 罗庸：《国语与国文》

对不少在殖民地长大的香港人来说，范文是他们学习中国传统文化的重要途径。这些范文涵盖古今散文与韵文，从先秦至近现代均有收录。及至香港考试及评核局成立以后，范文仍然是公开试的重要考核内容，数十年间，影响了一代又一代的香港人。

事实上，传统文化必须在特定历史条件下，通过长期的文化创造与实践而逐渐积淀、升华形成。这种文化是无形无态的，需要通过文字把它保存下来。换个角度看，一篇文章如果缺乏文化内涵，它也会显得枯燥乏味。

在传统文道并重的思想下，作为传统文化载体的范文，既具文学美感，又兼深厚的人文精神，是先贤遗留下来的优秀教材，也是引领传统文化挺进校园的重要工具。范文可以带领学生立体地认知传统文学的文化现象，深度感受先贤的情意雅致。譬如学习古代诗词，学生除了可以认识诗文声律，也能体会李白、苏轼的豪放不羁和杜甫、辛弃疾的沉郁内敛。《文心雕龙·声律》谓："言语者，文章关键，神明枢机"，今日的范文，其实是昔日的精华，也是我们学习写作的重要素材，不亲炙体会，岂非如入宝山空手而归。又如诵读诸葛亮《前出师表》，既能学习语文知识，认识汉代历史，也能通过文章感受诸葛亮与刘备、刘禅父子二人之间深挚的情谊。昔日平面呆板的历史文学知识，在古人的情感点染下，变得活灵活现。"文化"是不能"教授"的，只能通过日积月累的熏陶、濡染，才能渗透到学生的骨髓，让他们对传统文化产生深厚的感情。

范文教学既是知识教学，也是文化教育，更是人生教育。可惜，今日香港高中，已取消"范文考核"，此举无异于扼杀"范文教育"的空间，导致老师和同学对其不再重视。

二 香港高中范文教育的施行情况

范文教育包括古文与今文的学习，是昔日香港中国语文科重要的一环。有关范文教育，两岸三地都有不同的处理方法。内地从 2017 年 9 月开始，大幅增加古诗文篇目：小学一年级课本首次加入了古诗，整个小学 6 个年级 12 册共有古诗文 132 篇，平均每个年级 20 余篇，占课文总数的 30% 左右。与原有人教版教材相比，增幅达 80%。初中 6 册选用古诗文的分量也随之增加。① 反观台湾"教育部"，则在 9 月 10 日决议，将高中中国语文课的文言文，由现在的约 70% 调降至 30%。至于香港，自从 2009 年 9 月，"三三四学制"的实施，包括文言文在内的范文教育正式取消。

"三三四学制"之前，香港学生必须上三年初中、四年高中（高中最后两年又叫作"预科"），以及三年大学本科课程。2009 年 9 月以后，实施"三三四学制"，高中改为三年，而大学本科则增至四年。同时，"中国语文及文化科"也随着"预科"的结束而正式取消，范文教育从此退出香港教育舞台。

其后数年，教育界对此意见纷纷，及至 2018 年香港中学文凭试又再复考"文言范文"，合计 12 篇古诗文。然而，范文考核只占中国语文科的极少比例，约占 7.2%②，成为一块"食之无肉，弃之有味"的"鸡肋"。

---

① 《内地语文新版教材 大幅增加古诗文》，2017 年 8 月 16 日，《文汇报》（http://news.wenweipo.com/2017/08/16/IN1708160070.htm）。

② 根据香港考试及评核局的资料，文言范文考核占试卷一的 30%，而试卷一只占中国语文科总分的 24%。

　　既然范文对"传统文化进校园"有着重要的价值，那么为什么又要取消它呢？其中过程又是如何呢？

（一）香港回归前后：2005 年前的范文教育

　　香港的教育模式，向来被诟病为"exam - oriented"（考试主导教学），老师、学生会因应公开考试的内容、模式，调整他们的教育与学习方式。因此，范文虽然正式消失于 2009 年，但实际上，从回归后 7 年，即 2005 年，已开始慢慢淡出香港的高中教育。

　　2005 年 5 月，香港考试及评核局①宣布两年后的香港中学会考②中国语文科考试将不再设有范文考核。换句话说，原来的"廿六篇范文"正式被排除出公开考试。香港中学会考竞争十分激烈，既然范文不在考核之内，不再对升学有任何直接影响，自然难以得到考生关注。③

　　这里提及的"廿六篇范文"，是在回归以前由港英政府教育局④推出的。从 1991 年起，直至 2005 年，"廿六篇范文"一共施行了 14 年，影响着"七零"至"九零"年间的学子。它包括了古文 14 篇、今文 12 篇；有散文，也有韵文。

---

　　①　香港考试及评核局（考评局）于 1977 年根据《香港考试局条例》第 261 章成立，（2002 年修订为《香港考试及评核局条例》），是财政独立的法定机构，主要负责筹办公开考试及评核，同时举办多项国际及专业资格考试。考评局是专业考评机构，致力于举办高质素的考试及教育评核，并由训练有素、经验丰富的专业团队提供各种相关服务。详见 http：//www.hkeaa.edu.hk/tc/about_ hkeaa/。

　　②　香港中学会考，即 Hong Kong Certificate of Education Examination，中五级学生必须应考的公开试。通过会考的学生，方能升读中六级，即预科，并于中七级应考香港高级程度会考；取得足够分数后，才能升读香港本地资助大学学位。

　　③　香港中学会考竞争十分激烈，只有三至四成考生能成功通过中学会考，获得升读预科资格。此从一些统计数字，可以得到印证：根据香港考试及评核局的统计，从 1997 年回归以后，直至 2007 年，每年平均有八万至九万考生，从而成功通过考核，并于两年后应考香港高级程度会考的，只有约三万人。详细数据可以参考 http：//www.hkeaa.edu.hk/DocLibrary/HKALE/Release_ of _ Results/Exam _ Report/Examination _ Statistics/alexamstat13 _ 6.pdf 及 http：//www.hkeaa.edu.hk/DocLibrary/HKCEE/Release _ of _ Results/Exam _ Report/Examination _ Statistics/ceexamstat11_ 7.pdf。

　　④　教育局在港英时代、回归以后，有不同的称呼：1865 年，教育司署成立；1980 年，改组为教育科及教育署；1983 年，改名教育统筹科；1997 年，改"科"为"局"，易名教育统筹局；2003 年，"局署合并"，教育署及教育统筹局合并为教育统筹局；2007 年，改称教育局，沿用至今。由于历来有多个名称，为方便表述起见，本文只称"教育局"。

表2　　　　　　　　　　　　　　"廿六篇范文"篇目

	古文	今文①
先秦	《论语》（论仁、论君子） 《左传·曹刿论战》 《孟子·齐桓晋文之事章》 《庄子·庖丁解牛》 司马迁《史记·廉颇蔺相如列传》	
汉	诸葛亮：《前出师表》	
魏晋南北朝	陶渊明：《归去来辞并序》	
唐	李华：《吊古战场文》 古诗两首（李白《将进酒》、杜甫《兵车行》） 柳宗元：《始得西山宴游记》	
宋	欧阳修：《醉翁亭记》 苏洵：《六国论》 词四首：苏轼《念奴娇》、李清照《一剪梅》、辛弃疾《青玉案》、姜夔《扬州慢》	
清	吴敬梓：《范进中举》	
		鲁迅：《孔乙己》 梁启超：《敬业与乐业》 叶绍钧：《以画为喻》 李广田：《花潮》 梁容若：《我看大明湖》 黄蒙田：《竹林深处人家》 钱钢：《我和我的唐山》 左民安：《汉字的结构》 王力：《请客》 西西：《店铺》 白先勇：《蓦然回首》 新诗三首：闻一多《也许》、徐志摩《再别康桥》、黄国彬《听陈蕾士的琴筝》

---

① 为便于处理，今文排列不按年代顺序。

在"廿六篇范文"实施之前，即 1978 年香港考试及评核局接手举办香港中学会考开始，直至 1990 年，亦设有共同范文 23 篇及选考范文 5—7 篇。由是可见，在 2005 年以前，范文一直是香港中学中国语文科的重要内容。

（二）从无到有的过渡阶段：2005—2009 年文言范文教育

在香港中学会考取消"廿六篇范文"考核后，"范文"教育消失，余下只有六篇香港高级程度会考中国语言及文化科范文。①

1991 年，港英政府教育局颁布《中国语文及文化科（高级补充程度）课程纲要》，并于 1994 年第一次由香港考试及评核局设置考试。该纲要指出，中国语文及文化科的三大教学目标：

1. 巩固学生以往所学的中国语文基本知识，提高学生阅读、写作、聆听、说话等语文能力，尤其着重思维的训练与语文的实际应用。

2. 增进学生对中国文化的认识，启发学生的思想，培养学生的品德，使能建立正确的价值观，加强对社会的责任感。

3. 提高学生学习中国语文及文化的兴趣，并使学生有继续进修的自学能力。

"增进学生对中国文化的认识"是本卷的重要目标。至于考评方面，此科共有五份考卷，分别是：实用文写作（卷一甲部）、阅读理解（卷一乙部）、文化问题（卷二）、聆听理解（卷三）、说话能力（卷四），以及课外阅读成绩考查（卷五）。其中"卷二"设有指定参考篇章，即中国文化类范文 6 篇：唐君毅《与青年谈中国文化》、吴森《情与中国文化》、毛子水《中国科学思想》②、韦政通《中国文化概论·艺术》、③ 金耀基《中国的传统社会》及殷海光《人生的意义》。虽然，这六篇范文并非文言文，但它们的内容却是直接与中国传统文化有关，所以在一定程度上

---

① 香港高级程度会考，即 Hong Kong Advanced Level Examination，是由香港考试及评核局主办的公开考试，应考者为中七级预科生，是决定是否能进入大学本科就读的考试。

② 此篇于 2000 年以后置换成刘君灿《传统科学的过去，现在与未来》（连附录）。

③ 此篇于 2000 年以后置换成赵永新《中国艺术的基本精神》。

支撑着高中最后两年的传统文化教育。

由于香港资助大学学位一直十分短缺，所以香港高级程度会考的竞争同样十分激烈①，中国语文及文化科作为其中一门必修科，自然成为考生的"必争之地"，而此"六篇文化范文"也合理地成为考生日夜诵读、里外钻研的"经典"。从主题内容而言，"六篇文化范文"涵盖中国文化的科学、艺术、社会，以及性命之学，而且篇章作者都是近代著名学者；因此，"廿六篇范文"撤销后四年间，范文教育在香港中学教育中，不至于完全消失。

（三）范文全面退出中学舞台："三三四学制"推行后的范文教育

香港中文大学教育学院周汉光副教授在 2002 年发表了题为《香港中学中国语文新课程的理念与内涵》的论文，指出旧日范文教育的五个问题：

1. 学习重点不明显，只依据范文而设立教学目标，并不周全；
2. 旧课程未能照顾学生语文水平和学习差异；
3. 旧课程重读写，轻听说，使学生缺乏听说两种能力的训练；
4. 过于着重范文内容，而且范文之间没有联系；
5. 教师把注意力放在范文精读上，忽略了课外阅读，关于语文能力的训练也显得不足。②

周汉光的说法也不道理，的确说出了范文教育普遍存在的问题。教育局发表报告书，公布新高中学制，并决定在 2009 年中四级实施，2012 年为第一届中学文凭试。③ 中国语文科依旧是必修科，然而范文却已排除于考核内容之外。虽然，教育局在翌年公布了《中学中国语文学习参考篇章目录（高中阶段试用）说明》，向中学教师建议 300 篇选自中国内地、中国台湾、新加坡等地的参考篇章；但是，实施时这些参考篇章跟指定篇章（即"范文"）不可同日而语。

---

①　根据香港考试及评核局提供的数据统计，香港高级程度会考每年平均有三万考生，而香港资助大学本科学位约 14000 个，即是说只有三至四成考生能考获入读资格，竞争不可谓不激烈。

②　周汉光：《香港中学中国语文新课程的理念与内涵》，《涓涓江河——面向中学中国语文课程新世纪》香港：教育署课程发展处中文组，2002 年。

③　香港中学文凭试，即 Hong Kong Diploma of Secondary Education Examination，是中六级的公开试，也是六年中学的唯一公开试。

更重要的是，2012年第一届中学文凭试中国语文科肯定不会考核范文，取而代之的是"听说读写"四大范畴。这个新的考核模式十分重视操练，老师大都只把"参考篇章"视为阅读理解的一部分，只会跟学生讲解试题与答案，而不会深入讲解篇章所蕴含的人文精神与传统文化。

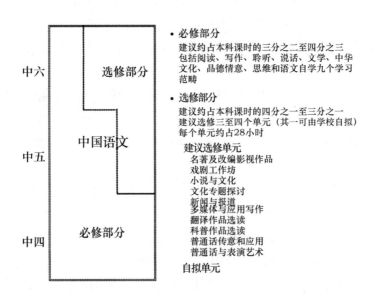

图1 三三四学制下，教育局建议的中国语文课程结构及组织①

三 没有范文教育，传统文化更难步进校园

（一）得不到预期的改革成果

首先，这次改革的目的本来是要为老师与学生"松绑"，减少他们的教育与学习压力；可是，在此学制中，学生需要选修三至四个单元。故此，教育局建议十个选修单元：名著及改编影视作品、戏剧工作坊、小说与文化、文化专题探讨、新闻与报道、多媒体与应用写作、翻译作品

---

① 课程发展议会与香港考试及评核局联合编订：《中国语文课程及评估指引（中四至中六）》，2007年。

选读、科普作品选读、普通话传意和应用、普通话与表演艺术。虽然中国文化亦包括在内，但却只是五分之一，老师有权不选教。而且，由于选修单元对公开试成绩影响极微，所以不少学校不会认真对待。学生不重视，却仍然要施教，这设置不单形同虚设，更变相加重了教学负担。

其次，教育局本想借此给予老师多一点选择教材的空间，但是因为篇章过多，而且又不会成为考核内容，结果还是徒劳无功。据时任教育统筹局首席助理秘书长陈嘉琪 2005 年 5 月 17 在《明报》的发言，范文由昔日的"指定"变为今日的"不指定"，让"教师的选择无论在数量和题材上都得以扩充和拓宽，他们可自行选用，配合课程目的和学习重点组合施教，以切合不同学生的需要，扩阔他们接触文字及课文的层面，推动自主学习，从而提升语文能力"。然而，这不过是理论上的可能，实际上，在推行之时，老师往往因为"参考篇章"过多，无所适从，找不到重点。

更重要的一点是，这个改革的一个重要目标是强化学生的听说，然而，这并不成功。根据香港考试及评核局出版 2017 年中学文凭试各科《试题专辑》指出，考生在中国语文科卷四说话能力表现不佳——"学养不足及内容贫乏，例如，将蝇量级世界拳王曹星如、牛下女车神李慧诗变成'万能例子'，不论什么题目均有考生引用。其次，不少考生认为青少年必然是'鲁莽'，家长等于'怪兽'。亦有考生'有边读边'将'涤亲溺器'读作'条亲弱器'锰锰整体而言，考生的通病仍然是逻辑混乱、学养不足，意念单薄和推论粗疏。"①

早前，英国广播公司中文网在一篇报道中，引述一名在香港担任中国语文老师的意见："香港把中文当成外语来教学。她解释这是因为受到外国语言学的概念影响，所以必修的'中国语文'，考题分成听、说、读、写。'中国文学'则是选修科目。"陈老师认为香港的语文能力教育强调的是"能力"，但训练不是以文言文为基础，而是以文义理解及考试技巧的操练为主，现代白话文在文义理解中占大比例，因此上课也会教到。但在考试制度引导教学之下，考试触及的内容太多，因此只能"填

---

① 《DSE 考生通病：欠学养乏常识》，载于《大公报》，2017 年 11 月 8 日，撷取自 http：// edu. takungpao. com/360/q/2017/1108/3511739. html。

鸭式"的教学。①

虽然 BBC 只引述一位老师的意见，却很大程度上概括了不少中学老师的心声。据不少老师的反馈，在这种把"母语作外语教学"的模式下，学生的听说能力普遍比以往高，也一定程度上反映了学生的学习差异。然而，听说能力的提升不等于所表达内容的素质得到提高；在缺乏有效的范文教育下，学生的普遍文化内涵不升反跌，说话内容变得空洞。而且，所谓的"应付学习异差"，更多是拉低了"能力较高的学生"迁就"能力较低的学生"。当然，老师还是会鼓励"能力较高的学生"进行课外阅读，利用"多出来"的学习空间，提升自己的语文水平。的确，这个做法是可取的，如果学生切实地执行，效果绝对不错。可是，在这个"考试导向"的学习氛围内以及四大主修科②下，学生会把时间放在与公开试无关的阅读上吗？我想只有小部分学生会，而大部分宁可把时间放在通识科的"时事阅读"上。

总的来说，前文曾提及部分本地学者把"忽略课外阅读"问题归咎在范文教育上，可是今日范文取消了，老师与学生的"课外阅读"情况却不见改善；老师与学生，的确不再忙于记诵范文，而却忙于"读、写、听、说"的机械式训练。说好的"松绑"却变成"捆绑"。最重要的问题是，这个改制牺牲了宝贵的范文教育，致使学生营营于技巧提升，却忽略了语言、文化的吸收，最后出现上述所说的"学养不足，意念单薄"。

（二）取消范文的骨牌效应：青年人失去了对历史、文学的兴趣

根据课程发展议会与香港考试及评核局 2007 年联合编订的《中国语文课程及评估指引（中四至中六）》，中国语文科教育有九大学习范畴：阅读、写作、聆听、说话、文学、中华文化、品德情意、思维与语文自学。文件更开宗明义地提示："以读写听说为主导，带动其他学习范畴；各学习范畴

---

① 刘子维：《观察：为什么高中国文课要学文言文？》，载于 BBC 中文网，2017 年 9 月 13 日，撷取自 http://www.bbc.com/zhongwen/trad/chinese-news-41254063。

② 在"三三四学制"下，教育局新增设了"通识科"作为主修科目，与中国语文科、英国语文科及数学并肩，成为四大主修科。

有机结合、相连互通。"① 这里有一点可以特别留意，"文学"与"中华文化"是紧随教育局最重要的"阅读、写作、聆听、说话"之后，显然这是教育局十分重要的教学范畴。从概念上而言，这个想法既堂皇又合理；然而，在没有范文教育的制度下，这一概念只能停留在理论阶段，不能付诸实行。

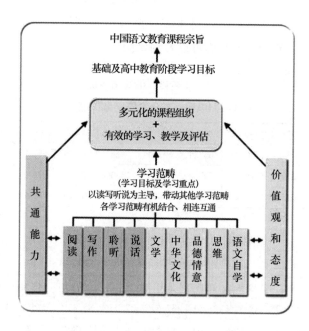

图 2　《中国语文课程及评估指引（中四至中六）》
所述的九大学习范畴②

在香港高中教育，涉及传统文化教学的学科，基本只有三门：中国语文科、中国历史科与中国文学科。中国语文是主修科，而在目前中国历史并非独立成科，部分学校在初中没有设置中国历史科；至于中国文学科，情况更糟，因为根本没有学校会在初中开设此科。换句话说，初中的传统文化教育很大程度上要依赖中国语文科进行。可是，由于高中

① 课程发展议会与香港考试及评核局联合编订：《中国语文课程及评估指引（中四至中六)》，2007 年。
② 同上。

的中学文凭试没有范文考核，所以初中的教学重点自然不会放在范文之上；取而代之的，还是一系列"读、写、听、说"的训练；而这种情况，在一些组别较低的中学更加严重。①

这种情况到高中，变得更为恶劣。中四时，香港学生需要选定一至两科选修科目；可是，由于初中的中国语文基础打得不牢，对中国历史与中国文学的认识，加上对将来就业的考虑，他们大部分不会选读中国历史科与中国文学科。下面是根据香港考试及评核局提供的数据制作的图表，从数字的变化，我们可以看到该两科的发展情况：

表3　　　　　　　　　"中文三科"的应考人数
（回归以后，至会考停止考核范文）　　　　（单位：人）

	1998 年	1999 年	2000 年	2001 年	2002 年	2003 年	2004 年	2005 年	2006 年
中国语文科	65754	66408	66715	65364	64232	62778	63772	68552	68033
中国历史科	25990	25811	25758	24605	23800	22493	22668	23727	23390
中国文学科	12518	12349	12067	11473	10645	10019	9836	9918	9287

表4　　　　中国历史、中国文学占中国语文应考人数百分比
（回归以后，至会考停止考核范文）

	1998 年	1999 年	2000 年	2001 年	2002 年	2003 年	2004 年	2005 年	2006 年
中国历史科	39.53%	38.87%	38.61%	37.64%	37.05%	35.83%	35.55%	34.61%	34.38%
中国文学科	19.04%	18.60%	18.09%	17.55%	16.57%	15.96%	15.42%	14.47%	13.65%

表5　　　　　　"中文三科"的应考人数（三三四学制）

	2012 年	2013 年	2014 年	2015 年	2016 年	2017 年
中国语文科	69725	69150	64540	60305	55117	55440
中国历史科	8288	7517	6713	6315	6241	6090
中国文学科	3051	2803	2598	2330	2061	1714

---

① 香港的中学一般分为英中与中中。英中，即是英语作为非中国语文科的教学语言，例如历史科、物理科、会计科等。而所有官立、资助中学又会被划分为第一至三组别，第一组别学生能力最佳。

表6　　　　　　　中国历史、中国文学占中国语文应考
人数百分比（三三四学制）

	2012 年	2013 年	2014 年	2015 年	2016 年	2017 年
中国历史科	11.89%	10.87%	10.40%	10.47%	11.32%	10.98%
中国文学科	4.38%	4.05%	4.03%	3.86%	3.74%	3.09%

　　表3、表4记录了回归以后，直至中学会考停止考核范文时的中国历史科、中国文学科的应考情况。① 从数字可见，中国历史科的应考人数有微微下跌的势头，从39.53%跌至34.38%，下跌13%；中国文学科跌势更加严重，由原来的19.04%跌至最后的13.65%，跌幅为28.3%。

　　表5、表6记录了"三三四学制"实施以后，第一届至今的香港中学文凭试"中文三科"应考情况。在这个学制下，学生只会选读一至两科选修科，不打算升读大学的甚至不会选读任何选修科。有一点需要注意，近二十年来，香港政府资助大学的学额一直维持在约13000个，即是说每年大约只有19%—23%香港中学文凭试考生可以升读本地资助大学。这群学生如不打算就业，则大多会选择自资大学学位或副学位课程升学，而不幸的是，这些"自负盈亏"的学校较倾向开设商科或职业导向的课程。如此一来，大部分学生在中四选择选修科时，就会倾向选择"非纯文"或"非纯理"的科目。这一点也反映在数据上面：中国历史科、中国文学科的应考人数由"范文年代"的39.53%、19.04%，急跌至11.89%、4.38%，跌幅是69.92%、63.16%。

　　总括而言，取消了高中范文考核，带来一系列的"骨牌效应"：初中步其后尘，全力作机械式"读写听说"训练，结果，学生不是对历史、文学失去兴趣，就是因为自身语言基础不足而放弃修读。在这种情况下，传统文化又如何步进校园呢？

――――――――――

　　① 虽然学生在中四时选修了中国历史科、中国文学科，但他们却可以在中五时退修这两科。因此，图表不以中四选修人数统计，而是用中五（或后来的中六）应考人数统计。另外，中国语文科是学生必修科目，所以这数字是涵盖了当年所有学生（复读生或重考生除外）的。

结 论

"范文"与"传统文化进校园"的关系可谓息息相关。本文一开始就强调"文化"是不能"教授"的，只能通过日积月累的熏陶、濡染，才能渗透到学生的骨髓，让他们对传统文化产深厚的感情。前人过分把"学生语文能力下降"的问题归咎于范文教学，于是大刀阔斧地把范文删除。然而，牺牲了范文教学的好处，却不见得能够换来学生语文能力的进步，甚至使传统文化在校园内难有寸进。没有范文，中国历史科、中国文学科也随之步向夕阳；缺乏日积月累的潜移默化，学生又从何感受传统文化的蕴涵呢？范文教育是传承中华优秀传统文化的其中一项重要工具。我国拥有几千年历史文化，如果把古代的经典都剔除，我们的文化底蕴将变得虚浮瘦弱，不但无力支撑国家发展，更遑论与欧美文化看齐。

可幸的是，2018 年香港中学文凭试中国语文科将复考 12 篇文言范文，虽然数量上远不及内地与台湾，但毕竟是一个改变，是足以期待的。笔者盼望日后有更多的研究、讨论，一同思考"如何取范文之长，补今日语文教育之短，把传统文化带进校园"，让青年人能继承我国优秀的文化财产。

我们的"诗会"

——在体验式活动中与古诗词之美重逢

何　深①

　　古代诗词是中国人的精神礼赞，是中华文化的精华与代表。学习优秀诗词，可以认识语言特性，提升语言能力；可以增添知识，温润性情；可以培养审美趣味，提高道德修养。这一切都关系到学生语文学科核心素养的形成，也关系到人的基本审美与基本素养。

　　《全日制义务教育语文课程标准》（2011 年版）中对 7—9 年级的"学段目标与内容"定位如下："诵读古代诗词，阅读浅易文言文，能借助注释和工具书理解基本内容。注重积累、感悟和运用，提高自己的欣赏品位。"但是，在实际教学实践中，诗歌教学仍然呈现一些尚未克服的问题：一些教师简单处理古诗词教学，"死记硬背、反复默写古诗词"，"以内容讲评代替感悟体验"，"以一元解读取代多元品读"，"面面俱到，意蕴不到"，这些学习活动形式没有真正体现"一切为了学生终身发展"的教育理念。

　　针对这一现象，本文结合学校设计实施的体验式学习活动，通过三种不同形式的"诗会"，反思体验式学习活动对初中生古诗词学习的有益启示。

---

　　①　何深，首都师范大学附属中学第一分校。

一 寓教于乐：以活动为课堂

寓教于乐一直是教育界为激发学生的学习兴趣而试图攻克的难题。寓教于乐中的"乐"字应包含两层意义：一是指教师把传授的知识融入能激发学生兴趣的教学方法中去，尽量使教学过程像娱乐活动一样吸引人；二是指教师通过调动学生，将被动学习变成主动掌握的过程。因此，我们设计了"诗会"活动，为学生搭建诵读、背诵古代诗词，借助工具书理解内容，感悟诗情，提升审美的平台。

2017 年，我校举办了以古诗词为载体、以班级为展示单位，融合"唱诵演"等多种表现形式的舞台展示活动"夏日诗会"。活动流程如下：首先，学生通过"诗句大通关"测试获取加入班级展示团队的资格；其次，班级展示团队选定展示的诗人或诗作，并写作展示方案；再次，各班组织演员团队、舞美团队、音乐团队、文案团队、后勤保障团队排练展示内容；复次，每班派出一名节目负责人共同排定节目顺序；最后，节目负责人组成团队完成主持人培训、节目串联、评分标准制定、评委邀请、部门资源协调等工作。

教师在"诗会"活动中依据课程标准设计"诗句大通关"测试内容并进行评判；就学生选定的诗人或诗作进行资料获取的指导；参与学生讨论并引导学生在讨论中反思活动中的得失；对尚未完成的重要工作定期提示。

以实际活动中《诗经》主题展示的设计为例。学生选取《诗经》作为展示内容后，选取了《诗经》中的重要篇目和作品背景进行研读，邀约教师答疑。最终主创团队选择了《蒹葭》和《鹿鸣》两个篇目，设置了秦王、大臣、贤才、小童、路人等角色，演绎了秦王觅得贤才的故事。学生展示团队安排了主唱、伴唱、舞蹈、演员、伴奏几类任务，在节目排序中，最终商定按照作家和作品的年代排序。按照思乡、边塞等内容主题进行展示的班级，被整体安排在展示的最后一个环节进行。在冲突的解决和资源的协调中，学生学习古诗词热情高涨，团队协作能力也得以增强。

在本次体验式活动中，学生学习过程呈现高度参与的特点："通关"测试游戏化的特点引发学生主动完成诵读、背诵古诗的学习过程，而努力得来的团队成员"身份"也成为团队的"契约",激发学生学习主体性作用的发挥;学生发挥特长,参与唱、诵、演的各种活动,加入舞美、文案、音乐等不同团队,而所有小团队又围绕同样的内容核心运转,团队成员分工而不分散;围绕内容核心,小团队成员都经历了有理有据表达自己观点、听取他人观点的口语交际过程,经历和小组讨论与分享的合作学习过程,在此过程中学习态度与学习品质的提升能够辐射组内所有成员。在体验式学习中,"乐"的重心已有所偏移,即并非教师单方面制造的乐趣,而是学生主动体会到的乐趣。学生学得快乐,这才是寓教于"乐"的真正实现和真实效果。

二　学以致用:走进社会大课堂

学以致用是传统教育的一个难题,原因之一是学生很少有应用知识解决实际问题的场所、时间和机会。因此,应该让学习者逐渐意识到学习是一个通过实践运用循序渐进的过程。运用课程内容,不只是发生在训练之后,而且是在课程进行时。当学习者、参与者将所学运用在解决当下面临的问题时,正是他们学习的最好的时机。

两年来,我校在农历清明节期间组织学生在八宝山革命公墓开展"清明杏花悟诗雨　陵园清吟祭英魂"主题诗会。活动流程如下:首先,学生自主参观八宝山革命烈士公墓;其次,在公墓中选择一位英雄,了解他的生平、墓地设计(含墓志铭)、英雄事迹,准备解说词为前来悼念的市民和学校同学进行解说;再次,绘制地图并标明本人选取的墓地位置;最后,选取合适的诗词在墓前朗诵,致敬英雄。

体验式学习关注现实世界,它的优势在于为学习者及时提供了一个运用的空间,使学习者成功地进入活生生的语言表达和思想交流之中。与同学合作学习的过程令人愉悦,将自己所学用于交流、分享时,学生获得的不只是学会的成就感,更有得到来自听众反馈时的自我肯定与学习愿望。

三　主动学习:学习者自主构建的课堂

在传统上,教师是教学的中心,学生只需专心听讲,认真记笔记即可。而体验式学习则要求学习者发挥主动精神，对自己的学习负主要责任，真正成为教学过程的主体。在体验式学习中，学生作为参与者，为他自己的学习负责任；教师只是资源和架构的提供者。当学习者试着主动消化外在的知识并内化为内在的参考资源时，学习就发生了。

三年前，我校创办了"早春二月读诗会"，为学生指定一个时段，提供一个校内场地，愿意一起诵诗的同学自行前往。以周为单位确定活动主题，例如九月主题"秋""孩子""勤""风"。一段时间后，自主学习的学生群体学会通过讨论，自行确定主题。他们在整本书阅读、教材选文教学、文言文学习、课外阅读等学习的启发下，拟定了"诗说《红岩》""动物小诗"等诵诗主题；在岁时节令触动下，拟定了"清明思人""月亮下的诗会""雪天赛雪诗"等小型诗会。学生从参与者走向组织者，从只知行路到看见灯塔，从埋头苦读到心有远方。

诗歌有一个脱离曲调，成为一种纯文字的艺术形式的过程，而学生通过唱、诵、演的方式又重新在体验式活动中，找寻诗歌在节奏、音韵、平仄方面的音乐性。在八宝山革命公墓的现实场景中，引导学生通过口语表达与献诗颂英雄活动，让学生在引吭朗诵、节奏韵律、声情并茂中有步骤地去初悟、渐悟和顿悟古诗词的滋味，通过与更多听众互动，一起发现诗歌的穿越时空的感人力量。

古诗独有的审美价值给中学生提供了审美鉴赏的平台以及思维拓展的空间。以学生为本，激发学生学习古诗的兴趣；在情境中学习，引导学生审美的眼光鉴赏古诗；在发现中学习，鼓励学生自主探索发现。

我校在开发中华优秀传统文化课程过程中，运用多样化的、体验式的"诗会"活动，依托古诗这一文学载体，不仅寓教于乐，激发学生学习兴趣，而且将使用场景与学习场景融合，将教师引导与学生自主结合，有效提升了古诗词学习的效果。学生与古诗词更加亲近，学生在活动中触摸到中国诗歌的宏伟版图，在活动中与几千年来中国诗人的精神对话。这种体验式活动，不自觉地唤起植根于每个人心中的诗歌情怀，文化自信和民族自豪感油然而生。

从声韵入手鉴赏古代诗歌

——古代诗歌教学策略例谈

目前的语文古诗词教学，教师带领学生鉴赏古诗词，之前，要让学生进行朗诵，目的是让学生通过声音表现作品的情感。殊不知，朗诵是西方人的读书方法，中国的古诗歌有自己传统的吟诵方法。这种吟诵方法是依据汉语声韵的特点而规定的读法，它对正确理解古代诗歌的情感有极大的帮助。学生如果读错了，对作品的理解也就错了。本文就是论述如何从声韵的角度鉴赏古代诗歌，这是学习吟诵的最关键一步，如果不懂汉语的声韵常识，仅凭感觉朗诵或仅靠意象分析是很难真正走进诗人的内心世界，深入理解古代诗歌的情感，甚至会误入歧途。从声韵的角度鉴赏古诗词是为了正本清源，传承优秀传统文化，是对目前语文古诗词教学手段的一个重要补充。

绪　论

语文老师对古代诗歌的鉴赏分析，一般是从词语、意象、修辞、时代背景入手进行分析。语文老师在带领学生鉴赏诗歌之前，总是要求学生反复朗诵诗歌。通过朗诵，体会诗歌所表达的思想感情，这是依据诗

歌"音乐性"的特点，让学生通过诗歌韵律节奏来体会诗歌的美感和作者的情感。但问题是朗诵的方法是从西方传来，以英语为主流语言，英语是拼音文字，一个单词不止有一个元音，包含了两个或两个以上元音字母，例如：object（物体）、operation（手术），而且一个单词往往含有一个重音或多个重音，所以英文一个单词一个单词地读，听起来也像唱歌一样高低婉转，轻重起伏。而汉语言是单音节语言，一个字就只有一个元音，汉语至少有两个字才能构成一个语言单位，所以用西方朗诵的方法读汉诗文注定是存在问题的。自古以来，我们中国人有自己读诗的方法，就是吟诵。李白曾说"吟诗作赋北窗里"，著名的苦吟诗人贾岛说"两句三年得，一吟双泪流"，由此可见，古代的诗歌都是吟诵的，而不是朗诵的，在"五四运动"之前中国人从来不知道朗诵这回事。这是因为汉语是旋律性声调语言，本身就有着平上去入、高低起伏的音韵美，它与西方语言的发音部位、发音方法、节奏韵律完全不同。所以用朗诵的方法来教汉诗文，正如徐建顺老师形象的比喻，如同用拳击的方法来教太极拳，不是一个路数。

吟诵才是汉诗传统的诵读方式，是诗教的方法。但是，由于"五四运动"后文化的割裂，传统的吟诵方法被摒弃，如今的语文老师从未经过吟诵的训练，也不太懂汉语言的声韵含义，所以一直用朗诵的方法教授古代诗歌，这无异于南辕北辙，有时往往把诗歌读错，对情感的把握出现偏差。作为国学老师有责任在国学课上正本清源，恢复我们自己传统的诗教方法。

自古以来，诗歌是唱出来的，"诗言志，歌咏言"诗歌是靠声音来表达情感的。所以，鉴赏古代诗歌的策略在传统的教学方法之上还应该补充一个重要的方法，就是从声韵入手鉴赏古代诗歌，教师有必要让学生掌握汉语言文字发声的规律，懂得这些声韵所传达的情感以及文化信息，从而准确把握古人诗歌内涵，达到诗教的目的。

一 从声韵的角度鉴赏古代诗歌可以体会 诗人情感的变化

（一）声调与情感的关系

无诗不用韵，无韵不成诗。诗都要押韵，韵的反复出现，是一首诗的主旋律，韵也是每一句诗结尾的字，是表达情感的关键，是诗歌要强调的情感。押什么样的韵，则表达什么样的情绪。韵包括韵腹、韵尾和声调。拿到一首诗要先标出韵脚字，韵的声调要一致。我们先看韵的声调与情感的关系。

古汉语分为平上去入四声。平声顾名思义，声调平和、绵长，说话人说话时的语气是平和舒缓的，音响最美，很多褒义词都是平声韵，如，悠扬、平和、新鲜、纯洁等。上声，声调的走势是先上来再下去，声音曲折缠绵，往往表达缠绵婉转亲密的情感。我们人体器官的名称，声调往往是上声，例如脑、首、眼、耳、手、腿、脚等，另外，凡是与我们有血缘关系的人的称呼也往往是上声，例如，父（甫音）、母、祖父、祖母、奶奶、姥姥、姐姐等。去声，声调由上到下，表示坚决果断，铿锵有力；四声中音响最高，表达情感最强烈的是仄声，仄声发出时气流受到阻塞，不顺畅，是喉头的震颤，读起来急促重浊，所以，声音也哽咽、悲戚，表达痛苦压抑动荡的情感。唐《元和韵谱》所谓"平声哀而安，上声厉而举，去声清而远，入声直而促"，讲的正是这个道理。古人作诗对韵字的选择是很讲究的，要依情选韵，所以教师先要帮助学生弄清韵的声调与情感的关系，这是进行声韵分析的基础。

（二）韵与情感的关系

汉字的声音有着传达并区别意义的作用，不同韵类的字由于发音方法不同，所造成的音响感觉不同，那么它所表达的情感也不同。根据韵母声调类型来分，可分为平声韵和仄声韵。依据前面所讲的声调与情感的关系，我们可以明白平声韵读起来音响悦耳悠扬舒缓，适宜表达平和喜悦的情感；仄声韵读起来则强烈曲折顿挫，适宜表达痛苦的情感。另外，韵母还根据发音开口度大小、唇形的圆展、鼻音的有无等分为开口韵与闭口韵；阳声韵和阴声韵等。发音特征的不同给人的音响感觉也不同，所传达的情感自然也就不一样。所以诗人要依据自己的情感选择适当的韵脚字。比如，讲《关雎》这首诗，我们先找到每一段的韵脚字，把它们标出来。我们发现这首诗每一段的韵脚字是不一样的，为什么韵脚字要发生变化？通过鉴赏，我们发现第一、二段押的是"洲""求""流""求"的韵，属于平声韵，声音绵长，说明抒情主人公在雎鸠鸟叫声的触动下，产生了缠绵爱慕的情思；韵母"ou""iou"都是闭口韵，发音时口腔的开口度窄小，撅着嘴，给人一种郁结难言的感觉，表示不高兴的情感，这恰与他对窈窕淑女思念之情，忧从中来的情感相契合。接下来第三段"辗转反侧""得""服"押的都是仄声韵。这些顿挫哽咽的不平之声表明爱情之路的曲折坎坷，波澜起伏。抒情主人公没有得到姑娘的芳心，这种压抑悲切的声音，形象地传递出主人公辗转难眠、备受煎熬、痛苦不堪的情状。至此，学生很快发现了韵脚字变化的规律：韵字传情，情随韵转，古体诗的韵是随诗歌情感的变化而变化的。好诗的妙处就在于读起来声音千回百转，韵味无穷。诗歌以声传情，情韵契合，诗人的喜怒哀乐、爱恨情仇高度融合在声韵的延展顿挫之中。所以，按照吟诵的方法吟诵中国古代诗歌，读者的情感会慢慢不知不觉浸润在声韵之中，达到真正理解古代诗歌情感的目的。

二　从声韵的角度鉴赏古代诗歌可以体会诗歌字面无法传达出来的情感

（一）声音是最直接表达情感的手段

"声入心通"，韵的反复回旋不仅是为了声音节奏一致，达到美听的效果，更是为了情感表达的需要，所以因声求情，养成用声音揣摩诗歌含义的习惯，才是鉴赏古诗词的最直接的方法。

例如，古体诗押韵自由，所表达的情感多样繁复，也更利于一层层展现诗人隐秘幽微曲折的情感曲线。从韵的角度鉴赏诗歌，能够直接读懂诗人的内心。例如：我做的区级公开课《白雪歌送武判官归京》。这节课为学生打开了古代诗歌鉴赏的另一扇窗，即通过声韵还原作者的真实情感，读出文字背后的情感。这首诗的最后两句"轮台东门送君去，去时雪满天山路，山回路转不见君，雪上空留马行处"，如果从字面上看，只能读出诗人送别朋友时恋恋不舍与惆怅失落之情，但如果懂得声韵的含义，学生会发现诗歌结尾部分的韵脚字"去""路""处"押的韵是"u"韵，有打开扩展延长之意，声调都是去声，去声字发音特点是，声音由高到低，读起来铿锵有力，坚决果断，往往表示发誓。读者不难从声音中感受诗人虽然是送别朋友，但情感并不悲悲切切，缠缠绵绵，而是疏阔悠远，坚定有力，这才是盛唐气象，士人精神。声韵中透露出岑参扎根边疆、济世安民、建功立业的决心和志向。

声音是人情绪最直接的独白，读懂声韵，可直抵诗人的心灵世界。

（二）声音是最真实地表达情感的手段

我们常说"词不达意""言不尽意"，语言有时未必能准确地表达情感，但声音却可以超越语言，真实地再现人的内心世界，声和心是相通的，悲悲切切的声音不可能表现欢乐的心情，同样慷慨激昂的声音也不可能传递缠绵悱恻的情绪，声音如同一面镜子，能最真实地反映人的喜怒哀乐。

诗人李白的诗歌可谓是情感豪放洒脱，意境雄浑阔达，想象力无拘无束自由奔放的代表。他的诗《宣州谢朓楼饯别校书叔云》一直被人们认为是慷慨豪迈之作。但这只是表面的理解，还没有深入李白的内心深处。他在这首离别诗中没有倾诉与李云的离愁别绪，而是借景抒情，表达自己怀才不遇的悲愤之情。"蓬莱文章建安骨，中间小谢又清发。俱怀逸兴壮思飞，欲上青天揽明月"，在看似壮阔的景色中，我们发现韵脚字"发""月"都是入声字，豪迈中有悲戚，无拘无束的想象中有无可奈何的呻吟，表面洒脱不羁、蔑视权贵的李白，内心深处的痛苦幽怨，压抑愤懑只有通过声音才能得以展现。这种情感基调是字面意思所体现不出来的，只有通过声韵分析才能窥见诗人幽微的内心世界。语言也许并不能百分之百准确地传达情感，但声音不会欺骗，一个人在极度痛苦的时刻，他可以用语言来强颜欢笑，假装不在意，但声音里的颤抖与伤感却是掩饰不掉的。

声韵分析可以帮助我们捕捉到诗人语言光环下情感的一丝丝震颤。

三 从声韵的角度鉴赏诗歌可以弥补朗诵所读不出来的东西

（一）鉴赏古代诗歌不要放过入声字

四声中情感最强烈的是入声字，音响也是最高的，入声字发声的方法是气流受到阻塞，声音不能顺畅地发出，形成喉头的颤动哽咽，所以声音压抑悲戚，表达痛苦决绝的情感。拿到一首古诗，能否准确地把握诗歌的情感基调，除了关注韵脚字之外，还要先把其中的入声字挑出来。不了解入声字，可以说对诗歌的理解也大打折扣。元代，由于北方少数民族统一中原，北方人发不出入声字的音，所以，入声字在元代就消失了，所以我们现代人要鉴赏古诗词就要有意识地积累入声字。我在讲《上邪》这首诗时，让学生给这首诗分段，如果朗读这首诗，分段的分歧很大。于是，我提示学生根据韵脚字的变化，来给这首诗分段。学生很快分了出来，因为第一层到"长命无绝衰"押的是平声韵。第二层从"山无棱"到最后，押的都是仄声韵，韵脚字"竭""雪""绝"都是入声字，这几个字的发音规律都是声音发到一半就截住，发声不顺畅，声嘶力竭，呼天抢地，表现了抒情女主人公对情感追求的大胆执着，坚定决绝，在那个时代，这样的声音，这样的誓言可谓是惊天地、泣鬼神的旷世绝唱。如果不从入声字的角度鉴赏，不把入声字吟诵出来，这首诗的层次与动人之处也难以得到充分展现。而朗诵是达不到这种效果的。

（二）鉴赏古代诗歌注意韵的开口度

韵的开口度与情感有密切的关联。开口度大，人的情感是开阔豪放的；相反，闭口韵，所表达的是不高兴、不愉快的感觉。再如人教版八年级下册张养浩的散曲《山坡羊·潼关怀古》，韵脚字"聚""怒""路""都""踟""处""土""苦"押的是"u"韵，属于窄元音，表达内敛抑郁的情感。但如果不懂得中国传统文化，用朗诵的方法读"峰峦如聚，波涛如怒，山河表里潼关路"这句话，学生体会到的是一种雄壮豪迈的情感，学生用慷慨激昂的声调读，就读错了，因为这种体会是从词语意象的角度体会到的，它并不能完全准确地传达出张养浩真实的情感。这句景物描写虽然写出了华山诸峰巍峨高耸，从四面八方汇聚，有黄河、华山作天然屏障的潼关地势险要，易守难攻，但这雄壮的景象却引发了作者凝重的思考，表达了悲壮的感情基调。为下阕主旨"兴，百姓苦，亡，百姓苦"奠定了感情基调，这首曲一韵到底，它的情感基调前后是一致的。否则如果上阕的基调豪迈，下阕的基调哀叹，上下阕的情感不一致，内容上难以衔接贯通。所以，从声韵角度鉴赏古代诗歌是对以往古诗鉴赏方法的重要补充，也修正了用西方朗诵的方式学习古诗的弊端。

　　总之，诗歌讲究声韵除了产生节奏美、达到美听的效果之外，更重要的是其表达情感的功能。声韵分析法是鉴赏古代诗歌的一个新的角度。傅庚生先生说："情意寄于文字者十分，不难明白；寄于声韵者亦十分，缘多用唇齿间字，单单藉声音即可表示宠姬曼倩之姿质，真才人呕出心血之作也。"可见声韵与情感高度契合，借助声韵的规律来倾诉情感之作才是真正的上乘精品。教学生破译古诗文声韵的密电码，养成从声韵的角度鉴赏古代诗歌，揣摩诗人情感的习惯，才能真正捕捉到诗歌高低流转的神韵气象，学生才真正感性地、直观地接触、认识诗歌，诗人的情感才能自然而然地浸润到学生的内心深处。声韵分析法是鉴赏古代诗歌的一种重要教学策略。

初中古诗词教学与学生诗词吟唱
社团活动的探索与反思

吴雯懿[①]

　　语文教学要重视中华传统文化经典的学习与熏陶，近年来被反复提及，从中高考考查内容与形式的变化，到各层级教育教学研究活动中理念的渗透与实践，专家学者与众多一线教师均做出了积极的探索与反思。

　　在 2014 年的《北京市中小学语文学科教学改进意见》中，如何在语文课堂中渗透传统文化的知识，使学生重视传统文化相关内容的学习等内容，被更为细致地阐述出来，给学校教师的课堂教学与组织学科活动提供了切实的参考。

　　2016 年 9 月，在北京师范大学举行的新闻发布会上，教育部委托课题、中国学生发展核心素养的研究成果正式发布。研究成果指出，中国学生发展核心素养分为文化基础、自主发展、社会参与三个方面，综合表现为人文底蕴、科学精神、学会学习、健康生活、责任担当、实践创新六大素养，并且具体细化为国家认同等 18 个基本要点。于是核心素养又成为各相关领域教育教学研究的热点，研究者们纷纷寻找核心素养的内容中与特定学科的联系点，尝试从各学科的特点出发，为学科核心素养的内涵作具体定义。其中，在人文底蕴方面，对学生人文积淀、人文情怀、审美情趣的培养，便可以与语文学科的学习及中华传统文化的学习紧密联系起来。常规的初中语文课堂时间有限，而素养的提升也不仅

---

　　① 吴雯懿，北京市三帆中学。

限于单一学科，于是，除了立足高效语文课堂，学校和老师们还可以在开发与组织研究性学习、综合性学习活动，开展校本选修课，以及组建学生社团等方面做出尝试与探索。

古典诗词，特别是从最早的诗歌总集《诗经》，到唐诗、宋词、元曲中的名品佳作，都是中华传统文化中所蕴藏的经典与宝贵财富。学会欣赏古典诗词，不仅能培养学生的审美意识、提升文学素养，还能让学生在吟诵诗词时，体会其中语言美、音韵美，让情感更丰富、让内心更灵动。

首先，在诗词阅读的课堂中，若能如"学科改进意见"所述，"通过与课内古诗文相关联的作家、作品，增加学生国学经典的阅读数量"，并且以主题阅读或比较阅读的方式组织课堂，将有利于学生更深刻地理解作品内涵，从而提高课堂效率。其次，我国传统诗词自古以来都是可以配乐吟诵、和乐而歌的。所以，在教学时若能将"诵、吟、歌、唱"的表达方式融合在诗词鉴赏之中，调动学生们的积极性、发挥他们的主观能动性，对古典诗词进行个性化再创作，应该会更易接近古典诗词的本来面目。同时能让学生们开始有兴趣，从而主动去了解与学习，进而热爱这样的文学艺术形式，自然且真正地践行继承与发展传统文化的责任。

一　初中古典诗词教学在学生社团课程中的延展

在初中的语文教材中，古诗词的课文一般出现在一个单元的最后一课，而且是一册教材的最后一个单元。比如在人教社 2016 部编版的八年级上教材中，第三单元的最后一课第 12 课为《唐诗五首》，最后一个单元第六单元的最后一课第 24 课为《诗词五首》，紧跟在这两课之后的分别有 4 首"课外古诗词诵读篇目"。这两课的教学紧挨着学校的期中和期末检测，在本就紧张的课时安排下，5 首诗词可能会被紧缩成 3 个课时，甚至为求完成教学任务，尽快开始考试复习，一些老师不得已将这些诗词的翻译展示给学生后就不再做讲解与课堂讨论了，最多检查背诵默写的字字落实。客观上教材的安排与课时的不足，使得学生对古典诗词的学习无法真正产生兴趣，而是变为应付考试的枯燥任务，当然，丰富的文化内涵与古典诗词的美也就难以在常规课堂中真正打动学生。许多学校教师也采用各种方法来改善这一被动的教学状况，例如以课前演讲或组办诗词诵读比赛等方式，向课堂与课下要时间，取得了一定效果。而若以选修课或组建学生社团、规范社团活动的方式，将时间固定下来，并在不断尝试的过程中使社团课程化、专业化，将会给古典诗词教学不充分的问题提供一种新的解决方法。

选修课或社团的课程可以打破教材中课文编排的限制，也打破课堂时间的限制，以某一位诗人，或某一朝代、时期，又或某一种诗词流派为中心，设计专题学习活动，设定学习活动任务，并在学生活动与完成学习任务的过程中做好过程性评价，多方面考查学生的学习能力。另外，诗词的理解与鉴赏基本都要涉及诗词写作的背景与诗人、词人的生活创作经历，了解写作背景方面，又常常与历史等学科的知识紧密关联，加强学科之间的互通联系，能够帮助学生加深记忆，而以专题的方式进行学习，学生将会对作者的创作有较为深入和全面的理解。

《北京市中小学语文学科教学改进意见》第十七条提出："积极拓展、整合教学资源，促进语文和其他学科教学的衔接。提倡把历史、地理、政治等学科内容作为语文学习的依托和背景，加强学习过程的开放性、体验性和实践性，构建满足学生个性需求的语文教与学方式。"那么，将语文学科与哪一学科相结合？结合切入点如何确定？课堂环节中怎样实现情境创设与知识点衔接？这些都是必须要慎重思考的问题。资源整合与各学科结合不可毫无计划地盲目进行，因为教学中主问题的提出与问题链的设计都必须根据该年龄段学生的思维习惯和学科的基本规律而定。盲目的结合可能导致这样的课堂逻辑混乱或是流于形式，反而导致课堂效率低下，甚至是无效课堂，在社团课的学习中也是同样的情况。

人教社八年级上第25课选取了杜甫的三首诗《望岳》《春望》《石壕吏》；八年级下第30课则选取了《茅屋为秋风所破歌》一首。新的部编版教材则把几首诗拆散，分别出现在七年级下册第20课的《望岳》和八年级上册第24课的《春望》（其余分册还未出版使用）。杜甫世称"诗圣"，其诗称"诗史"，因其诗真实记录了唐三朝之事，反映了重要事件"安史之乱"发生前后唐朝社会与民众的生活，"世上疮痍，诗中圣哲，民间疾苦，笔底波澜"。四首诗虽分散在两册书中，但它们却是杜甫诗在各阶段极富代表性的作品，因此，将它们组合串讲，并引导学生拓展阅读诗人同时期的其他代表诗作，既符合学生了解诗人、读懂诗作的思维规律，也能够扩大学生的诗词积累量、提升诗词鉴赏能力。而要想准确且深入地理解这些诗作，需要学生们对此段唐代的历史与社会状况有基本的了解。诗句中的一字一句皆饱藏诗人的深刻情感，杜甫一生的经历和遭遇与其"沉郁顿挫"诗风的形成是密不可分的。因此，语文与历史学科的有机结合，能将学生带入更为真实的情境之中，借史品诗、以诗观史，训练思维、提升素养，也让心灵受到震撼，自然将情感态度价值观的教育融入其中。

下面的课例以"'诗圣'杜甫何以担得起一个'圣'字"为主问题，而主要问题链设置为"'安史之乱'前后，杜甫所生活的唐朝在经济、社会、文化等方面的状况是怎样的——《望岳》《春望》《石壕吏》《茅屋为秋风所破歌》四首诗分别写出了怎样的社会与民众生活现实，表达了诗人怎样的情感——杜甫有怎样的个人经历与遭遇，他的情感、思想是如何一步步变化的"。下面是该课的教学简案。

专题教学简案

课题	观史、品诗、悟情 ——追寻杜甫的"诗圣"之路	课型	社团课	课时	1课时 (1小时)
教学目标	学生能够背诵并翻译《望岳》《春望》《石壕吏》《茅屋为秋风所破歌》这四首杜甫的诗歌。 学生了解开元盛世和安史之乱的基本史实，了解杜甫的生平经历。 学生能够通过品读诗文，体会诗中所传达的情感主题，理解杜甫的报国济世、忧国忧民的情怀。				
教学重点	学生能够品读出诗中所传达的情感主题，理解杜甫的报国济世、忧国忧民的情怀。				
教学难点	渗透以文史结合的方法，探究时代与个人双重作用下杜甫的思想情怀。				
教学方法	讲述法、师生合作探究法、小组合作探究法				

续表

教学过程		
教学环节	学生	教师
讲唐史 学生知道开元盛世和安史之乱的基本史实，了解杜甫的生平经历	激发好奇心和求知欲。 初步了解本课的讲授方式。 学生通过史料认识到，唐朝在开元年间呈现一片盛世景象，被称为"开元盛世"。 安史之乱是唐朝由盛转衰的转折点。 根据对唐朝历史的了解，分析诗歌中作者的情感变化，按时间顺序进行排序。	导入：就清代浦起龙对杜甫的评价与学生互动导入。 点明本课的授课方式——文史结合。 讲述唐玄宗的改革。 通过史料，展现唐朝社会风貌。 讲述天宝年间唐朝的政治情况。 讲述安史之乱的简要经过和结果。 引导学生按照创作的时间顺序，排列杜甫的四首诗歌。
品杜诗 通过赏析诗句，学生能够分析出杜甫诗歌创作风格特点。 通过品读诗文，体会诗中所传达的情感主题，理解杜甫的报国济世、忧国忧民的情怀	整体感知，说出为诗歌排序的原因。 通过诗句的诵读、分析，进一步体会诗句之中所传达的诗人情感，从而根据诗歌主题，排列出准确的创作顺序。	引导学生整体感知四首诗所描绘的情景。 通过诗句的品读赏析，体悟诗人在诗歌之中所传达的思想情感，及层层递进的境界主题。
叙人生 通过了解历史，理解杜甫的情怀受时代和个人经历的双重影响	通过对杜甫人生经历，了解杜甫生活境遇和心态的变化。 通过杜甫创作四首诗歌的背景，更加深刻地体会杜甫诗中所表达的思想情怀。	讲述杜甫的少年、青年、中年、老年的人生经历，展现不同时期杜甫的形象以及四首诗歌创作之时杜甫的生活境遇。

续表

教学过程		
教学环节	学生	教师
解诗圣 通过赏析诗句和了解杜甫生活的时代背景和人生经历，学生能够分析出杜甫被称为"诗圣"的原因	通过对杜甫思乡情怀的分析，认识杜甫被称为诗圣的原因是其忠义之行、仁爱之心、忧国忧民之情怀，因此杜甫有一颗圣心。 根据所学进行列举。 通过小组讨论，认识杜甫的大半生都是一介平民，甚至是四处漂泊而又贫苦落魄的凡人，正是这样的凡人却拥有一颗忠义、仁爱、忧国忧民之圣心。	回顾杜甫漂泊而贫苦的一生，提出问题：杜甫何以能担得起"圣"字？ 请同学举出学过的同样拥有这般"圣心"的文人。 再次追问，既然同有圣心，为何杜甫担得起"圣"字？
抒情感 学生用诗歌对"诗圣"杜甫进行评价。 学生能够用文史结合的方法，多角度、深刻地探究文人的思想情怀	学生现场写作，进行展示。 通过本课学习，能够尝试用文史结合的方法进行学习。	杜甫用诗来书写唐朝三代历史，用诗来抒发忧国忧民之情怀，也请同学们为诗圣杜甫作诗一首。 展示两位老师合作写出的诗歌。 希望同学们可以在今后学习中，用文史结合的方法，探究文人的精神情怀。
板书设计	凡人　　　　圣心 人　　　　诗　　　　史 裘马清狂　　豪情壮志　　开元盛世 落魄贫寒　　忧国悲己　　安史之乱 南北漂泊述民疾苦 孤苦终老　　胸怀万民	

　　积极拓展、整合教学资源，落实文史结合的课堂，在规范的选修课或学生社团课程中得以实现，杜甫的诗作以及这位诗人，不再是死记硬背的"诗圣""诗史"的称号，也不仅是"沉郁顿挫"的空泛概念，而变成了一位拥有"圣心"的"凡人"一段段真实的创作经历与饱含深情的诗作。在诗歌较充分的解读基础上，可再配合吟诵的曲调，作吟诵的

教学，让学生在吟诵的尝试和活动中进一步感受诗歌带来的震撼与真实的感动。另外，课后可布置作业，引导学生拓展阅读杜甫的《兵车行》《闻官军收河南河北》《旅夜书怀》等诗歌，运用课上学习的文史结合的方法，对这些诗歌进行理解、赏析，巩固学习成果。

二　诗词吟唱的艺术在学生活动中展现新的生机

学科教学改进意见的第十九条提出："支持设立学生读书俱乐部、辩论俱乐部、写作俱乐部等各类语文社团，充分发挥学生的积极性和主动性，跨年级、跨校常态化开展活动。鼓励社会单位和个人参与中小学语文教育教学，整合校内外资源，构建开放性语文学习模式。"文学类学生社团在中小学校中已很常见，而文学社一般都有编写学校刊物和举办写作、演讲等语言文学类比赛等职能，同时还会组办话剧社、诗社等各具特色的专门分部。加入社团、参与活动的学生大都在语言文学方面有兴趣爱好，乐于参与策划和组织各类活动，同时也是在语言表达或写作水平方面较为自信。一定的社团活动时间，给学生提供了在课下自主学习语言文学、锻炼自身能力的机会，有专门的社团指导教师引导学生开展活动，又能在一定程度上提升学生综合运用语言文字的能力，同时，也锻炼学生与人交流、合作学习等各方面的能力。组建学生社团的这些作用又与发展学生核心素养中学会学习、责任担当和实践创新等内容相呼应。

各类诗社在大学生社团中已有一定发展规模，而在中小学校，以古典诗词的吟唱学习与研究为主的专门类社团还未成规模地出现。叶嘉莹先生说过，中国的好诗都有一种兴发感动的力量，而这种力量是从吟诵当中、从声音中引起发现和获得的。古典诗词独具的音乐美、节奏感，在和乐而吟、和乐而歌的过程中，逐渐贴近诗词作者创作时的思想情感状态，与音乐相配合的方式吟唱出来，有助于更好地理解诗词的内容大意与作者的思想情感，从而感受古典诗词之美，体悟语言文字的强大魅力。在诗歌的四种主要表现形式"诵""吟""歌""唱"中，中学特别是初中阶段的学习活动大多还停留在背诵、诵读、朗诵等以"诵"为主的方式上。由于专业性限制，无论是对大部分初中教师，还是该年龄段的学生来说，诗歌的吟唱有一定难度，且若单以古曲古调来吟唱，想要引起已经习惯了现代科技带来的新鲜视觉、听觉体验的青少年的学习兴趣是有一定难度的。因此，如何让古典诗词的品读鉴赏与专业的吟唱以更贴近初中学生实际生活的方式呈现在他们面前，如何让学生社团的学习活动在提升学生的文学素养与审美水平等方面发挥有效的作用，就是需要研究的主要问题。

诗词吟唱的社团可作为语文课堂的延伸，同时也要自成系统，有计划、有针对性地开展社团课程与活动。

以北京市三帆中学的"云帆诗社"为例，初中的社团成员以初一、初二两个年级的学生为主，每周一次一小时的社团课在介绍诗词吟唱的基本常识过程中，所用诗词范例就可以两个年级共四册的语文教材中所学的诗词为主。指导教师可以引导学生，在社团的学习活动中加深对这些课内诗词的记忆与理解，同时，还能够以诗词作者或相似题材、相关主题为原点延伸出去，进行拓展阅读，更深入和全面地学习更多经典诗词作品。

诗词吟唱有一定专业性，所以学生社团的活动也要有计划、有系统性。逐步实现社团课程化，并配以符合学情的校本教材，才能更好地指导学生学习古典诗词，更专业而真实地体会诗词吟唱的乐趣，进而还能引导部分学生自主地进行深入研究。诗词吟唱在社团课程的设计中，可遵循由易到难、由浅入深、由熟悉到陌生的学习过程。可以从唐诗开始，也可以由绝句和律诗的吟诵出发，在学生能够掌握一些常见吟唱曲调的基础上，再学习常见词牌的宋词的吟诵，而后可慢慢过渡到有一定难度的《诗经》、《楚辞》、乐府诗等长诗的吟诵。

以兴趣为驱动的社团，也需要恰当的评价方式，才能保证学生活动的质量。全校规模的社团展示，又能够充分地调动学生的自主力与创造力，为社团的发展提供持续的动力。社团活动每学期有 12—14 次，在学期中和期末，学生个人或以小组的形式进行吟诵作品的展示，交流吟诵学习的成果。而每一学年的全校社团活动展示中，全体社团成员又可以排演古典诗词吟唱剧的方式来向全校师生展现学习成果。诗词作品可单首吟唱，亦可将一个主题或一位诗词作者的多首作品组合起来，编排出有一定情节联系的诗词吟唱剧。编排诗词吟唱剧可以看成是主题阅读的延伸，是专题学习活动成果其中一种展现方式。学生在编写剧本、学习每一首诗词吟诵的过程中，自然要经历诗词品读鉴赏的全过程，还要在多种资料的拓展阅读中，对古典诗词的写作特点、诗词作者创作的经历等有更为深入和全面的理解。下面是笔者指导的初中学生诗词吟唱社团中，学生自主编写和排演的诗词吟唱剧《大唐李白少年游》的剧本。

大唐李白少年游

生1：（诵）昔年有狂客，号尔谪仙人。笔落惊风雨，诗成泣鬼神。（杜甫）

生2：（诵）酒入豪肠，七分酿成了月光，剩下的三分啸成剑气，绣口一吐就是半个盛唐。（余光中）

生3：（旁白）他的诗，含蕴经史掌故、神话异闻，夸张豪迈，清雄奔放，光明透彻，引人惊诧。让人想起矫健百端的龙，苍茫千变的云，汹涌万状的潮浪，高洁孤悬的明月。

生4：（吟）犬吠水声中，桃花带雨浓。

生5：（吟）青冥倚天开，彩错疑画出。

生6：（诵）大鹏一日同风起，扶摇直上九万里。

生7：（舞剑，诵）莫怪无心恋清境，已将书剑许明时。

生3：（旁白）李白，字太白，号青莲，世称"诗仙"。观奇书、学剑术、好神仙，通诗文、喜交友、好饮酒。年少出蜀，游峨眉，经巴渝，出三峡，辞亲远游，遍览山川，寄心壮志。

生8：（唱）渡远荆门外，来从楚国游。

女生：（齐唱）：山随平野尽，江入大荒流。月下飞天镜，云生结海楼。仍怜故乡水，万里送行舟。

生8：（唱）万里送行舟。

生3：（旁白）玄宗天宝元年，李白奉诏入京，担任翰林供奉。

盼得明君重用，却遭赐金放还，深知建功之难。

生9：（诵）金樽清酒斗十千，玉盘珍馐直万钱。停杯投箸不能食，拔剑四顾心茫然。

生10：（诵）：欲渡黄河冰塞川，将登太行雪满山。闲来垂钓碧溪上，忽复乘舟梦日边。

男生：（齐唱）行路难，行路难，多歧路，今安在。长风破浪会有时，直挂云帆济沧海。

生11：（吟）长风破浪会有时，直挂云帆济沧海。

男生：（齐诵）长风破浪会有时，直挂云帆济沧海。

生3：（旁白）情绪烦闷的诗人，重新踏上云游祖国山河的漫漫旅途。抱用世之才而不遇合，人生快事莫若置酒会友，借酒兴诗情，藐视权贵、孤高自傲，充满自信！

生12：（诵）岑夫子，丹丘生，将进酒，杯莫停。与君歌一曲，请君为我倾耳听。

男女生：（齐唱）君不见，黄河之水天上来，奔流到海不复回。君不见，高堂明镜悲白发，朝如青丝暮成雪！人生得意须尽欢，莫使金樽空对月。天生我材必有用，千金散尽还复来。烹羊宰牛且为乐，会须一饮三百杯。岑夫子，丹丘生，将进酒，杯莫停。与君歌一曲，请君为我倾耳听。

生13：（诵）【同时，男女生：（低声齐唱）】钟鼓馔玉不足贵，但愿长醉不复醒。古来圣贤皆寂寞，惟有饮者留其名。陈王昔时宴平乐，斗酒十千恣欢谑。主人何为言少钱，径须沽取对君酌。五花马、千金裘，呼儿将出换美酒，与尔同销万古愁！

男女生：（齐唱）呼儿将出换美酒，与尔同销万古愁！

生13：（诵）天生我材必有用！

此剧所选的三首诗中，有两首是初一、初二年级教材中的学习篇目，分别是部编版八年级上的《渡荆门送别》，原人教社版本八年级下册的《行路难（其一）》。学生在编写剧本时，是以课内所学李白的诗为主要参考，部编版七年级还学习了《峨眉山月歌》和《春夜洛城闻笛》两首。再次学习时可以打破课文间的界限，阅读了解李白的生平经历，较为全面而深入地理解诗仙的天生诗才与个性志向，也在吟诵曲调声音的学习之中，更好地把握每一首诗所传达出的诗人情感。配以必要的乐器伴奏、多媒体课件播放，服装、队形、舞台设计等相互配合，无论是参与吟唱的学生，还是台下观看聆听的学生，都能更好地进入情境，感受李白诗歌的韵律美及诗人独特的个性魅力。

科技类社团可以设计出作品参与各类科技节和竞赛，在竞技类活动的激发下，学生们会更好地投入社团活动之中。那么，同样的，诗词吟唱的社团若能参与到校级以上的活动和比赛之中，在集体荣誉感的驱动下，会激发出学生更强的自主性与创造力。2017 年，笔者指导北京市第八十中学初二年级的部分学生排演的《大唐李白少年游》的吟唱节目获得朝阳区首届经典诵读比赛活动一等奖的荣誉。荣誉的获得有效地激发了参与吟唱剧编排的学生学习古典诗词的兴趣，在诗词鉴赏能力、写作能力等方面也有一定提升。许多同学，还陆续自主编写了苏轼词及《诗经》的诗词吟诵剧剧本，给下一阶段的社团活动带来强大动力。2018年端午节前夕，笔者指导北京市三帆中学"云帆诗社"和初二年级的学生重新改编和排演了《大唐李白少年游》的古典诗歌吟唱节目，并新编写和排演了《端午忆屈原》的诗歌吟诵剧，在学校的端午诗会中的精彩表现得到老师同学们的一致肯定，也大大激发了同学们诵读古诗、了解重要诗人及其代表作的热情。对直接参与节目的同学们而言，更是以兴趣为驱动，带动他们更深入地了解李白、屈原等诗人，欣赏他们的代表作品，真正实现了常规语文课堂外的自主学习。若能有更广阔的平台，提供更多的学习交流机会，将更有利于学生社团的发展壮大，也能够激发社团指导教师自身学习提升的愿望，从而能更为专业而系统地指导学生学习实践。

社团指导教师在组织学生社团活动的过程中应发挥重要的主导作用，教师在诗词吟唱方面的知识积累与基本吟唱技能，关系到社团专业化、课程化的进程，而教师所运用的教学策略又直接影响着学生参与社团学习的积极性与自主创造力。因此，指导教师应不断学习，并在实践之中不断改进教学方法。古典诗词吟诵的艺术只有在不断学习和创造性的发展中，才能继续焕发生机，由此得以保存下来，才能获得新的发展。在保护与发展以古典诗词吟诵为代表的逐渐被忽视和淡忘的传统文化过程中，教师们应主动承担起这一重大责任，以专业的态度和不断进取的求真意识，影响和感染学生，让更多的青少年也投入到保护与发展优秀传统文化的责任之中。

吟唱对初中语文诗词教学的
应用价值

林　加①

　　古诗词吟唱是用吟唱的形式来呈现中国古诗词的传统艺术。其中吟唱包括"诵、吟、歌、唱"四种基本形式。古诗词吟唱拥有丰富的曲调资源，形成以古代文献资源、地方调资源和今人创作资源为核心的资源体系。古诗词吟唱的音乐性、互动体验性、实践性和展演性有利于推进初中诗词教学，发挥语文的互动和实践特征，打造综合的、有深度的课堂。古诗词吟唱作为优秀传统文化被应用到课堂教学，是语文教学和文化传承的"双赢"举措。

　　中国是诗歌的国度，古典诗词在中国文学史和文化史中占有重要地位，是优秀的中华传统文化。每一个中国人都有责任、有义务且当有行动地去传承和发扬诗词文化。《义务教育语文课程标准（2011 年版）》中，针对7—9 年级共推荐61 篇优秀诗文背诵篇目，其中古诗词约占三分之二，达40 篇。这些诗词从先秦《诗经》到汉乐府，从北朝民歌、唐朝歌行，亦有宋词、元曲等不同诗歌体裁。可见初中推荐背诵古诗词具有选篇数量大、时间跨度大、理解难度也较大等特点。此外，《义务教育语文课程标准（2011 年版）》还指出："诵读古诗词……注重积累、感悟和运用，提升自己的欣赏品位……欣赏文学作品，有自己的情感体验……"由此可知，初中语文古诗词教学需要重视诗词的诵读积累、情感体验和

---

① 林加，清华附中。

实际运用。常用的文义疏通讲授法讲解诗词固然可以丰富学生对诗词的理性认识，但是却难以使学生获得相应的情感体验，也无法让学生将距离生活遥远的古诗词进行实际运用。所以在初中诗词教学中引入新的教学法是有必要的。立足于这一现实问题，本文拟从古诗词吟唱的角度探讨这一新的诗词教学法在理论与实际运用两个层面上的可行性，探讨其对初中语文诗词教学的应用价值。

一 古诗词吟唱的意涵与曲调资源体系

（一）吟唱的四种基本形式：诵、吟、歌、唱

古诗词吟唱是用吟唱的形式来呈现中国古诗词的传统艺术。吟唱是"诵、吟、歌、唱"的简称。诵、吟、歌、唱是指诗词吟唱的四种基本形式。

诵，即诵读、朗诵，强调诵读者对四声、音节等的把握，并结合诗词情感和自身理解，借助音量的高低和节奏快慢等，来展现诗词的情味。诵，是古诗词吟唱的基础方法，十分容易学习和模仿。《周礼·春官·大司乐》记载："以乐语教国子：兴、道、讽、诵、言、语。"近代国学大师章太炎在其《国故论衡辨诗》中指出："古者，大司乐以乐语教国子，盖有韵之文多矣。"① 由此可知，《周礼》中大司乐所教国子的"乐歌"，或多为"有韵"的诗文。此外，大司乐教学国子有韵的诗文，所用之法为"兴、道、讽、诵、言、语"。汉代经学家郑玄注释说："兴者，以善物喻善事；道，读曰导，导者，言古以剀今也；倍文曰讽；以声节之曰诵；发端曰言；答述曰语。"讽，倍文之义，即背诵诗文；诵，以声节之，强调依靠声音的变化，做出抑扬顿挫的效果。故可知，诵这种形式，重点强调诵读时的抑扬顿挫，轻重缓急。

吟，即曼引其声，指通过拖长声音，强化诗词中韵味的表现和传达。《新华大词典》释义"吟"为："有节奏，有韵调地诵读。"这也就是曼引其声。《庄子·德充符》："倚树而吟。"《楚辞·渔父》："行吟泽畔。"均与拖长声音进行吟咏有关。可见吟与诵有着密切联系，故有吟诵一说。

---

① 郭绍虞：《中国历代文论选》（第四册），上海古籍出版社 1980 年版，第 110 页。

吟强调在诵的基础上，更多地从音长的角度进行处理，将诗词的字词用独特的"腔调"（类似前文"韵调"）拖长，以表达吟咏者对诗词的理解，展现诗词中的情味。如果说诵与音乐的联系更多的是有关声音的强弱和节奏，那么吟则在此基础上还强调声音的长短。这使得吟与音乐的关系更近一步。但台湾辅仁大学孙永忠教授也指出："吟恐怕是四者（四者指诵、吟、歌、唱）中最难的一部分。"因为吟的"腔调"是个人的，故吟的动人程度往往取决于个人修养的深浅和先天的音色条件，故吟得好与否，往往是不好界定的。这也便是吟这种基本形式的个性化特征。此外，吟最难的另一个体现是，吟的教学与交流最难，因为它的个性化突出，随意性程度也高，不同人对同一"腔调"赏析也有不同。所以从接受者的角度来说，这种个性化特征也在一定程度上影响交流传播。

歌，即歌咏，这里指徒歌，即不用乐器伴奏的山歌里谣。《尚书·尧典》："诗言志，歌永言。"《正义》曰："直言不足以申意，故令歌咏其诗之义以长其言。"《诗经·魏风》："我歌且谣。"《传》曰："曲合乐曰歌，徒歌曰谣。"《疏》正义曰："歌谣对文如此，散则歌为总名，未必合乐也。"由此可见歌谣本有区别，但歌也可作为歌谣的总称。本文用歌指代徒歌，出于此。歌与吟诵不同，它与音乐的关系较吟诵则更进一步。吟诵重在强调节奏、强弱、音长短，用一个具有个性化特征的"腔调"展现诗词。歌则强调用一个旋律而形成"腔调"，这个旋律往往与地方音乐有关，其音乐性更强。地方音乐往往是地方民众共享的音乐话语，是一种具有共性特征的"腔调"，往往会广受大众审美影响，在一定程度上保证了"腔调"的悦耳程度。在表现诗词情感这方面也有更大的表现空间，更容易生动再现诗词中的喜怒哀乐，展现更为细腻的情绪。

唱，即演唱，指作曲家利用音符来阐释诗词的情感、意境，用音乐来放大和突出诗词中细微的情绪和情感，让演唱者通过音符与接受者和诗作者进行交流，达到情感表达和诠释的目的。这与我们现代意义的唱歌比较相似。《礼记·乐记》载："一唱而三叹，有遗音者矣。"郑玄注曰："唱，发歌句也。"《说文解字》："唱，导也。"再有："导，引也。"段注："经传多假道为导。"可见唱最初并无歌唱之义。唱作歌唱义，初当为倡，后来歌唱义的倡才作唱。相比于吟诵，唱与歌更接近，故有歌唱一说。这在强调歌与唱与音乐的联系更紧密，在表达诗词细腻情感方面的发挥空间更多。

综上所述，古诗词吟唱的四种基本形式"诵、吟、歌、唱"都较早地出现在中国历史中，且都是诗歌的重要表现形式。故脱胎于古已有之"诵、吟、歌、唱"的当代古诗词吟唱是一种传统艺术。古诗词吟唱的四种基本形式中，诵是基础形式，吟、唱是核心形式。本文所论古诗词吟唱中的吟唱，实为取吟诵之吟，歌唱之唱，以总称"诵、吟、歌、唱"。其原因有二：其一，吟与诵，歌与唱各有类似，故吟诵相合，歌唱相合，二词各取其一；其二，本文所讨论的古诗词吟唱的资源体系也主要集中在吟和唱两方面，故以吟唱概括。

（二）古诗词吟唱的曲调资源体系

以吟唱的形式表现诗词的传统在中国虽有很长历史，但因为吟唱的特殊性，使得今人并无法全知吟唱各种形式在古代的样貌。但古诗词吟唱的核心是诗词本身，各种吟唱形式只是诗词的外衣，让吟唱者感受诗词意义和情味才是诗词吟唱的主要意义。据现有的材料来看，古诗词吟唱的资源体系可以简要分为三类：古诗词吟唱的古典文献资源、古诗词吟唱的地方调资源和古诗词吟唱的今人创作资源。

古典文献资源是指从古代流传下来的记录诗词吟唱曲谱的文献。中国是文献大国，各类文献资源丰富，曲谱文献资源亦然。据笔者多年教授中小学生诗词吟唱的经验来看，常用到的古典音乐文献主要是：《魏氏乐谱》《东皋琴谱》《九宫大成谱》《碎金词谱》和《钦定诗经乐谱》等，以及各个古琴派别的传世琴谱等。古诗词吟唱中唱这种形式，对曲谱高度有所依赖，故挖掘古代相关曲谱文献资源尤为重要。但这类曲谱文献主要是明清时期的文献，其主要记谱方式是工尺谱或减字谱记录，对今人阅读有一定障碍。所以翻译、整理古代曲谱文献很有必要。河北大学刘崇德教授等人在此项研究上花费大量心血，成果显著，丰富当代古诗词吟唱的资源体系。

地方调资源是指流传至今的各地的、各诗社的"腔调"。这类资源主要是依靠口耳相传，到当代为了便于推广才逐渐曲谱化的资源。地方调资源可以分为两类：其一是以地方音乐、戏曲为资源转变而来的"腔调"，如宜兰酒令调、江西调、客家调、歌仔调、黄梅调等；其二是以各个诗社命名的"腔调",这些"腔调"多是诗社前辈创作,口耳相传,代代传唱的,带有诗社集体创作的特色,如天籁调、文开诗社调、貂山诗社调等。其中我们又习惯把以各个地方和各个诗社命名的"腔调"叫作"吟调"。2008 年,吟诵调(常州吟诵)获批列入第二批"国家级非物质文化遗产名录",古诗词吟唱的地方调资源成为举国重视的文化遗产,可见其重要性。同时这也透露出,常州吟诵的逐渐衰微的现状。重视古诗词吟唱地方调资源的综合规划和传承学习,既有利于学习者学习优秀传统文化,又有利于传统文化的活态传承。

今人创作资源是指近代以来许多音乐家、作曲家为古诗词谱曲,诞生了许多经典的作品。如音乐教育家刘雪庵《红豆词》《九歌·橘颂》《满江红》《春夜洛城闻笛》等。还有如南山诗社社员创作的《秋词》《问刘十九》和当代古琴演奏家贾建军《泊船瓜洲》等,这些作品在一线教学过程中,都受到学生的强烈喜爱,是吟唱学习的入门系列曲目。一般来说,可将今人创作资源大致分为四类:其一是民国时期音乐家的作品;其二是当代音乐家、作曲家的作品;其三是当代传统音乐演奏者的作品;其四是当代文化学者的作品。这四类作品的音乐风格差异很大,前两类比较重视音乐的复杂性,往往重视音乐多过诗词;后两类比较重视诗词本身,往往重视诗词内涵多过音乐复杂性。

目前,古诗词吟唱的曲调资源体系主要包括以上三类,其中尤为重视第一类和第二类资源的整理挖掘和运用,也会适当采用第三类资源,用以激励学习者或让学习者过渡。从古诗词吟唱的曲调资源体系可以看出,古诗词吟唱虽然是一个较为小众、鲜为人知的"新鲜旧事物",但其资源其实是丰富的。它包含了丰富的传统文化资源,是中华民族优秀的传统文化,学习并传承它们,是对自我的丰富也是对传统文化的最好保护。

古诗词吟唱自古以来就是中国人学习诗词、感悟诗词、表现诗词、表达自我对诗词理解的一种方式。它有着厚重的历史,也有着鲜活的当代传承,有口耳相传的丰富资源,也有成本成册的文献材料。它既是国家级的非物质文化遗产,又是正在消失的优秀传统文化。作为教师,有义务与责任将课堂作为传承与保护优秀传统文化的阵地,作为学生有责任将自己作为传承与保护优秀传统文化的传承人。将古诗词吟唱引入课堂教学，是丰富教学课堂和传承优秀文化的"双赢"举措。

二　古诗词吟唱在诗词教学中的应用价值

古诗词是中国古典文学中的一朵奇葩，它有着声韵之美、意涵之美、情感之美，学习古诗词不单要落实基本的诵读与记忆，还要让可以与诗词和诗人交流的形式走进诗词，感悟诗词中的情感，并获得个体自身的审美体验，让诗词之美融入个体的生活。古诗词吟唱教学法，不同于传统的讲授法或单纯的诵读法。它强调多学科、多互动，重体验、重运用；时刻关注以学生为主体，教师为引导，用生动鲜活的教学形式，引领学生感悟诗词，感发心灵；强调在大语文的框架下，在充满互动的学习活动中习得知识与技能，并展开一定的运用，做到综合性学习、深度式学习。

（一）兴趣与韵律，诗词吟唱有利于诗词的记诵与积累

《义务教育语文课程标准（2011 年）》针对"第四学段（7—9 年级）"提出"诵读古代诗……注重积累、感悟和运用，提高自己的欣赏品位。①"在《附录》中《优秀诗文背诵推荐篇目》指出"第四学段"需要推荐背诵《关雎》等 40 篇古诗词②。2017 年"义务教育道德与政治、语文、历史学科教师国家级培训"中的培训材料指出："为增加传统文化在教材中的比重，充分利用初中学生记忆力好的特点，教材设计了课外古诗词诵读栏目。……要求学生能够熟读背诵，培养对传统文化及汉语美感的体认，加强文化积累。③"（后文均称"培训材料"）新编语文教材中，七年级课外背诵古诗 16 首，其中《峨眉山月歌》《春夜洛城闻笛》《竹里馆》《潼关》等所有诗词几乎与《义务教育语文课程标准（2011年）》中推荐的 40 首不重合。也就是说按每册 8 首，整个初中将会有 48

---

① 《义务教育语文课程标准》，北京师范大学出版社 2011 年版，第 16 页。
② 同上书，第 38 页。
③ 培训材料：《义务教育道德与政治、语文、历史学科教师国家级培训》（初中七年级语文教材培训班），2017 年，第 44 页。

首课外古诗背诵。合计起来，初中需要背诵的古诗词则有 90 首左右。可见，整个初中的古诗词背诵量是相当大的。所以如何引发学生的诵读和背记兴趣，帮助学生顺利背诵并理解诗词含义尤为重要。此外，"培训材料"还指出要培养学生"对传统文化和汉语美感的体认"。那么传统的弱化节奏与情感的快速朗读背诵是否能完成这样的教学目标呢？答案显然不行。

故本文认为在这样的语文改革环境和学情环境下，教师有必要引入新的诗词教学法，来帮助学生记忆大量诗词，并引导学生体悟、感悟诗词含义，还在一定程度上了解传统文化和把握汉语美感。而这种方法，本文认为可以采用古诗词吟唱教学法。古诗词吟唱拥有丰富的曲调资源和多种吟唱形式，以此激发学生学习兴趣，并借助音乐韵律帮助学生提高背诵效率，完成诗词的基本记诵。此外，吟唱强调"咬字归韵""依字行腔"，即重视字词的咬字发音，重视字词吟唱的节律，并强调音律和诗词意涵的结合，学生在反复吟唱的过程中不但加深了记忆，还可以品味诗词的音韵之美和汉语的声韵之美。古诗词吟唱作为我国优秀的传统文化，学生在学习吟唱的同时，也浸润在传统文化的语境中，久而久之逐渐获得对传统文化的感性体认。在清华附中诵读《诗风词韵》的活动中，笔者尝试利用微信平台制作李白《将进酒》吟唱推送，引起学生的广泛关注，并让许多学生在单调的背诵之余，找到了新的、有趣的、有价值的形式，帮助其落实基本背诵，感受诗词意涵之美，品味汉语声韵之美，认识传统吟唱文化。

（二）感发性情与审美体验，诗词吟唱有利于学生获得诗词学习的情感体验

《义务教育语文课程标准（2011 年）》针对"第四学段（7—9 年级）"的阅读提出"欣赏文学作品，有自己的情感体验，初步领悟作品的内涵，从中获得对自然、社会、人生的有益启示"。[①] 也就是说"第四学段"的阅读要求希望学生能够从情感内涵的角度去欣赏文学作品，对诗词也是一样的。并且还强调，要从中获得自己的启示，也就是强调这种

---

① 《义务教育语文课程标准》，北京师范大学出版社 2011 年版，第 15 页。

欣赏与认知最终要转化成属于个体的情感体验、审美体验。个体情感的获得需要的是个体的体验感知，如果只是通过讲授法习得理性的认知分析，那这种情感体验是间接的、苍白的，是不符合"课标"目标的。

故本文认为教授古诗词时，单纯地靠教师用丰厚的学识讲授诗词中的情感是无法获得学生发自内心的、属于个体自身的情感体验。这种个体的情感体验必须是个体自身感发的，通过一些外界的辅助条件引导其完成，并在反复的演习中丰富情感认知，获得个体自身的审美体验，并以此转化为引导人生的启示。诗词吟唱教学法与音乐的紧密联系，使得其在情感表达上更容易让学习者获得情感共鸣。教师讲授的语言与学生有着时代、地域和学习程度的边界差异，而音乐语言则是超越这些边界的。一个曲调是喜是悲，是苦是乐，学习者可以很快地、直观地感受到。当他所接触到的"谁家玉笛暗飞声，散入春风满洛城"，不再只是文字层面以笛声写悲伤，而是在浅吟低唱中，放慢了内心的节奏，静下心来体悟每一个字的含义，体悟每一个音符与文字的勾连，将内心交给音乐，让音乐连接诗情与诗人，去感受那如笛声无处不在的悲伤弥漫全城的感觉。或许这种慢下来的"笨办法"会比节奏强烈地旁征博引更让学习者能从心里获得体悟。

"学而时习之"则可以愉悦，这是为何？当我们问学生一首小学学过的诗词的具体情感分析时，他说不出来太多内容，大抵是干瘪的结论式词语。因为讲授法不易引发学生自主"时习"，也无从谈起通过"时习"获得愉悦。试想深秋明月下，对影成双时，孤独之感或许油然而生。此时，若是不自觉吟唱起来"月既不解饮，影徒随我身"这种在诗词中找到知音，是不是一种"愉悦"呢？踏春出行，欣欣向荣，"乱花渐欲迷人眼，浅草才能没马蹄"便随即生出，这种在诗词中找到共鸣，是不是一种"愉悦"呢？答案显然。吟唱用音乐的形式，打破学生与古诗词之间的时代隔阂，在教师适当的讲解引导下，可以更直观、直接地获得审美体验。当这样的旋律与体验，在重复演习中逐渐深化，当我们在遇到类似的一瞬间时，那种属于个体独有的情感认知和审美体验也就诞生了，这种由自我内心感发出来的"愉悦"是无可替代和不可言说的成就感吧！

(三) 跨学科与大语文，诗词吟唱有利于开展综合性学习

强调"大语文"的语文教与学的概念是近几年兴起且愈演愈烈的现象。在"培训材料"的分析中可以看出：新编七年级语文教科书十分重视综合性学习。这与《义务教育语文课程标准（2011 年）》所强调的"教学建议"要"充分发挥师生双方在教学中的主动性和创造性，教学中努力体现语文课程的实践性和综合性"① 等要求紧密呼应。"综合性学习"的综合性集中体现在"整合和全面"两个要点上。整合是指："以语文课程的内部整合为基点，强调语文课程与其他课程的整合，强调语文与学习生活的整合，强调语文学习与实践的整合，强调多种学习方式的整合。"② 全面是指："以能力为核心的语文素养的全面提高是综合性学习的目标。"③ 由此可见，跨学科整合与学习与实践整合等来实现语文素养的全面提高是综合性学习的核心内容。

诗词吟唱具有跨学科、多学科知识融合的特征。诗词吟唱强调诗词与音乐的结合，利用音乐音律的知识辅助学习诗词，引导学生更有兴趣、更有体验、更有收获地学习诗词。此外，诗词吟唱教学法，还强调诗词与文化史的结合，在介绍吟唱相关曲调的文献、地方调、乐器等相关内容时，相关的文化史知识随之需要补充。比如介绍歌仔调，需要介绍非物质文化遗产歌仔戏的内容；介绍宜兰酒令调，需要介绍宜兰酒令和中国古代的酒令文化等。这些都属于传统文化知识，是文化史和文化学的重要内容。古诗词吟唱教学法教学古诗词还强调学生的立、作、行、礼等行为礼仪，此时就需要补充《礼记》《家礼》等中国古代礼仪相关的知识，丰富学生传统礼仪文化积累，这是历史民俗学的相关内容。古诗词吟唱教学法还强调衣着、仪容等内容，这需要给学生拓展汉服文化知识，以及古代妆容相关知识，并可以联系相关的诗词加以讲解，这是中国古代服饰相关领域的知识。除此之外，涉及地理、历史、哲学等学科的知

---

① 《义务教育语文课程标准》，北京师范大学出版社 2011 年版，第 19—20 页。
② 人民教育出版社课程教材研究所中学语文课程教材研究开发中心编著：《义务教育教科书教师教学用书语文》（七年级上册），人民教育出版社 2016 年版，第 107 页。
③ 同上。

识还有很多，不一一列举。

在清华附中开展的"走进圆明园"综合实践课程中，笔者负责的小组就设计了"圆明诗韵·蒹葭苍苍"的综合实践课。将学生带到圆明园浦边蒹葭丛生处，在教师的引导下让学生仔细观察圆明园蒹葭的秋姿，然后诵读并吟唱学习《诗经·秦风·蒹葭》，让学生在吟唱的过程中再体察蒹葭之美。通过这样的学习，学生认识到在历史教科书中带着伤痕的圆明园，其实也是富有诗意的美景的。我们要牢记历史，不忘耻辱，但又不能沉迷仇恨，停滞不前。让学生在文学式的浸润中，形成正确的人生观、历史观和价值观，并积累一些优秀的传统文化内涵，正是本设计的核心意图。故本文认为诗词吟唱的跨学科特性和实践性，是有利于开展综合性学习，促进学生语文素养全面提高的。

（四）运用与学习活动，诗词吟唱有利于开展深度学习

学以致用的观点从古至今未有衰减。许多人认为语文学习"无用之用，是为大用"，甚至以"语文无用"为一种类似文人节操式的标榜。如果一个人，如此认知语文，无对无错，但如果一个教学者或一个学习者总是持有这样的态度的话恐怕会影响教学的良性推进。学生学习是需要获得阶段性成就感的，没有成就感作为助推力，学生很容易在继续推进的过程中"洄游"。"培训教材"指出："强调学生自主活动、体验，引导学生在语文综合实践中获得语文能力。"① 能力获得与否的重要标准是通过实践、运用进行检测。这种实践运用，一般就是设计的学习活动。学习活动的设计，目的在于内化学生所学，让他将所学转化成所知和所用，由此达到深度学习的目的。综合性学习更多强调跨学科的广度，从广度上丰富语文学习的深度。而深度学习则需要更多地强调将所学进行转化，让学生从自我深处领悟所学、运用所学，来达到语文学习的深度。

诗词吟唱具有展演性特征。这可以让学生利用这一个外在形式，来表现自己所学的内容，达到深度内化的目的。例如新编版语文教材七年级上册第四单元，其单元主题是"人生之舟"，是从不同方面诠释人生的

---

① 培训材料：《义务教育道德与政治、语文、历史学科教师国家级培训》（初中七年级语文教材培训班），2017 年，第 22 页。

意义和价值。这些不同的人生中，他们的理想光辉，他们的人格力量让我们感动、敬佩。故可以设计一个学习活动，让学生用不同的诗词来展现古人的不同"人格和风骨"，让学生在学习活动的策办和参与中，去感受中国传统文化中那些优秀人物的人格力量。在这个学习活动中，不同的诗词适合不同的表现形式，鼓励适合使用诗词吟唱形式的学生利用吟唱的形式进行表现，以此丰富学习活动的形式，也加深学生对传统吟唱文化的认识，同时还能够让选择吟唱形式的同学借助吟唱的形式，展示所学的文学知识、文化知识和吟唱知识等，达到运用的目的，加深学习的深度。此外，还能增加学生的学习成就感，鼓励学生有力推进后续学习。

古诗词吟唱的核心是诗词本身，吟唱的多种方式是诗词内涵的外显手段。在中学语文诗词教学过程中，适当采用古诗词吟唱教学法有利于弘扬优秀传统文化，增强文化自信和民族认同感，有利于激发学生的学习兴趣和丰富学生的情感体验，有利于充分发挥语文教学的互动性、实践性，打造生动、丰富的语文课堂，促进学生综合地学习语文和有深度地学习语文。

就这样走进《镜花缘》

刘　岩[①]

  1941 年，著名教育家叶圣陶在《论中学国文课程标准的修订》中提到"把整本书作主体，把单篇短章作辅佐"，这是他第一次明确提出要读整本书。著名语文教育专家顾黄初在 20 世纪 80 年代已注意到叶圣陶"读整本书"的思想，并专门以此为题做学术报告，提出"读整本书"的命题。如今，《语文课程标准》中同样指出"培养学生广泛的阅读兴趣，扩大阅读面，增加阅读量，提倡少做题，多读书、好读书，读好书、读整本的书"。但现实是，"读整本的书"虽然引起一些老师足够的重视，却少有实践。

  问题在哪里？没有时间、没有方法都是原因，更重要的是教学理念，"读整本书"总被认为是一种"课外阅读"。其实，从叶圣陶的角度看，"读整本书"是"课内阅读"，并且要像精读一样进行详尽的讨论。在他眼中，"读整本书"的时间可以在"课外"，但是讨论和报告却是一点都不能马虎的，因为"读整本书"是"应用"。没有阅读指导的"课外阅读"，在叶圣陶看来是消遣性阅读，不在他所说的语文科的阅读范围内。因此，"读整本书"在时间上是"课外阅读"，在指导上同样是"课内阅读"。"读整本书"是语文学科教材的重要组成部分，是实现语文教育目标的重要途径。

  我带领学生读整本书的历程源于史家书院课程中开设的名著导读课。

---

　　① 刘岩，史家小学。

当时负责此课程的张聪老师找到我，建议我们读清代小说《镜花缘》。我当时听了，很是怀疑。五年级的学生刚刚接触文言文，一开始就读这么长的半文半白的小说，读得懂吗？不仅我心中有疑虑，家长更是如此。当我把买《镜花缘》一书的消息发在家长群后，一位研究古文字的博士妈妈发短信问我："《镜花缘》需要古文基础，文学底蕴要求很高，刚五年级的孩子能读懂吗？"还有的家长直接说买这书就是浪费，因为孩子们根本读不了。

面对家长的质疑和不理解，面对这本厚厚的古典文学作品，我和张老师也陷入迷茫。为什么一定要选择这样一本书呢？张聪老师耐心地解释道，首先从语言上，这本书是清代小说，和现代文还是有很多相通的地方，孩子们读起来不会晦涩难懂。其次，从情节上讲，这本小说充满了光怪陆离的想象，读起来稀奇有趣。

张聪老师的话使我想起中科院院士杨叔子撰文指出，一个民族的凝聚力，主要体现在对本民族人文文化的认同程度上。缺少人文精神的民族最终会走向虚无、走向异化。一个没有传统文明的民族，是一个不完美的民族；而有了传统文明却不知道珍惜的民族，则是一个可悲的民族。古典文学作品作为宝贵的精神食粮，其间不仅蕴含着崇高的人格美和深刻的智性美，更沉积着一个伟大民族不灭的精魂。教材是课程的核心材料，而今天自众多"洋节"、外来文化抢占各种领域的今天，提高学生的古典文学素养迫在眉睫！"课程总目标"中明确指出：要让学生"认识中华文化的丰厚博大，吸收民族文化的智慧"。虽然大部分老师对小学生的古诗背诵都比较重视，但是仅仅止步于此，没有更深层次地拓延古典文学的学习范畴。作为语文老师我们有责任为学生创设更大的花园，让学生欣赏古典文学作品的芬芳。

为了更有针对性地开展教学，在陈校长的组织下，我们三位老师向陈校长、特级教师卢老师汇报了我们的想法。一本《镜花缘》让所有人都陷入沉思，因为这不仅是引导学生读书的问题，更是在尝试清代小说这样的传统文化如何教学的问题。最后，陈校长和卢老师给出了建设性的意见，由浅到深，从激发学生兴趣入手，慢慢推进。陈校长的策略让我们正式开启了走进《镜花缘》的旅程。

一 激趣导入，激发学生的阅读期待

当天中午，张聪老师给我们两个班上了一节《镜花缘》的导读课，张聪老师先出示几幅插图，让学生看图猜想这是一本什么样的书？再出示《镜花缘》的基本资料，帮助学生了解书的内容；然后用生动幽默的语言，介绍三位主人公，播放《女儿国》动画片片段，让学生猜想这是什么样的国家？故事会怎样发展？林之洋在女儿国会有什么样的经历？又是怎么逃出女儿国的？作者为什么要写这个故事？书中那离奇的情节，极大地吸引着孩子们，教室里想起了一阵阵笑声，孩子们兴奋地听着、笑着、思考着、讨论着。这节课为下面的教学开展有了一个良好的开端。为了让孩子们不产生畏难情绪，张老师又买了几套《镜花缘》的小人书给孩子们看。孩子们津津有味地读着，简短的故事让他们意犹未尽。

二 充分阅读，感受故事奥妙

对人物形象的研究是赏析小说的第一步，但人物在小说中并非是孤立存在的，人物的活动，人物间的关系就构成了小说的故事情节。注重故事情节，是我国古典小说的一大特色。《镜花缘》通过唐敖、林之洋和多九公遨游海外诸国以及百名才女参加女科考试，从各个侧面描写了社会的人情世态。幻想、神话，奇奇怪怪的人与事，这本书不仅充分展现了作者的才学，也表现了作者对于世风的讽刺还有他的人生观和价值观的取向。这就是历来被称为"奇书"的《镜花缘》，应该说，其内容还是相当有趣传奇的。

为了使阅读更具实效，我们拿出语文课的时间让孩子们充分阅读。并且，为了尊重学生的差异，阅读能力强的孩子读原著，少数能力弱的学生可以读青少年版的。就这样，班中掀起了读《镜花缘》的热潮。语文课上，经常会看到孩子们边读边笑，沉浸在幽默的故事情节里。

我们可以看出孩子们不仅对《镜花缘》中的故事情节如数家珍，还对人物形象有了感性的认识，更有甚者对作者的写作意图有了自己独到的见解，对讽刺小说的写作方法有了初步的认识。

我在网上看到一位高中教师对学生阅读古典名著以及其他古代小说的情况做了一番调查。调查结果显示：阅读人数分别占调查人数的比例是《西游记》18%，《水浒传》12.3%，《三国演义》16%，《红楼梦》7.5%。同时被调查的《儒林外史》《镜花缘》"三言二拍""唐传奇"等古代小说，阅读人数为零。

我们的学生如此漠视传统文化到底是什么原因造成的？我们的课堂教学能否唤起学生阅读古典文学名著的热情？

这是我在今年4月海淀一位教师的微信里看到的消息，可见阅读对一个学生的成长是多么重要！而这些童子功必须从小学做起。

这次教学得以成功，首先教师一定要坚持，坚持弘扬优秀的传统文化的教育理想。一旦确定了目标决不能踌躇不前，半途而废。比如面对家长的质疑"你们这几天语文课不干正事，就读《镜花缘》？"面对这样的言论，必须要耐心解释，最主要的还是用事实说话。

三　想象拓展，续写《镜花缘》

阅读是语文的"输入端"，写作就应该是语文的"输出端"。在读《镜花缘》之后，根据学生的阅读状况，我们指导学生多角度写作，既激发孩子们深入阅读的兴趣，又联系生活深入思考，尝试着用作者的讽刺手法来写作。

首先引导学生写读书笔记。孩子们兴致勃勃地在练习本上尽情地表达，作为教师不断地加以表扬和鼓励。在这种鼓励与赏识的促动下，学生写得越来越精彩，越来越有创意。

我们鼓励孩子们为古代小说做续作，当然能够独创更好！一个个精妙的构思，一个个鲜活的创意，一个个生动的形象便很快呈现在我们眼前，令我们喜不自禁，激动不已，甚至拍案叫绝。接下来，我们又趁热打铁在班级群里搞小说展，并把他们的作品由大家投票，鼓励孩子们的创作热情。《低头国》《假面国》《飞车国》《人兽国》《网购国》：

　　　就这样唐傲和林之洋就莫名其妙地被送进了所谓的野生人类保护基地。在之后的几天，他们发现所谓的野生人类保护基地其实就是地下交易场所，他们被辗转地运到了好几个地方，以求换取更高的价格。在此期间，他们还亲眼目睹了许多恶心的买卖，自己的同类被一点点杀害：非洲象为了显示自己的尊贵，拔去了人的牙齿，做成装饰品，佩戴在自己的身上；黑貂为了获取华丽的外表，剥去人皮，做成"美丽"的衣服……他们的内心异常恐惧，却感觉无能为力。偶然之间，他们发现笼子有个漏洞，趁此机会，终于逃出了这片危险之地，乘船离开了。

本学期传媒课学习如何编写剧本，不少孩子又把《镜花缘》中的一个片段或是自己的续写改编成剧本，可谓一举两得。渐渐地，家长的质疑和担心没有了，更多的是理解和支持。

《镜花缘》的阅读只是一个起点，一段穿越时空的邂逅的开始。这次教学的经历，让我们深深地体会到，在今天，在"快餐文化"充斥到生活各个角落的今天，在不同的文化思潮和网络文学兴起的今天，我们依然可以找到一条面对小学生的探索传统文化教学的道路，依然可以从容地说，传统也古典也流行！

女娲母题专题教学：
从《淮南子》《红楼梦》到鲁迅《补天》

程涵悦[1]

中学课本中选入一篇名为《女娲补天》的文言文，由于孤立地悬置在神话故事单元中，不能体现女娲作为文化母题的重要价值，因此笔者设计了女娲教学专题，从女娲的文学形象流变探讨女娲的文化价值和时代演变。

《淮南子》节选：从课文讲解导入"母题"概念

《淮南子·览冥训》中记载了较长篇幅的女娲补天神话：

> 往古之时，四极废，九州裂；天不兼覆，地不周载；火爁炎而不灭，水浩洋而不息；猛兽食颛民，鸷鸟攫老弱。
>
> 于是女娲炼五色石以补苍天，断鳌足以立四极，杀黑龙以济冀州，积芦灰以止淫水。苍天补，四极正；淫水涸，冀州平；狡虫死，颛民生；背方州，抱圆天；和春阳夏，杀秋约冬，枕方寝绳；阴阳之所壅沈不通者，窍理之；逆气戾物、伤民厚积者，绝止之。
>
> 当此之时，卧倨倨，兴眄眄；一自以为马，一自以为牛；其行蹎蹎，其视瞑瞑；侗然皆得其和，莫知所由生，浮游不知所求，魍

---

① 程涵悦，上海国际学校 IB 中文组。

魖不知所往。

当此之时，禽兽蝮蛇，无不匿其爪牙，藏其螫毒，无有攫噬之心。

考其功烈，上际九天，下契黄垆；名声被后世，光晖重万物。乘雷车，服驾应龙，骖青虬，援绝瑞，席萝图，黄云络，前白螭，后奔蛇，浮游消摇，道鬼神，登九天，朝帝于灵门，宓穆休于太宜之下。

然而不彰其功，不扬其声，隐真人之道，以从天地之固然。何则？道德上通，而智故消灭也。

在这段文本中，女娲拥有"炼五色石以补苍天""积芦灰以止淫水"的神力，拯救苍生于"天不兼覆盖"的绝境，继而"和春阳夏""枕方寝绳"制定了新世界的秩序。女娲以其威慑力使得"禽兽蝮蛇""匿其爪牙"，并享有"乘雷车""服驾应龙"的尊贵地位。女娲给予了人类"卧倨倨""兴昈昈"的安逸生活，也因此"名声被后世"，赢得后人的尊崇。而女娲最终"隐真人之道，以从天地之固然"，是因为她是天地力量的化身与象征，故"不彰其功，不扬其声"。

在千百年的传承与积淀中，女娲逐渐成为天地至高力量的象征，她拥有无边神力，重建世界，拯救苍生，以其博爱与坚忍成为中华民族文化记忆中的母亲形象。

因而可以说作为女神和母亲形象的女娲是中国文化中最重要的母题之一。"母题"定义如下：

母题是构成神话作品的基本元素。这些元素在传统中独立存在，不断复制。

它们的数量是有限的，但通过不同排列组合，可以转换出无数作品，并能组合入其他文学体裁和文化形态之中。

母题表现了人类共同体（氏族、民族、国家乃至全人类）的集体意识，并常常成为一个社会群体的文化标识。

或许当我们铭记我们先祖名字的时候，我们方能知道自己是谁，从哪里来，也将获得一种神圣而强大的精神力量。我们之所以成为一个民族，乃是因为有共同的烙印与信仰。

文化母题不但存在于一代代人的文化基因中，也在传承中有所演变。当一个文化母题被引入一个文学文本中，它将延展这一文本的厚度与深度，使文本与深广幽邃的文化天空相贯通。而当一个时代的思潮和一位作者的思想将文化母题在文学作品中重新孕育熔铸，母题将因此获得更为丰厚的意义和突破束缚的新生。

《红楼梦》开篇：文化母题的文学价值

以《红楼梦》为例，全书以"女娲补天"开篇自有其深意：

> 原来女娲氏炼石补天之时，于大荒山无稽崖炼成高经十二丈，方经二十四丈顽石三万六千五百零一块。娲皇氏只用了三万六千五百块，只单单剩了一块未用，便弃在此山青埂峰下。谁知此石自经煅炼之后，灵性已通，因见众石俱得补天，独自己无材不堪入选，遂自怨自叹，日夜悲号惭愧。
>
> ……
>
> 后来，又不知过了几世几劫，因有个空空道人访道求仙，忽从这大荒山无稽崖青埂峰下经过，忽见一大块石上字迹分明，编述历历。空空道人乃从头一看，原来就是无材补天，幻形入世，蒙茫茫大士，渺渺真人携入红尘，历尽离合悲欢炎凉世态的一段故事。

这块石头借了"女娲补天"足可睥睨人世的神力，以其超凡脱俗之态，将人间"好""了"之道、盛衰之理娓娓道来，更显其灵性与觉解。当然这里亦有石头出身不凡而遭弃用的慨叹与自怜。

鲁迅《补天》：文化母题的时代演变

在近代作家鲁迅这里，女娲造人和补天的事迹得以记录，但其赋予了女娲更为真实的生命体验，从某种程度而言颠覆了传统的女娲叙事，进而表现了他对于人性和历史的独到见解。

在鲁迅的《补天》中，女娲近乎是无意识地造了人，补了天，救了世，这位因生命诞生而喜又因凡俗嘈杂而怒的女神在鲁迅笔下更近乎"人"。她并非道德完人，并未心心念念要拯救每一个濒危的生命，甚至她对于一个生命的陨落是茫然的。她的神力亦非没有穷尽的，她最终死于造人救世的疲惫。然而不可否认的是，这位女神对世界的意义是不可估量的，她力量的有限更显出她为人而牺牲的可贵与悲壮。

而人类在这里已不是神话中那些无知无觉的小泥点了。他们开始了关乎所谓的道德和利益的战争，他们开始正儿八经地穿上衣服、划分等级并以礼教约束女娲。这里的人类已然变成荒谬的文明史的代言人。而女娲作为以创造生灵为初衷的自然混沌力量的象征，面对着这些背离了天然与人性的言行，自然反感。作者在此处也极尽嘲讽。

而女娲在鲁迅的笔下获得了一种深刻的现代意义，也算是一种重生。

小　结

从《淮南子》中的文化母题，到《红楼梦》中的女娲神性对于作品灵性的观照，再到《补天》中以人化的神彰显生存与牺牲的无奈，并表达对于文明的反讽和对于天性的呼唤，"女娲"这一母题在不断延续、变化，也将不断引领国人以新的文化面貌面对全新的时代。

从字源到字义到文化

——初中国学课教学策略例谈

张　民①

　　为了帮助学生克服学习国学经典过程中遇到语言文字的障碍，国学教学策略之一就是从字源到字义到文化。即从字源入手，了解字形结构的起源，了解字义形成的背景，帮助学生突破语言文字的障碍，从而更精准、更轻松地理解国学经典。因为汉字的一大特点是因形生义，字源教学可以加强学生识字、辨字能力训练，帮助学生减少错别字；加强学生对汉字的字义的理解，有助于文言词语的积累；加深学生对国学经典思想内容的理解以及作者情感走向的把握；还能帮助学生建立传统文化的思维意识，了解更多的传统文化知识，提高学生传统文化的素养。

　　国学课教学核心是国学经典，这些经典所蕴含的思想意义、人生态度、价值观是古圣先贤智慧的结晶，但由于时代久远，语言文字的发展变化，古今语言意思的差异，学生学习古代经典有一定的障碍。学生之所以对古代经典望而却步，语言文字的隔离疏远恐怕是原因之一。为了让学生能亲近汉字，积累一定量的古汉语知识，加强学生对汉语言文字的领悟力，国学教学策略之一就是从字源入手，了解字形结构的起源，了解字义形成的背景，帮助学生突破语言文字的障碍，从而更精准地理解国学经典。

---

①　张民，北京第十三中学分校。

汉字的一大特点是因形生义。明人杨慎《六书·索引》云："六书，象形居其一，象事居其二，象意居其三，象声居其四……"整个汉字系统其实都是在象形的基础上发展演变而来的。例如"学而时习之"的"习"字，我们今天看这个字的字形已无法追溯它的意思，简化字使文化基因的链条断了，学生也只是习惯于死记硬背语文书下的注释"复习"，至于"习"字的字形与字义之间到底有怎样的联系，没有哪个学生想去深究。但假如教学时能回归"习"的字源"習"，告诉学生这个字来源于鸟的翅膀，小鸟扇动翅膀反复练习飞翔，这个字的本义是反复地学，使熟悉、练习、实习的意思，学生的学习就由知其然上升到知其所以然。当学生意识到原来字形和字义，甚至和字音之间有着千丝万缕的联系的时候，能不激发起他们探究字源的兴趣吗？了解汉字这种直观性的特点，教师在教学中要突破字音、字形、字义这些教学难点，不妨回归到字的源头，从甲骨文出发，将字的演变过程图文并茂地给学生演示和讲解，既吸引学生的注意力，加深学生对字的形体的认识，又由字形深入字背后的文化含义，为探究文本的思想内涵，把握作者的思想情感提供一个新的视角。

一 字源教学可以加强学生识字、辨字能力训练，帮助学生减少错别字

过去进行语文教学，常常抱怨学生写错别字，而且苦恼于学生"屡教不改"。当我对汉字的起源发展有了进一步的学习和了解后，我才意识到解决错别字的症结也许并非全在学生，而应当改进教师的教法。许多汉字长相相似，学生容易混淆，如果在识字教学中，进行部首教学，追溯部首的源头，了解部首的含义，利用识字部首来纠正错别字，会收到事半功倍的效果。例如：这学期我教《论语》中的一句"举一隅不以三隅反，则不复也"，一开始学生都把"隅"读成"偶"，为了帮助学生区分"隅"字和"偶"字，我先讲隅字的部首左耳朵，即阜字部，我用PPT演示"阜"字甲骨文的写法，好像把山字竖起来，"隅"字的本意是山拐角处，地势险要，引申为角落（我们今天有负隅顽抗、向隅而泣等成语）。为了强化学生的印象，我又举几个例子加以印证。如，太阳的

"阳"字（日升到山顶上，阳光明亮的意思）；队伍的"队"（人从山上掉下来），是坠的本字。最后学生总结出一个规律：凡部首是左耳朵的字都跟山有关系。弄清了这一点，学生就不会再草率地把"隅"误读误写成"偶"了。

图文并茂地讲解字形的组合，字义生成的来龙去脉，一个个汉字不再是冰冷抽象的符号，而变成一幅幅具体可感的图画，一篇篇趣味无穷的故事。识字教学也变成一个带领学生认知世界的过程。

二　字源教学有助于学生理解汉字的字义

汉字，除了有形可识外，还有义可寻。每一个汉字就是一部微型的文化史。在国学教学中，可通过多媒体演绎汉字形体各部分构件的功能，也可以讲析字形与字义的关联。例如，讲"孔子论学习"这一专题时，用多媒体演示"教"字的繁体字。"教"字左边从爻从子，右边从攴（pu），是一个会意字。从字形结构上看，学生很容易就能明白会意字的概念，它是由多个意思独立的字组合而成的新字。而部首攵（我们俗称的四笔反文）即攴（pu），这个部首字形，好像手拿小棍抽打，以攴促孝，由此我们可以推测早期的教育是带有强制性的，强制人去效法学习。学生了解了这个部首的含义，就可以进行知识的迁移。这学期期末考试中有一道题要回答"孜孜不倦"这个成语中"孜孜"的含义。"孜孜不倦"是一个课外成语，学生平时如果没有积累，可能很难准确地说出它的含义。但假如我们了解字形与字义的关系，知道"孜"是形声字，从子声，右边攴（pu）部表示用小棍敲打自己的意思，就不难联想到"孜孜"有勤勉努力、不懈怠的意思。

另外，学会一个字部，即使遇到生僻字，也能大致推测出它的基本意思，例如，初二国学知识百题竞赛中有一道题：

下面这些字中哪一个字的含义与山无关（　　　）。

A. 陟　　B. 降　　C. 郅　　D. 队

这道题故意找了几个生僻字"为难"学生，但学生有了汉字部首的常识，只要看字的部首就能轻而易举地猜测出字的基本含义，选中正确答案。

其实理解字义不必非得死记硬背，汉字不会无缘无故长成这样或那样的，字的形体构造是对自然万物的概括，它的一横一竖、一撇一捺都体现了古人对世界的认知。回归字源，了解字的结构，各部分构件的功能和含义，同样有助于词语的理解和积累，考试时可以减少错误率。

三 字源教学，还能加深学生对国学经典文本思想内容的理解以及作者情感走向的把握

识字与阅读密不可分。汉字的多义性决定着汉字的意思离不开文本所提供的语言环境，而精准地理解字义又能促进文本的阅读，二者不可割裂。比如，我教陶渊明的"诗酒人生"这一专题时，讲陶渊明著名诗篇《归园田居·其一》，为了让学生更透彻地理解陶渊明归隐田园的人生态度，我首先讲"归"字，"归"的繁体字，歸，会意。从止，从婦省。本义：女子出嫁归，女嫁也。（《说文》）"桃之夭夭，灼灼其华，之子于归，宜其家室"（《诗经·桃夭》）女子来到婆家，找到人生的归宿，一生有了依靠叫"归"。学生学过的课文"大道之行也"中有一句"男有分，女有归"，"归"就是女子归所的意思。而陶渊明的"归"，则不是简单地归家，回归田园，在南山下种种豆，在东篱下采采菊，他的归是自己主动的人生选择，是心灵的回归，精神的安顿。"归"写出了他终于摆脱了世俗，找到了精神的栖息之所，找回了真实的自己，不用戴着假面具生活，不必讨好逢迎。"归"预示着精神上的解脱和自由，是一种兴奋、激动与庆幸的情感体现。

再如讲《论语·子罕篇》太宰问于子贡曰："夫子圣者与？何其多能也？"子贡曰："固天纵之将圣，又多能也。"子闻之，曰："太宰知我乎？吾少也贱，故多能鄙事。君子多乎哉？不多也。"太宰向子贡问："孔老先生是位圣人吗？为什么这样多才多艺呢？"子贡说："既然上天让他成为圣人，当然也就会让他多才多艺。"孔子听到后很谦虚地说："太宰了解我吗？我小的时候贫穷，地位低下，故多能鄙事。"在这一则中"鄙"字是一个重点字，我给学生讲偏旁右耳朵，即邑字部，我用 PPT 演示"啚"字甲骨文的写法，它最初的写法是城市之间的边界，与地域姓氏有

关，有边境、郊外的意思，后引申为鄙俗、鄙陋。了解了这个字的渊源，孔子的性格也一下子变得平易亲切了许多。他自称自己多能"鄙事"，这就让读者感到孔子是一个历经生活的磨难，从事过许多卑贱的职业，从社会的底层一步步打拼出来，靠个人努力奋斗而取得成功的人，不是什么高不可攀的圣人。一字之解析，把孔子的形象与读者拉近了。

探究字义背后的文化含义有助于阅读深度的开掘，学生的认知不仅局限在文本的字面意思上，而是向深度和广度延伸拓展。

四 从字源入手，挖掘汉字的多元文化信息，还可以帮助学生建立传统文化的思维意识，了解更多的传统文化知识

汉字是文化的符号，它本身携带了大量的文化基因，是研究古代文化的活化石。许慎在《说文解字》中描述古人创造文字"仰则观象于天，俯则观法于地，视鸟兽之文，与地之宜，近取诸身，远取诸物"。汉字囊括了祖先对宇宙人生的看法，体现了厚重的生命情怀，所以从字源入手讲国学，也帮助学生拓展传统文化知识。例如讲"故宫文化知多少"这个主题，讲皇帝为什么自称"真龙天子"，皇宫以龙纹装饰。我带学生探究"龙"字的字源，龙字的甲骨文像一道闪电，这体现了中国古代的雷神崇拜。人类的祖先生存能力低，最怕雷电，雷电就像划过天际的龙，具有无比强大的神力，无所不能，所以龙在中国传统文化中是权势、高贵、尊荣的象征。皇帝高高在上，具有至高无上的权威，所以皇帝自称"真龙天子"。龙是皇权的代名词，因此，皇帝的身体叫"龙体"，穿的衣服叫"龙袍"，坐的椅子叫"龙椅"，乘的车、船叫"龙辇""龙舟"……总之，凡是与他们生活起居相关的事物均冠以"龙"字以示高高在上的特权。

总之，字源教学是理解文字书面意思的必由之路，是打开国学经典大门的一把钥匙。汉字博大精深，历史悠久。每一个汉字都有其文化渊源，它涉及大自然：山川、鸟兽、家畜、植物；也涉及古代人的日常生活：衣、食、住、行。汉字的创造体现了中国古人高超的智慧，反映了古人对世界的认识，体现了天人合一的传统思想。从字源到字义到文化

这种教学策略的目的是让学生学有兴趣，学有宽度，学会迁移。让学生对汉字字形的把握、字义的理解、文本的解析变得轻松一些。对加强学生的思维训练和提升学生的文化素养、人文气质，有着深远的意义。

学以致其道

——原典阅读课程设计与实践

刘元杰[①]

先秦经典承载了中国优秀传统文化，基础教育经典阅读的不足和时代对原典阅读的需求亟须原典课程阅读课程的开发。本文以《论语》原典阅读课程的设计与实践为案例，介绍原典阅读课程开发的思路和方法，以及在实践过程中发现的问题和解决方案，为原典阅读课程开发提出范式。

一 原典阅读课程开发的背景

（一）时代需要中国优秀传统文化

章太炎先生在 1908 年创办国学讲习会时谈到国学对一个民族的意义，他说：

> 夫国学者，国家所以成立之源泉也。吾闻处竞争之世，徒恃国学固不足以立国矣，而吾未闻国学不兴而国能自立者也。吾闻有国亡而国学不亡者矣，而吾未闻国学先亡而国仍立者也。

太炎先生认为，一个国家之所以能够独立于世界，就是因为它拥有独一无二的"国学"。国学能够凝聚国民，让国民产生认同感，国学是一种身份象征，国学也是历史累积下来的文化精华，在这一点上，国学就应该代表中国优秀传统文化，也必须是优秀的传统文化才能称为国学。文化的灭亡才是真正的灭亡，人类文明起源最早的埃及被伊斯兰文化征服，现代埃及割断了与古埃及文化的联系，名存实亡。反观中华文化，从古至今，虽然历经朝代更迭，但我们还认同是一个民族，一个国家，维系民族血脉的正是那些深深熔铸在我们灵魂中的文化印记，这些文化印记时时刻刻影响着我们的行动、思维方式。正是因为文化的无形、强大使我们在全球化的今天越来越重视和强调优秀民族文化的力量。

党的十八大以来，以习近平同志为核心的党中央高度重视优秀传统文化。

2013 年 12 月 30 日，习近平在十八届中央政治局第十二次集体学习时指出："我们的先人们，在长期实践中培育和形成了一整套传统美德规范。如中国古代就有崇仁爱、重民本、守诚信、讲辩证、尚和合、求大同等思想，其中就有很多具有永恒价值的内容。"2014 年 2 月 24 日，习近平在十八届中央政治局第十三次集体学习时指出："抛弃传统、丢掉根本，就等于割断了自己的精神命脉。对我们来说，博大精深的中华优秀传统文化是我们在世界文化激荡中站稳脚跟的根基。"2014 年 9 月 24 日，习近平出席纪念孔子诞辰 2565 周年国际学术研讨会时指出："中国人民的理想和奋斗，中国人民的价值观和精神世界，是始终深深植根于中国优秀传统文化沃土之中的。"2017 年 1 月 25 日，中共中央办公厅、国务院办公厅印发《关于实施中华优秀传统文化传承发展工程的意见》。《意见》将中国文化与实现中华民族伟大复兴的中国梦紧密联系在一起，充分肯定了中华文化"独一无二的理念、智慧、气度、神韵"，指出"文化是民族的血脉，是人民的精神家园。文化自信是更基本、更深层、更持久的力量。"《意见》包括四个部分，其中第三部分重点任务要求：

　　贯穿国民教育始终。围绕立德树人根本任务，遵循学生认知规律和教育教学规律，按照一体化、分学段、有序推进的原则，把中华优秀传统文化全方位融入思想道德教育、文化知识教育、艺术体育教育、社会实践教育各环节，贯穿于启蒙教育、基础教育、职业教育、高等教育、继续教育各领域。以幼儿、小学、中学教材为重点，构建中华文化课程和教材体系。

党和国家充分认识到优秀传统文化是中华民族的立足之本，而学校教育是国民接受优秀传统文化教育熏陶最便捷、最有效的途径。因此，传承优秀传统文化要贯穿国民教育始终，也是国民教育的迫切要求。所以，原典阅读课程的开发顺应了时代的要求，满足了国民教育的需要。

（二）基础教育优秀传统文化不足

在中学阶段，有关中国传统文化的课程内容主要集中在语文课本中，内容主要包括古典诗词和文言文。文言文是一个笼统模糊的分类，其中包括了文学记事抒情散文、哲学议论文、历史传记，这些文史哲等多领域、跨学科的内容共同构成了整个文言文教育。文言文是优秀传统文化的承载方式，但是由于内容庞杂，为了保证课时量，在教学中只能选取原典的片段。虽然选段为学生打开了认识原典的一扇窗，管中窥豹，可见一斑，但不能够系统地就某一部中国古代原典进行深入研读，显然不能满足学生对原典全貌了解的需求。同时，文言文阅读具有一定的难度，学生很难在课外自主阅读，需要有教师进行指导。

为了补充原典阅读的不足，新课标设置了选修课本，比如《先秦诸子选读》，仍然是选取经典中的片段进行阅读，不能系统地掌握阅读原典的方法，厘清先秦思想脉络。由于编写选段需要重新组织材料，难免会夹杂编写者的主观理解，很有可能失去原典的原貌，造成对原典的误读，限制对原典理解阐发空间。虽然有了课本，但是在某些地区，由于教师水平所限，这类课程也无法开设，选读的片段或是考试内容而只要求背诵，甚至不要求背诵就不去阅读。

原典阅读在基础教育阶段极其重要，大多数人的传统文化知识就来自课堂教育，这一时期可能就是阅读原典的唯一机会。阅读原典是带领学生进入传统文化的过程，传授阅读方法、培养对传统文化的兴趣、用经典树立美好人格是原典阅读的最终归宿。基础教育原典阅读的缺失，不仅是语文教学的损失，更失去了用经典育德、树立高尚人格的机会。正是因为基础教育在内容和方法上的不足与原典阅读的迫切要求之间产生了矛盾，开发和设计原典阅读课程才更加显示出其价值，原典阅读课程补充了课堂教学的不足，满足了课外阅读的需求，沟通了课堂与课后学习。

（三）社会国学教育泥沙俱下，沉渣泛起

在国学复兴的时代背景下，一些社会教育机构也乘势而起，读经班如雨后春笋。读经班的一大特点就是过分强调朗读的数量，认为通过朗读背诵就能够通达文意。国学甚至成为某些人聚敛不义之财的幌子，产生了极其坏的后果。

在这样的情形下，开发具有学理性、趣味性的原典阅读课程势在必行。不能让这些别有用心之人污染国学的纯净，甚至又掀起一波反国学的浪潮。国学教育的目的是用优秀传统文化浸润思想，不是增加原典在头脑中的存储量。国学教育最终要面向实践，而不是功利。读经班正是利用了家长的功利心理，大造声势，渲染读经的成效，目的还是聚敛暴利。按照他们的"理路"，只要识字人人都能通得前圣之道，真是贻笑大方。同时，社会国学教育的师资力量值得怀疑。不否认读经班的创始人是通训诂的，但是他手下的师资是否能通，能按照先读后解的顺序来培养学生，而不仅仅是机械背诵。

这就要求高校专业学生能够结合基础教育实际情况，用自己的专业知识来捍卫国学的尊严，"学以致其道"，在课堂之外开辟原典阅读课程，与课堂教育又区别又联系，与那些以"国学"名义招摇撞骗者划清界限，通过自己的努力赋予优秀传统文化新时代的生机。

二 原典阅读课程设计

（一）原典选取

中国古代留下了极其丰富的经典文献，先秦流传下来的经典思想价值最高，《论语》是时代较早、保存较为完整的儒家经典，是中国优秀传统文化的渊薮。《论语》体量适中，约15000字，借助工具书，在一个学年是能够全文通读的。

《论语》保存了早期儒家思想的精华，中国人从古至今始终奉行的为

人处世的原则都能在《论语》中得到印证。儒家思想经过历代的阐释、改造，掺入了其他思想体系，流传至今，失去了春秋时期孔子思想的真实面貌，导致对孔子产生误解，在历史上几次出现通过否定孔子来否定中国优秀传统文化的事件。要避免这种"批孔"的文化悲剧再次上演，就要对孔子的思想进行全面理解，读《论语》就是门径。《论语》直接记录了孔子的话语，最能真实反映孔子的思想。从《论语》出发才能理解儒家思想对中华文明产生了怎样深刻的影响。

《论语》是一本语录，记载了孔子和弟子的言论。这种文体决定了内容很难通过一条线索把握，但并不是说《论语》是散乱的、没有层次和逻辑的。《释名》说："论，伦也，有伦理也。"说明《论语》在编纂的时候是有规则秩序的，只是很难从外在形式上看出它的整体性。如果对文本进行脉络梳理，就可以看到内在的逻辑和孔子思想的整体性。《论语》全本阅读实际上就是梳理脉络，看到孔子思想逻辑的过程，这一过程学生自我很难完成，所以需要在课堂上引导阅读，课程设计就非常重要。

《论语》是用先秦汉语记录下来的文本，保存了先秦古代汉语的面貌，是学习古代汉语入门的书籍，通过《论语》可以打开阅读先秦文化典籍的大门。古代汉语与我们时隔久远，语言文字关就很难过，突破语言文字的障碍才能接近孔子思想，也正是因为语言文字的客观性，我们才能还原儒家经典。通过语言文字去探求孔子的思想，是阅读《论语》需要掌握的方法。通过阅读《论语》，能够展示语言文字对探求思想的重要意义。

无论是从思想价值还是阅读难度，《论语》都适合于设计原典阅读课程。但是阅读《论语》对非专业人群来说是有难度的，《论语》不是首尾连贯、逻辑清晰的议论文，其中思想的精华散落在每一条语录中。由于言简意赅，理解孔子的原意就需要结合时代背景。没有对孔子生活时代的理解，就不能正确理解孔子的思想。总之，《论语》是原典阅读课程选择的最佳文本，也需要心思去设计课程内容，更好地展现内在逻辑，从而理解孔子的思想体系，体会儒家思想对我们思想的塑造，用优秀传统文化塑造美好人格。

（二）教学设计

1. 主题教学

课程设计按照"两条主线，四个主题"展开。《论语》是有其内在逻辑的，只要能够抓住核心，提纲挈领便可以纲举目张。《论语》有两条主线，一条是孔子的成人之道，另一条是孔子人生经历。表现在文本上就是《学而》篇中的"学而时习之，不亦说乎。有朋自远方来，不亦乐乎。人不知而不愠，不亦君子乎"。《为政》篇中的"吾十有五而志于学，三十而立，四十不惑，五十而知天命，六十耳顺，七十而从心所欲不逾矩"。第一条贯穿了孔子的教学思想、为人处世的原则、社会理想和政治主张。第二条贯穿了孔子的人生轨迹，知人论世，可以探求孔子思想形成的过程。以此二目为纲，重新组织相关文本，归纳四个主题，分别从孔子生平、孔子与弟子、孔子论学、孔子为政四个方面进行教学设计。

2. 课程构架

根据四大主题，每个主题下设 3—4 课内容，每节课约 2 课时。

以孔子论学这个模块为例，下设 3 课，第 1 课《孔子的老师：孔子见老子》，第 2 课《孔子的学费：孔子收弟子》，第 3 课《孔子的课表：孔子的教学内容》。这三课内容依次递进，先梳理孔子成为老师的过程，再讲解孔子的教育理念，最后展现孔子的教学内容。从各个方面全面理解孔子教育思想。

每一课课内的结构设计紧紧围绕主题中心展开，以第 1 课《孔子的老师：孔子见老子》为例，这一课主要介绍了孔子见老子的背景、经过，从而了解孔子渊博知识的来源，为理解孔子教育体系形成铺垫。通过了解孔子对老子观点的态度，体会孔子尊师重道的理念，深入对"克己复礼"的认识。最后结合《论语》关于论师的章节，结合韩愈《师说》"圣人无常师"来理解孔子对知识的承载者老师的态度，尊重但不迷信、不盲从。结合时代背景理解孔子的先进性：打破贵族对学问的垄断，以开放的胸怀拜师问道。

这一课需要 3 课时，第 1 课时时代背景和人物的介绍，参考《史记·老子韩非列传》的记载介绍老子的生平经历，进一步了解道家思想。第 2 课时结合《史记·孔子世家》《史记·老子韩非列传》的两段记载介

绍孔子见老子的背景及经过。第 3 课时结合《论语》关于论师的章节
(2.11、7.22、15.36、19.22)，讲解孔子对待老师的态度，解释"圣人
无常师"的含义。

因为《论语》文本的语录性质，前因后果不明晰，必须要借助相关
的历史文献作为参考，这些都是理解《论语》的重要材料。在进入《论
语》文本阅读之前大量的铺垫是必要而且必需的，这些背景材料的补充，
不仅使《论语》阅读有了明确的线索，而且丰富了阅读的内容。

(三) 课堂设计

课堂由两个部分组成：讲解教授和互动体验。

1. 讲解教授

课程的核心内容都通过课堂的教授讲解进行，主要是补充背景知识，
阅读相关的文献材料。解读《论语》文本采用传统训诂方法，因形求义，
通过文字字形寻求本义，利用语言文字的客观性解读来还原《论语》。

以"学而时习之"的"习"为例，通常解习为"温习，复习"，实
际上并不准确。习的繁体为"習"，《说文解字》中小篆字形如下：

《说文》："习，数飞也。从羽从白。"習字从羽，是用鸟的行为来解
释习。数飞就是多次飞行，小鸟在学飞的时候，跟着大鸟从一棵树飞到
另一棵树，反反复复多次，最后才能单飞。古人根据观察和总结经验，
把这种反复尝试，由生疏到熟悉的过程叫作"习"。因此"习"带上了实
践的语义色彩，不仅仅是阅读上的温习、复习。

2. 互动体验

根据每课时的相关内容，设计相关的互动问题或互动游戏，引导学
生主动思考，在参与中学习。

以《孔子的课表：孔子的教学内容》为例，其中讲到孔子以"六艺"

为教学内容，其中的"射"有一套礼制的背景，可以形成互动游戏。教师先讲解"射"背后暗含的礼制，再讲解投壶之射的规则，之后学生分组进行模拟，进行小组比拼。在实践中体会学"射"背后的文化内涵，即使竞争也要按照规则，从而与现实生活结合，引导学生在学习竞争中有所为有所不为，用原典阅读塑造高尚人格。

三 原典阅读课程实践

（一）实践背景

原典阅读课程设计经过多次调整论证后，在北京某中学进行了课程实践。课程安排在每周二下午的校本课时间，供有兴趣阅读原典的同学选择。按照学校安排，每周2课时共80分钟。最终选课的学生有初中二年级5人，初三年级18人，高一年级2人，共25人。

（二）实践效果分析

首先可以发现，虽然选课学生的年级差别很大，但是总体原典阅读能力仅仅停留在课堂教学的层次，通过课前提问可以发现，有些课堂内容甚至都无法完全内化成为自己积累的材料。但是选择原典阅读课程的学生或多或少是对原典抱有一种想了解的愿望，所以总体上积极性很高，这是教学的一个重要前提。

由于选择原典阅读课程的学生年级构成的多样性，所以在教学中很难同时满足他们对原典的需求。但是这种综合的样本恰好可以对比看出不同年级学生对原典阅读的需求不同。总体上初中学生在讲解教授知识性内容的时候反应不够积极，原因是多方面的。首先是已有知识达不到"最近发展区"，有知识结构上的断层，所以难以集中精力去理解；其次是以往的学习带来的抵触心理，主观上认为文言文难懂，有畏难情绪；最后是教授的时候没有将知识性内容的讲授转变成为学生主动的探索发现，没有充分利用教学法，实为一大遗憾。初中学生总体上性格活泼好动，喜欢课堂互动，能够充分表达自己的想法，能与教师很好地配合。与初中学生的活泼好动相对，高中学生由于阅读积累量大，对学理内容更有兴趣，有自己的思考方式，但是他们不太愿意表达自己的想法，需要教师引导调动他们进行讨论。在课堂互动时，高中生显得比较沉稳，但是在关键时候能够提出有利于问题发展的建议，推动活动进行，所以高中生更适合深入阅读。

（三）课程改进

针对课程实践的效果，一边实践一边改进课程结构和课堂设计。根据初中生喜欢课堂互动的特点，将知识性的内容排演成课堂剧，以剧带动知识的学习。学生把自己投身到历史背景故事中，不知不觉就记住了时代背景，避免了枯燥的讲解，同时为接下来阅读《论语》原典提供了情境，更能投入学习中。以孔子论政模块中讲解"夹谷之会"为例，给初中生直接阅读材料的反馈效果不佳，但是将"夹谷之会"改变成故事性的课堂剧，经过学生表演之后再讲解孔子的为政思想，学生的注意力要更集中，最后内化成为自己知识结构的效果也明显提高。课堂剧不是复杂的剧本，先由教师简单讲解"夹谷之会"发生的原因、过程和结果，然后指出有孔子、鲁定公、齐景公、犁弥等主要角色。之后由学生自由分组，选择角色，自主发挥想象进行课堂剧排演。

通过对比发现，单独讲解知识和课堂剧的学习效果大不一样。单独讲解之后对学生进行提问，几乎记不住事件的主人公，不能完整复述事件的起因、经过和结果。通过把知识性内容转化到课堂剧中，课程结束之后再对学生提问，学生能够完整复述出事情的内容，而且能够将之后讲解的《论语》内容融入其中。

课程也针对高中生的需求进行了改进，给高中生提供思考的问题，引导高中生进行讨论。以"侍坐"为例，孔子并没有直接说明自己的政治理想，只是一句"吾与点也"，然而曾皙也没有直接说明如何进行政治建设，而只是一段似乎与政治毫无关系的理想生活：

> 莫春者，春服既成，冠者五六人，童子六七人，浴乎沂，风乎舞雩，咏而归。

于是给高中生提出问题：孔子是从什么方面出发而赞同曾皙的说法？孔子与弟子讨论为政问题的背景是什么？孔子的政治理想到底是什么？

给予他们充分的思考空间，为他们指出可以参考的材料。最后探究给出自己对这个问题的理解。

四 结语：学以致其道

"百工居肆以成其事，君子学以致其道。"这句话出自《论语·子张》，是孔子的弟子子夏所说。学习是为了求索道，道是天地运行的秩序在人类身上的投射。儒家的道始终不是形而上的，而是积极入世的，原典阅读课程的最终目的也不是停留在书本上，得到几个名物的训诂，疏通章句意思。原典阅读课程是要用经典来要求自己，拉近自己与圣人之间的距离。而《论语》原典阅读课程只是千里之行的第一步，汗牛充栋的古代经典还等着有志同人一道探索推广之路。

浅谈渗透批判性思维的传统文化教学途径

——以解读儒家"仁者之忠"的教学活动为例

陈魏俊①

批判性思维是理性的、反思性的思维,其目的在于决定我们的信念和行动。② 其思维品性包括求真、公正、反思、理性、准确、清晰、建设以及具体、深刻、全面的思考,拥有批判性思维的人能够大胆质疑、小心求证。上述思维习性是可以通过后天学习养成的。培养学生的这些思维习性成为教育不可推卸的责任。培养批判性思维能力成为欧美国家贯穿小学到大学的教育思想。我国基础教育领域提出的核心能力素养已经明确将科学思维作为核心能力之一,科学思维包括理性思维、批判质疑、勇于探究三个方面。这正与批判思维合理质疑、坚守理性、勇于探究的精神不谋而合。我们在具体的学科教学中如何将这些能力落实? 如何将批判性思维渗透到学科教学中? 这是摆在每个教育工作者面前的重要课题。笔者曾在国学课上就在学科教育中渗透批判性思维做了一些尝试,现在以解读传统文化"仁者之忠"的教学为例说说我的做法。

---

① 陈魏俊,八一中学。

② 董毓:《批判性思维原理和方法》,高等教育出版社 2010 年版,第 3 页。观点为恩尼斯,来自 Ennis, RobertH, 1987. A Taxonomy of Critical Thinking Skills and dispositions. In Joan Boyl off Baron and Robert J. Sternberg (ed.). *Teaching Thinking Skills: Theory and Practice* (pp. 9 – 26). NewYork: Freeman。

一 教学着力点

我们着意用批判性思维的方法来解读传统文化的"仁者之忠",力图达到对仁爱精神观照下"忠"的思想深刻而准确的理解,同时又能激发学生的批判质疑意识,养成追求真理、勇于探究、坚守理性的批判性思维精神。这是我们这堂课的两大目标,即文化层和思维层的双重目标。

二 教学实施

为了达成目标,我们设计了三大活动:理解文本,反思质疑,答疑解惑。

（一）理解文本——忠实性地读

忠实于文本的阅读是批判性思维的基础,是求真、公正思维品性所要求的。批判性阅读的方式首先是忠实地读,所谓"忠实"指的是忠实理解原意,你要站在作者的立场、进入他的视角,从他的观点去看问题,理解他的论证要素和结论,并看看自己有没有例子支持他的一些论点。[①]忠实地读这一阶段,我们一般要对文本这些信息加以了解:

1. 文本观点、理由
2. 文本背景信息
3. 假设前提
4. 作者、信息来源、发表原地、立场[②]

我们根据这些原则,对课文原文进行解读。课文选自《论语·宪问》,记载的是孔子与弟子评价管仲的内容,摘录如下:

> 子贡曰:"管仲非仁者与?桓公杀公子纠,不能死,又相之。"
> 子曰:"管仲相桓公,霸诸侯,一匡天下,民到于今受其赐。微管

---

① 董毓:《批判性思维原理和方法》,高等教育出版社 2010 年版,第 67 页。
② 同上书,第 68 页。

仲，吾其被发左衽矣。岂若匹夫匹妇之为谅也，自经于沟渎而莫之知也。"①

子路曰："桓公杀公子纠，召忽死之，管仲不死。"曰："未仁乎?"子曰："桓公九合诸侯，不以兵车，管仲之力也。如其仁，如其仁。"②

大意是管仲不为旧主子纠赴难，反而辅佐杀害子纠的齐桓公③，子贡、子路认为这不仁；孔子却举出三大理由认为管仲仁。为了让学生读懂文章论证要素和结论加深课文理解，我们设计了一份包括观点、理由的二维表格。这一阶段学生完成的文本理解表格成果如下：

	二子（子贡、子路）	孔子
观点	不仁	仁
理由	不死旧主（子纠）	①匡天下，民受益
	辅佐旧敌（桓公）	②合诸侯，不以力
		③攘夷狄，存文明

充分理解文本观点、理由后，我们还要掌握文章的背景信息。所以让学生根据课文注释，讲述有关管仲、子纠、召忽、桓公等历史性事件：春秋时期，齐国内乱襄公被杀，作为兄弟俩的桓公和公子纠争作齐君。管仲为公子纠做齐君，曾带兵亲自射杀桓公，射中衣带钩，桓公诈死而免，并加快速度先回齐国，做了国君。鲁国迫于压力而杀死公子纠，同为公子纠的辅佐者召忽自杀。管仲没有自杀，后经鲍叔牙举荐，成为桓公的国相。

其次让学生找出子路、子贡出于什么假设前提怀疑管仲人格。子路其人性格好勇力、讲义气，能为朋友两肋插刀。他曾说"愿车马衣轻裘与朋友共，敝之而无憾矣"。根据子路义气原则，得知管仲没有像召忽一

---

① 董金裕：《中华文化基础教材》，中华书局 2013 年版。

② 《论语》，中华书局 2006 年版。

③ 司马迁：《史记·齐太公世家》，中华书局 1963 年版，第 1485—1492 页。

样为旧主子纠而死，所以对其人格产生怀疑。由此可知子路怀疑管仲人格的隐含前提是人臣应该为主君杀身成仁。子贡出于近乎同样的理由，认为管仲不仅不死，反而背主求荣，辅助桓公，他感到困惑不已，也有"不仁"的疑问。所以子贡怀疑管仲人格的假设前提是人臣应该为主君杀身成仁同时还应该从一而终。了解了文章观点、理由、背景信息、假设前提等信息之后，我们便进入评估性阅读的阶段。这时候要跳出作者的视角。用自己的经验，建立自己的视角，挑战作者，提出问题并质疑。[①]我们简单概括为反思质疑。

（二）反思质疑——评估性地读

在这一阶段学生要发现问题。需要思考文章观点是否明确？论证是否清晰有条理？证据是否信服充足？推理是否合逻辑？论证目的是否达成，即是否说服你？关键概念是否清晰一致？隐含前提是否真实可靠？[②]

文章二子和孔子各自观点明确，各自论证也十分清晰，各自证据也是符合史实。可是出现了推理不符合逻辑相关性的问题，出现了关键概念不清晰、不一致的问题。这导致了孔子实际上并没有解决二子的真正困惑。同时隐含前提真实可靠性需要考查。为了让学生一步步发现这些问题，我抓住了一个核心问题让学生解决。让学生通过解决这一核心问题，发现文章的推理不合逻辑、观念不一致、隐含前提真实性需要考查的问题。

由此我们设计了这样的活动：以小组为单位，讨论作为老师的孔子是否解答了二子之惑，并给出理由。为了解决这个问题，我将解决这一大问题的思维路径拆分为如下两个高度关联的子问题：二子之惑是什么？孔子针对其困惑是否做了明确而清晰的问答？

二子之惑是什么？有的学生会说是管仲仁不仁。这样的回答抽象不具体，因为他脱离了二子讨论这一问题的语境。而语境是问题的关键，针对这一情况，我会追问：管仲怎样做，二子怀疑其不仁？学生便轻易找到二子的真困惑是"管仲不死旧主，反事旧主仇敌桓公，仁不仁？"

---

① 董毓：《批判性思维原理和方法》，高等教育出版社 2010 年版，第 68 页。
② 同上书，第 69 页。

孔子是否给出清晰而明确的回答？弄清二子真困惑，经过小组讨论学生便能非常完美地发现问题，能够清楚地提出支撑他们观点的理由。其中一个小组的解答如下：孔子并没有针对二子的真困惑作答。首先，我们并不能在孔子的回答中找到管仲不死旧主不影响成为仁者，也不能找到事旧主仇敌也不影响成为仁者的答案（这实质已经触及对隐含前提真实可靠性的怀疑）。其次，孔子举出的三条针对管仲"仁"的理由，都是管仲背主事仇之后所做的事情。其后所做的"仁爱忠民"之事不能说明他此前背主事仇具有合理性（这实质已经触及论证缺少逻辑相关性的原则）。因此孔子并没有解答二子之惑。

这一阶段还追问一个问题，孔子师徒所说的"仁"其概念内涵是否一样？设计这一问题是为了使学生学会检验论述中重要概念前后是否一致的思维习惯。防止被人偷换概念而不觉。学生会发现孔子师徒所说"仁"的概念内涵完全不一样。二子所说的"仁"实质上是"忠"。孔子口中的"仁"，实质是"为民"。

经过这一阶段的讨论，学生有了思维要严密、逻辑要相关、概念要一致的切身体验。通过反思质疑，我们发现了文本中出现了关键术语不一致、不清晰；问答之间缺少逻辑相关性；论证目的未达成；隐含前提真实性需要考查这些问题。这便出现了"孔子没有解答二子之惑，二子之惑仍在！""忠臣不事二主，要杀身成仁是真的吗？"这两大重要问题。

发现问题，反思质疑文本，这不是我们批判性思维要达到的最终目的，批判性思维还要我们解决问题。发现对方论断的不完善，还要想办法完善论断。这是批判性思维建设性习性的体现。所以我们设计了最后一个活动：为二子解惑。

（三）答疑解惑——建设性地读

既然孔子并没有解答二子的困惑，子贡、子路的困惑还在，那么我们就来替孔子为二子解惑，回答"不死旧主、背主事仇的管仲，能算仁者忠臣吗？"

这是个非常大的命题，对于高中学生的阅读量和知识积累程度而言，要解答这个问题是有难度的。这需要查阅大量的相关文献，这对于40分钟的课堂有困难。为此，我们采取了比较经济的解决策略，为学生提供了解决这一命题的重要文献支撑，但教师这种有针对性地提供文献实质上取代了学生对解决这一命题的真正思考。为了克服这一弊端，我们设计了如下的活动：为了帮助大家为二子解惑，大家可以向传统文化专家求助，请把你解决这一问题必需的所有求助问题，有层次地写在纸上。

学生的求助问题，主要有两个方面：儒家的仁者之忠是否一定要死君，事旧主仇敌会不会影响成为仁者忠臣（实质是解决隐含前提真实性问题）？儒家的仁者之忠判断标准是什么（实质是解决了关键概念问题）？由此，我们便提供了两则相关助读文献。

第一则文献选自《史记·宋微子世家》（有增删），我们让学生根据下面一则文献找到问题一"儒家的仁者之忠是否一定要死君，事旧主仇敌会不会影响成为仁者忠臣？"的答案。

> 微子启者，帝纣之庶兄也。微子度纣终不可谏，欲死之。太师曰：今诚得治国，国治身死不恨。为死，终不得治，不如去。
>
> 箕子，纣之亲戚也。谏不听，不愿去，佯狂为奴。隐而鼓琴自悲。
>
> 比干，纣之亲戚也。见箕子谏不听而为奴，则曰："君有过而不以死争，则百姓何辜？"乃直言谏，被剖。
>
> 微子曰："父子有骨肉，而臣主以义属。故父有过，子三谏不听，则随而号之；人臣三谏不听，则其义可以去矣。"遂行。
>
> 武王灭商，箕子不愿为周臣，从殷故臣东渡朝鲜立"箕子王朝"。武王灭商，微子乞降，受封于宋。
>
> 太史公曰："孔子称：'微子去之，箕子为之奴，比干谏而死，殷有三仁焉。'"

文献记载的是微子、箕子、比干事。学生通过阅读发现在纣王无道的情况下，比干选择死谏而微子、箕子选择活下来，孔子认为他们都是仁者，可见儒家仁者之忠并不一定要死君。武王灭纣之后，微子投降武王成为周朝的封疆之臣，而箕子选择离开，在朝鲜建立箕子王朝。孔子认为他们二者都是仁者，可知事旧主之仇并不影响成为仁者忠臣。通过这则材料，学生发现原来死不死君以及事不事旧仇都不是仁者之忠的判断标准。这则材料还帮助学生纠正了流行的儒家忠臣不事二主，人臣一定要为国君杀身成仁的"忠臣"的片面而偏颇的思想。

那么仁者忠臣的判断标准到底是什么呢？为了解答这个问题我们给出了第二则助读文献，文献选自《孔子家语·子路初见篇》：

> 子贡曰："陈灵公宣淫于朝，泄冶正谏而杀之，是与比干谏而死同，可谓仁乎？"
>
> 子曰："比干于纣，亲则诸父，官则少师，忠报之心，在于宗庙而已，固必以死争之。冀身死之后，纣将悔寤，其本志情在于仁者也。
>
> 泄冶之于灵公，位在大夫，无骨肉之亲，怀宠不去，仕于乱朝，以区区之一身，欲正一国之淫昏，死而无益，可谓捐矣。"

这则材料说了比干成为仁者忠臣的真正原因。这个原因可以与文献一对比阅读。我们让学生根据两则文献找到比干成为仁者忠臣的真正原因。根据文献二学生发现了比干成为仁者忠臣的真正原因不是为国君而死，而是"忠报之心在于宗庙"。根据文献一学生找到了比干死谏的理由是"百姓何辜？""国治身死不恨"。由此学生能归纳出儒家仁者之忠的判断标准是"心系社稷宗庙百姓"。这也是原始儒家对仁者忠臣的真正内涵。

这一阶段的活动将思维训练和传统文化有机融合在一起，学生初步掌握了根据文献解决问题的能力，且利于学生养成独立思考、追求真理、勇于探究的好习惯；同时令学生对传统文化的"忠仁"思想有了深刻认识和理解，恢复了传统文化"忠仁"思想的真面貌。而厘清传统文化真面貌是我们传承文化的一个重大任务。

找到儒家仁者之忠的真内涵之后回到问题"管仲是否能算仁者之忠？"根据这些标准去判断就颇为容易了。我为学生提供了三个思考角度：一是分析"子纠、桓公之争性质"，他们是君位之争，与天下苍生无关，因此不为子纠而死，不违背仁者之忠。二看管仲不死君的理由，他自己曾说"夷吾之所死者，社稷破，宗庙灭，祭祀绝"。可见他的出发点是为社稷、宗庙的。但这只是他的言谈，我们还要"听其言观其行"。因此第三个角度从管仲的所为看，这便自然要看他辅助桓公时候的事情，自然回到孔子给出的理由：“匡正天下，民富兵强，天下苍生有了富庶而安定的归宿。九合诸侯，不用兵力，民众免兵戈流离之苦。攘夷狄，保全中原文化不受铁蹄荼毒之苦。”

建设性地读对批判性思维来说非常重要，它区别于一般性理解的“批判”。批判性思维不同于批判，不只是简单质疑文本，简单挑毛病，发现对方论断的不完善，还要想办法替对方完善论断。批判性思维除了评估还要建设，替对方完善论断、构建论证的时候，又需要我们充分站在作者立场，替他充分考虑，不改变作者原有基本立场、原有基本语境，不改变作者基本观点的情况下去完善论证。

三　教学反思

我们最初从《论语·宪问》发现了其中有颇多不符合思维逻辑的地方，孔子没有回答真问题。可是经过我们忠实性地读、评估性地读、建设性地读三步批判性阅读之后，发现最终又回到了孔子的话语之中。这再次提醒我们下断言的时候要小心谨慎，要经过反复审视。我们带着学生为孔子的回答逐步搭建起了一些逻辑链条，逻辑链条一是“管仲不死旧主、背主事仇并不影响成为仁者忠臣”；二是“儒家仁者忠臣的判断标准是心系社稷宗庙百姓者”；三是“管仲所言要为社稷宗庙祭祀而死”，根据“听其言，观其行”的条件，便勾连上了孔子所说管仲事桓公的三大表现，而断定管仲仁。我们将本堂课“管仲是仁者”的论证结构图列举如下，为了使大家更清楚各个要素之间的关系及作用，我们采用图尔敏模型构建论证结构图。

这堂课不仅为孔子的回答找到丢失在历史长河里的逻辑链条，而且对传统文化的“仁者忠臣”思想有了深刻的认识和理解。我们知道了“忠臣不事二主”“忠臣须为君杀身成仁”的思想不符合孔子的思想。同时我们也找到原始儒家对仁者忠臣的定义是一切“为社稷、宗庙、百姓”的人。这种思想溶于传统知识分子的血液里，当社会清明，国君是为天下、社稷着想的仁君时，臣子的尽忠之道便通过效忠仁君得以实现他们为天下、社稷、百姓的忠仁理想。当社会混乱，国君不再为天下苍生谋福时，臣子通过效忠国君而实现为天下、社稷、百姓的理想的道路便断了。这时候为臣者一般有这样一些道路可选：一是归隐、二是去国、三是死谏，或者干脆揭竿而起。民贵君轻、诛暴国之君如诛独夫、汤武不弑君等这些思想是第四种道路的理论支撑。

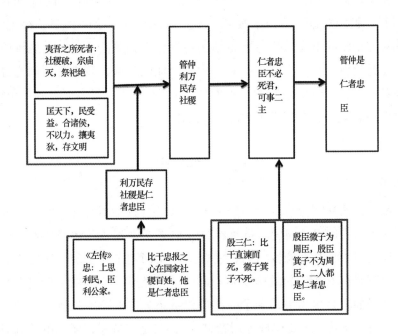

我们最初设想要在传统文化的教学中渗透批判性思维的尝试便是这样展开的，我们的初心是要将批判思维能力与传统文化的学习紧密相连，水乳交融。要借助批判性思维帮助理解儒家的仁者之忠的思想，同时使学生养成批判质疑、独立探究、求真谨慎的思维品性，以提升学生的思维能力。

我们总结一下我们渗透批判性思维能力的教学基本途径，这个方法不仅能用在传统文化文本的解读之中，还能用于其他各种文本的解读之中：

1. 忠实性地读——读懂文本（批判性思维"求真公正、清晰具体、深刻全面性"思维品性体现）

原则是站在作者的立场、进入他的视角，从他的观点去看问题，理解他的论证要素和结论，并看看自己有没有例子支持他的一些论点。

（1）读出文本观点、理由

（2）读出文本背景信息

（3）读出假设前提

（4）读出作者信息来源、立场

2. 评估性地读——发现问题（批判性思维"批判质疑、坚守理性"精神体现）

原则是要跳出作者的视角。用自己的经验，建立自己的视角，挑战作者，提出问题并质疑。

（1）观点是否明确？

（2）论证是否清晰有条理？

（3）证据是否信服充足？

（4）隐含前提是否真实可靠？

（5）推理是否合逻辑？

（6）论证目的是否达成？

（7）关键概念是否清晰一致？

3. 建设性地读——解决问题（批判性思维"勇于探究、追求真理"精神体现）

原则是替对方完善论断构建论证，我们要站在作者立场，替他充分考虑，不改变作者原有基本立场、原有基本语境，不改变作者基本观点的情况下去完善论证。

（1）明确作者观点

（2）使得论证清晰条理化

（3）提供充足信服的论据

（4）完善隐含前提的真实可靠度

（5）完善推理的逻辑性

（6）完善论证结论

（7）澄清关键概念

我们在阅读教学之中渗透批判性思维，并用批判性思维的思维工具和方法进行阅读教学，力图达到对文本的深入理解，同时又培养提升学生的批判性思维这种高阶思维能力。这只是一个小小的起步，其中不免显得生涩，谬误难免，请各位同人指正。

中学语文课文中的岁时节令

涂华金[①]

　　《语文课程标准》"课程目标·总目标"中认为语文课程要帮助学生"认识中华文化的丰厚博大，吸收民族文化智慧"。在"实施建议——课程资源的开发与利用"中认为"自然风光、文物古迹、风俗民情，国内外的重要事件，学生的家庭生活，以及日常生活话题等也都可以成为语文课程的资源"。这里提到的"民俗风情"即是指民俗文化和风土人情，其中岁时节日就属于其中的一部分。岁时节日作为一个仪式场，它集中展现了我国的传统文化、民俗仪式和民间习惯。同时它又区别于四书五经和相关正史的记载，让我们的学生从另一个角度去认识我们生活中活的文化。因此无论是中学语文教材的编写者，还是中学语文教师，都有责任和义务在课程中讲述民俗风情，让同学们感受生活中口耳相传的文化，感受民俗传统带来的生命张力。

　　岁时节令，"主要是指与天时、物候的周期性转换相适应，在人们的社会生活中约定俗成、具有某种风俗活动内容的特定时日。不同的节日，有不同的民俗活动，且以年度为周期，循环往复，周而复始"。岁时节令的产生具有鲜明的农业社会特点，也反映了我国传统社会的伦理特性和人情味。随着时代的变化发展，节日产生的土壤已经逐渐消失，但节日的功能还依然延续。例如热爱祖国、崇尚科学、尊重知识、敬老爱幼、保护环境，等等。从保护传统文化的角度来看，这些节日兼具的功能还

---

　　① 涂华金，北京一零一中学。

需要继承发扬，如清明节的崇宗敬祖，中秋节的家庭团圆，新春的走亲访友。除此以外，岁时节令还具有其他更为深刻的社会功能，如一个人由一个阶段向另一个阶段过渡时，需要有一种仪式，可以是成人礼、婚礼，也可以是生日、新年，等等，这种仪式感不仅对个人人格进行塑造，而且也是社会对她（他）的地位规定和角色认可。在鲁迅《祝福》课文中，四叔在冬至节令的祭祖仪式，就具有一种敬祖的仪式感，而参与的人也是有身份要求的。而显然再婚不为"三纲五常"的儒家文化接受，再婚的祥林嫂自然是不能参与的，"否则祖宗是不吃的"。当祥林嫂听从"好心"的柳妈劝说捐了门槛之后，她自认为自己有资格了，可以被祖先认可了。但仪式的作用并不是这么轻易被否定的，再婚已经决定了她永不可能再被认可，已经被永久贴上了"不贞"或"克夫"的标签。而受到影响的民众又对祥林嫂的生存直接起到了决定作用。对中学生而言，如果不了解这些背景知识，恐怕很难明白其中的原委。同时也告诉我们，学习民俗风情、岁时节令，不但要了解节日的来源习俗，还需要进一步知道节日的文化含义。这对我们教材的编辑和语文老师都提出了较高的要求。

此外，还有苏轼的《水调歌头·明月几时有》《九月九日忆山东兄弟》《端午的鸭蛋》《春酒》等直接涉及中秋节、重阳节、端午节、春节等相关内容，这些其实都是普及节日文化的良好契机。而即使没有涉及的节日内容，例如一些新兴节日，十一国庆节、五一劳动节、元旦也可以通过让学生自己去查找素材，以黑板报、手抄报等方式呈现。2016年11月，联科国教科文组织将"二十四节气——中国人通过观察太阳周年运动而形成的时间知识体系及其实践"列入联合国教科文组织人类非物质文化遗产代表作名录。这都是全面、深刻了解学习中国传统文化的良好契机。

从教材的编辑角度看，初中语文教材包括人教版、苏教版和京教版；高中主要是人教版，但除了五册必修之外，还有为数不少的选修内容。无论是哪个学段，还是哪个版本，都有不同程度的岁时节令内容，在体裁上囊括了小说、散文和诗歌等。主要篇目如下。诗词：《天上的街市》《过故人庄》《约客》《破阵子·燕子来时新社》《水调歌头·明月几时有》《饮酒（其五)》《醉花阴·薄雾浓云愁永昼》《采桑子·重阳》《孔雀东南飞》。小说:《社戏》《阿长与〈山海经〉》《台阶》《老王》《故乡》《范进中举》《蒲柳人家》《祝福》《边城》。散文:《土地的誓言》《大自然的语言》《我的母亲》《云南的歌会》《端午的鸭蛋》《春酒》《满井游记》《兰亭集序》。戏剧:《窦娥冤》。

从初高中安排来看,首先,初中岁时节日的内容要远远多于高中,高中仅有《兰亭集序》《窦娥冤》《祝福》和《边城》中涉及的相关内容;其次,从三个初中版本教材来看,直接讲述岁时节令特点的文章极少,且多为诗歌,体裁单一,仅有《端午的鸭蛋》《春酒》《大自然的语言》等与之相关。最后,初中苏教版和人教版教材各有一个专题分别为"民俗风情"和"到民间去采风",京教版和高中人教版则没有专题单元,这不能不说是一个遗憾。岁时节令不仅包括固定的日期和民俗活动,它是人民对自然和历史文化积淀的认识,例如春祈、秋报、夏伏、冬藏的岁时性生活节律,《天上的街市》中"牛郎和织女的关系"与情人节,屈原和端午节的演变,《兰亭集序》上巳"修禊"节日与踏青、曲水流觞活动。可以说,我们现在对传统节日的认识并不完整、也不充分。增强这类知识的学习不仅在条件上更加便利,因为这些节日就发生在我们身边,在价值上也更加有意义,它能使学生更加热爱我们的传统文化,也更加热爱我们的国家。

一脉相通　两相为用

——台湾中学经典教育教学实践省思

张晓玉①

2017 年 12 月 22 日，海淀区中小学传统文化课题组在十一学校举办了"聚焦经典教学　传承文化精神——传统文化融入国民教育体系课程实践研讨会"。在本次研讨会上，台湾教师、十一学校教师与海淀区其他学校教师联袂奉上了 12 节经典研读课程。参会的台湾老师来自台湾的顶级名校，他们的课让人惊艳、敬佩、叹服，听后仿佛心灵深处的某根琴弦被无意间触碰到了，让人久久回味，久久沉思。本文试对台湾教师的教学特点做一分析，以资借鉴。

一　台湾老师的课好在哪里？

（一）博学多识：深厚的文化根底

如果说实际的教学成效是果实，那台湾教师的经典教学是有"根"的，那就是教师本身深厚的文化根底。他们的课既有才情又有理趣，旁征博引，左右逢源，在不经意间就能贯通古今，融汇中外，以自己深厚的文化根底支撑起了课堂教学的深度和厚度。

---

① 张晓玉，海淀区教育科学研究院。

1. 贯通中华传统经典

台湾老师的课灵动但不乏厚重，课堂信息量非常大，其中一个主要的原因是他们惯于以经解经，以史证经，在不同经典之中自由出入，往复穿梭，在相互的生发印证中贯通其内在精神。例如，在《诗经》观摩课中，陈丽明老师不仅将《蒹葭》与《关雎》《桃夭》等其他篇章相互映衬，还援引《说苑·奉使》中山君的故事来说明了解《诗经》中的隐喻对人们顺畅沟通的重要价值和意义。这种厚重并不是偶尔为之，而是贯穿于台湾教师日常教学中的常规样态。台湾的《国文》教材通常一个学期只有十几节课，但他们讲起来却并不轻松，因为每节课后都附有跟课程相关的国学常识，并且有很多延伸阅读篇目，比如在学习《醉翁亭记》时，还需要阅读欧阳修的《纵囚论》、苏轼的《超然台记》和余秋雨的《从都江堰到岳麓山》。正是这样的一种经典文本的贯通，使得台湾的国文教学与经典教学都灵动而又不失厚重。

2. 贯通现代与西方经典

台湾教师的博学不仅体现在对中华传统经典的精准把握上，还表现在对现代文化及西方经典的熟稔。经典虽好，但因年代的久远和语言的生涩与现代学生常常存在隔膜。如何才能拉近传统经典与现代学生的距离，使彼此互生好感，"相看两不厌"，也是需要认真思考的问题。而陈丽明老师的《石壕吏》的课程则给我们提供了一个很好的范例，她在正式切入杜甫叙事诗之前，为学生提供了西方叙事学中故事分析的 DNA 框架，并通过哆啦 A 梦、哈利波特等学生熟知的文本进行分析印证，为接下来对《石壕吏》叙事特点的分析做了很好的铺垫。

因此，台湾老师的博学可以说是贯通古今中外，雅俗兼容，不存门户之见，而且他们通常"年轻"而博学，因此更让人钦佩不已。当然，这样一种特质的形成有着深刻的历史及社会文化因素。这些台湾顶级中学的优秀教师大都是在国学方面有很深造诣的赴台的国学名家的弟子，他们能够亲炙大师教诲，并通过大学阶段经史子集系统的课程学习，打下坚实的国学根基。

（二）温婉谦和：天然的亲切感

台湾教师在未曾断层的传统文化浸润下养成了深厚的国学功底，这种功底外显为一种"腹有诗书气自华"的温婉谦和。加之台湾教师普遍有着南方人语调中特有的轻柔婉转,让人听之悦耳,观之可亲,很自然地就拉近了与学生的距离。这些都是台湾教师的潜在优势。本次观摩课牵涉异地、异校授课问题,学情把握成为影响教学效果的一个关键因素。但台湾老师在较短的时间内就实现了与学生的良好互动与沟通。比如,在《石壕吏》观摩课上,因学生换场导致教学时间不足,学生小组研讨时间相对缩短,陈丽明老师要求学生在2分钟内围绕一个故事要素讨论出简单的结果。这本来是一种无奈之举,但陈老师这样对学生说:"这个环节本来应该是10分钟,但越聪明的学生我给的时间越短。你们是我见过的最聪明的学生,所以我给的时间最短。"这样的话语让在场学生会心一笑,由时间紧迫所引发的不快顷刻间化于无形。

另外,这种亲和力的形成不仅有着地缘因素的影响,也是台湾教师在新的教育教学语境中的一种有意识的努力。随着传统师道尊严在当前教育关系中的淡化,台湾教师也在积极应对平等、民主的新型师生关系所带来的种种变化。但台湾老师在发挥亲和力的同时,对形式上的热闹始终有着理性的警觉,始终更关注学生在课堂上的实际"获得感"。

(三) 匠心独具: 巧妙的教学设计

渊博的学识与亲和的态度都只是教学的重要前提和基础。要将经典教学很好地落实到课堂,还需要在教学设计和实施上下功夫。台湾教师在经典教学上的突出成效,在很大程度上要归功于其教学设计的巧妙。这种巧妙的构思,让他们既精准落实了教学目标,同时也洋溢着盎然的生趣。

1. 结合学生个性进行设计,让经典款步走入学生内心

台湾老师在教学设计时,非常注重分析学情,针对学生不同个性设计恰当的导入方式。例如,同样讲孔子,面对偏乡、弱势的学生,就用孔子单亲家庭的背景、没落贵族的失落、知其不可而为之的坚毅等来唤起学生的共情,以减少学生对孔子的疏离感。而面对自我期许甚高的精英学生,则要有意避开孔子的落寞与落魄,通过引用美国麦克·哈特《影响人类历史进程的100多人排行榜》的相关材料及司马迁对孔子的赞美等来让学生对这位风尘仆仆、奔走道途的落魄教师产生由衷的敬意,

激发学生走进孔子、亲炙经典的兴致。

2. 结合学生切身体验，设计恰当情景和巧妙问题

学以致用、知行结合是当前很多老师在经典教学上的基本理念和自觉追求，但要找到恰当的连接点却并不容易，结合不好就会显得生硬。台湾教师在这方面可谓驾轻就熟。例如，在陈丽明老师讲完《诗经·秦风·蒹葭》之后，陈老师问道：如果你是主人公，有心仪的人但却追求不到，你会怎么做？这样一个问题看似无意地触碰到了青少年学生内心那份微妙的情感，让他们瞬间感到有些羞涩有些慌乱，并在人物角色的代入中体味大经典里的这种小情感。陈老师还进一步提醒学生不能只是被动暗恋，还要跟经典学习，"琴瑟友之""钟鼓乐之"，想办法去争取。又如，在讲《石壕吏》时，陈老师设计了这样一个问题，即《石壕吏》中的"吏"是谁的"吏"？这个问题看似简单，却非常巧妙地让学生思考故事发生的时代背景。

3. 注重经典与当代社会、时事相勾连

经典的教学要让学生在切己体察中提升个人修为，但同时也应从自身自然地走向家国、社会。台湾老师在教学设计中善于将经典与当前社会现实相联结，引导学生借古察今，审视当下。例如，在段心仪老师的《论语》课上，她将《论语》中体现出来的孔子的教学历程与当前全球最佳的 EMBA 课程进行对比，通过梳理孔子教学的特点，发现两者在建立国际观、指引实务程序、提供工作机会、考核工作绩效等方面存在诸多共性，进而归纳出"孔子的课程理念与教学历程，和当今世界上最有价值的课程相比，其周延性、务实性绝对不差，而道德性则有过之"。又如，陈丽明老师的《石壕吏》，在分析老妇为何主动请缨去前线做饭时，指出其中除了对家人的维护之外，也有家国的因素在里面，也有对打败叛军、过安宁生活的盼望。可见，台湾的教学也注重现实家国，只不过他们的方式要灵活得多。他们往往由自身而家国，是个体在特定语境中自然而然生发出来的，人心深处共有的朴素的情怀。

4. 注重游戏设计，让经典亲切地走向学生

台湾教师在游戏设计方面的才华经常让人叹为观止。时空跨越是他们常常采用的设计理路之一。比如，在讲授杜甫的《石壕吏》时，陈丽明老师让学生时空穿越回杜甫的时代，通过石壕吏、老翁、老妪、儿媳

等角色的代入，让学生切身体验人物的情感。易理玉老师设计的《情有独钟——万人从中一握手》的活动，让学生在孔子、颜渊、子路、子贡、宰我等十余人中，通过抢标的方式来选择自己最心仪或最想代言的对象进行系统介绍，还让学生将子贡和李嘉诚等古今人物进行对比，来加深对人物的理解。游千惠老师设计的《听！他们在说同样的话》，让学生寻找《孟子》等经典论述与金庸武侠小说的异曲同工之处。还有老师让学生在孔子、孟子、盖茨、克林顿等一串名人中选择愿意让谁成为自己的男朋友，并说明理由，虽然只是游戏，但此中自有真意在。

二　台湾经典教育教学的启示

（一）"养成"底蕴深厚的国学教师是高中经典教育的重中之重

开展传统文化教育，学校是主阵地，课堂是现场，但师资培养是关键。在十一会议的教师论坛中，台湾专家和教师都一再强调底蕴深厚的高中教师的"养成"对于经典教育教学的重要性。这种养成主要包括三个层面。

首先，让经典与教师本人的生命体验发生关联。此前，我们总强调要让经典与学生的体验相勾连，却常常忽略了教师作为教学主体的切身感受。只有先感动自己，才能感动别人。经典教学要有生命力，需要让教师真正意识到这一教学内容对自己生命的影响和触动，这是教师养成的起点，也是传统文化教育的起点。这一部分如果回避了，老师就容易成为只懂控制教学节奏的技术层面的教书匠。

教师养成的第二个层面是教师要"通其训诂"，具备准确阐发经典的能力，要能够回归本源，精确释义，在严谨的逻辑和细致的分析中阐释经典要义，让学生在准确把握内涵的基础下学以致用。只有把握经典文本的核心意旨，才能在回到具体教学情景时，对经典进行创造性阐释。如果对经典没有精确阐发能力，在联系生活实际上也容易差之毫厘、谬以千里。

教师养成的第三个方面就是要通过恰当的教学设计，引导学生"用"经典。经典教学无论是从经典到经典，还是从生活到经典，最后都必须落脚到生活的提升和生命的完善上，舍此则无其他良途。在这方面，我们同台湾老师还有差别，要尽量削减经典教学的功利心和企图心，重在培育学生的人文情怀和审美情趣，使他们首先成为一个"看到一丛野菊花就怦然心动的"完整的人。

（二）不纠结于概念，以融会贯通的态度开展经典教育

在传统文化课题研究过程中，我们倾向于对一些重要概念进行准确的界定和清晰的区分。比如总想弄清楚语文渗透课与经典研读课的联系与区别、经典核心概念的精确释义与生活化阐释的关系、儒家经典与其他学派经典的相互影响和作用以及高中学生是否应该研读道家经典等。这些问题都是当前在传统文化教育实践过程中日益突显出来的，也是目前学界争议较大的问题。但参与论坛的台湾专家和老师普遍认为，对这些问题不要过于执着，语文课与经典研读课不要刻意区分，在语文学科的核心素养中，也有文化的弘扬与传承；而在经典研读课中，也不能完全回避知识的传授。另外，儒释道也不一定要截然两分，关键是教师要具有融会贯通、渗透于日常教学的功底和意识。

《易传·系辞上》说"圣人有以见天下之动，而观其会通"。融会贯通是中华文化的根本精神，很多历史名人的精神底色都是儒释道共同起作用的，比如苏轼、欧阳修、诸葛亮等。这就要求教师不要过分执着于分界和区分，而是以会通的精神进行教育教学，让学生可以多层面接触更多经典。例如，在讲解《出师表》时，可以从儒释道等文化会通的角度来分析诸葛亮其人，指出他是"儒家的精神，道家的修行，法家的实践"。其教学内容虽然只有一具体的文本，但儒释道的思想都能有所涉及。

（三）去魅共情，发现经典之于生命的价值与意义

经典是传统文化教育的核心和根本，经典阅读可以"以一当十"。经典固然重要，但我们不能将经典供于神坛之上，必须以平常心来对待"经典"和"圣贤"，给他们"去魅"，让他们与我们的生命交互，与我们的体验相容。虽然当前我们的老师在教育教学上已经有了很大的改观，但他们的理念仍然有些落于窠臼，总是想把自以为正确的结论强加给学生，无法以轻松的心态和更加多元的视角来引导学生进行深入的思考和

讨论。经典不是外在于我们的高大上的东西，而是亲和的、融会于我们日常言行，能够提升生命品质的智慧和资源。只有以这样的态度进行教学，经典教学才能厚重而又不失灵动。

通过以上分析可知，台湾的经典教学积淀了很多可资借鉴的宝贵经验。其教学内容是传统的，但教学方法是现代的；教学内容是厚重的，但教学设计是灵动的、充满生趣的，适应了现代教育语境下的高中学生。面对日益现代化的教育环境和思维活跃的高中学生，经典教学的设计实施也需要做出相应的改变，而台湾老师在这方面已经积累了丰富而宝贵的经验，为我们提供了在现代、优质高中开展经典教育的典范案例。一脉相通，两相为用。我们要虚心学习借鉴，让我们的经典教育开展得更有成效，也更有力道。

身临孔庙悟儒家仁德，步入
太学访为学之路

——一次传统文化进校园的人文实践课程

陈　楠　宋文婷[①]

传统文化进校园的方式多样，琴棋书画的学习，诗词曲赋的诵读，传统节日的庆祝，专家讲座的引入等，可谓丰富多彩，不胜枚举。这些课程或活动基本都在校内"进行"或"进入"到学校。然而，唯物辩证法告诉我们，任何事物内部都是矛盾的统一体。反向思考，如果学校的老师们带着学生走"出"去，亲身到承载传统文化的古迹或彰显传统文化的现场去，会有怎样的体验和学习效果呢？我们不妨将"进"和"校园"广义化，带校园里的人走进传统文化的历史载体，身临现场，真实"触碰"，让传统文化更"进"他们的心，这是否也是一种传统文化"进"校园的方式呢？

一个暖阳融融的深秋的午后，初三年级一群师生穿过绿树成荫的街道，踏入北京成贤街，仿佛穿越了时空。庄严、静穆的建筑和氛围使他们顿时心生敬重，不由得屏住呼吸。

---

① 陈楠、宋文婷，北京市第一六六中学。

一　身临孔庙悟儒家仁德

（一）触摸历史，聆听圣贤故事

孔庙的正门门前右侧有下马碑，碑上分别用满、汉、蒙、回、托忒、藏六种文字刻写"官员人等至此下马"，以表达对圣人的尊敬。我们以此为正式的起点，开启了朝圣之旅。

进入孔庙的大门先师门，迎面看到的便是孔子白玉雕像。在孔子像下，老师向学生简述了孔子的一生：从出生的传奇逸闻，到幼年艰苦求学的故事，到成年游说列国无果的经历，再到老来安心修书育人的结局。孔子一生的起伏跌宕和为理想的不懈努力打动了同学们的心。接下来，孩子们对孔子像的姿态产生了好奇，老师请他们仔细观察并大胆猜测其中的意味：两手交叠于胸前，不露大拇指象征着谦恭，四指并拢代表着四海之内皆兄弟，天下大同。其面部表情正如其弟子对他的评价"温而厉，威而不猛，恭而安"。孔子庄严慈祥、谦和智慧的形象在同学们眼前，也在其想象中渐渐丰满了起来。

进入孔庙的第一进院落，御路两侧树立着198座高大的进士题名碑，记载着元明清51624名进士的姓名、籍贯以及他们的名次。在众多的进士当中有我们熟知的如张居正、于谦、严嵩、纪昀、刘墉、沈钧儒等。穿梭在斑驳树影下的碑林中，眼神掠过碑面模糊古老的字迹，不免让人发出"江山代有才人出，各领风骚数百年"的感慨。

来到坐落在高大砖石台基上的大成门，中间御路石上五龙戏珠的图样、朱红色的大门、一百〇八颗门钉的皇宫礼制标准，都让同学们直观地了解孔庙建筑规制之高。

行走在笔直的甬道上，脚下青砖铺地，道旁苍松翠柏，古树参天。在这里，大家不由想到"岁不寒，无以知松柏；事不难，无以知君子"这句，如今这里古柏林立，想必也寄托着孔子对松柏精神、对人生逆境的敬意。

甬道尽头是巍峨庄严的祭祀主殿——大成殿。老师让孩子们观察、思考它与其他古代建筑的不同之处，白玉台基、红墙黄瓦、重檐庑殿顶，都让同学们感觉似曾相识——原来这是堪与故宫太和殿比肩媲美的中国封建社会的最高等级建筑。殿前高悬"万世师表"的牌匾是康熙御笔，殿内的祭祀为"少牢"，少牢的"牺牲"为羊、豕各一，太牢为牛、羊、豕各一。"天子社稷皆太牢，诸侯社稷皆少牢"，祭祀孔子按照的是诸侯的规格，足见帝王们对孔子的尊敬。殿内主座设置有孔子画像及其神牌位。主位两侧分立有颜回、孔伋、曾参、孟轲四大弟子的配享牌位。此外于东西两边还置有十二位哲人的牌位，如仲田、朱熹等人。在这里，老师给学生讲述了孔子和门下几位弟子的故事，如孔子北游农山登顶远眺时询问子路、子贡、颜回三人志向的故事：子路踌躇满志的自信，子贡羽扇纶巾的洒脱，颜回德化众生的谦和，以及孔子愿背行李典籍，跟从颜回而行的最终点评，不仅让孩子们看到了三个性格迥异的弟子形象，更体会了孔子更倾向的人生志向和处世态度。同学们不禁回忆起了课本上所学的"饭疏食，饮水，曲肱而枕之，乐亦在其中矣。不义而富且贵，于我如浮云"和"贤哉，回也！一箪食，一瓢饮，在陋巷。人不堪其忧，回也不改其乐。贤哉，回也！"这两则《论语》里，孔子和颜回师徒二人安贫乐道、怡然自得于内心之道的惺惺相惜。

（二）欣赏礼乐，体会雅音仁心

走出大成殿，我们来到崇圣祠，等待一场穿越时空的仪式"大成礼乐"。

庄重悠扬的乐曲中，正殿的数道大门缓缓推开，手捧竹简、头戴冠巾的儒生们恭敬虔诚地诵读着《论语》"有朋自远方来，不亦乐乎""三人行，必有我师焉"等经典篇章；"关关雎鸠，在河之洲"我们熟悉的《关雎》，在浑厚深情的男中音诵读和青年男女的翩翩起舞中，让我们看到了两千年前的那场炙热纯洁的美好爱情。子曰："《诗》三百，一言以蔽之，曰'思无邪'。"思无不可对人言。心中所愿所想敢于示人，没有什么不好的；耳边又响起一阵庄严祥和的礼乐声，身着红衣、头插羽毛的儒生们表演了"八佾舞"。这是祭祀孔子的专有舞蹈。整个大成礼乐表演最终在天下大同、千秋宁和的祈愿声中结束了。

"大成礼乐表演"吸引着同学们目不转睛地观赏，钟鼓丝竹悠扬，吟诵浑厚庄重，乐舞典雅震撼，我们沉浸在一片高雅肃穆之中，有一种可意会不可言传的美妙之感。中国的礼乐传统可以追溯到上古，最初是

"乐舞"的形式，为祭祀而作，然而礼乐不是"乐舞"。真正礼乐的形成在夏商周三代，其中周代最为重要。孔子以"克己复礼"为己任，他所要复的礼即为周礼。礼是人处世的基本原则，乐是能通达人心的抒情乐音。"人而不仁，如礼何？人而不仁，如乐何？"——"礼乐"绝不只是外在的礼节和艺术，"仁"才是它们的基础和归宿。所以，子曰："兴于诗，立于礼，成于乐。"是以"乐"求"礼"，以"乐"载"道"（"仁"），以"道"（"仁"）育人。同学们聆听了老师的讲解，对"礼乐"表演有了更深刻的理解，也明白何为根本，还有更长的寻"仁"之路要走。

（三）诵读经典，领悟修身之本

在对"礼""乐""仁"有了初步感知的崇圣祠前，也进行了一场仪式——集体诵读《论语》部分篇章。这些篇章由同学们事先自发对《论语》进行摘录与梳理，他们确立"道德""孝道""学习""修养""处世"五个主题，共二十一则：

"道德"

1. 子曰："仁远乎哉？我欲仁，斯仁至矣。"（《述而》）

2. 子曰："己所不欲，勿施于人。在邦无怨，在家无怨。"（《颜渊》）

3. 樊迟问仁。子曰："爱人。"问知。子曰："知人。"樊迟未达。子曰："举直错诸枉，能使枉者直。"（《颜渊》）

4. 子曰："志士仁人，无求生以害仁，有杀身以成仁。"（《卫灵公》）

5. 子张问仁于孔子。孔子曰："能行五者于天下，为仁矣。"请问之。曰："恭、宽、信、敏、惠。恭则不侮，宽则得众，信则人任焉，敏则有功，惠则足以使人。"（《阳货》）

"孝道"

1. 子曰："父母之年，不可不知也。一则以喜，一则以惧。"

（《里仁》）

2. 子游问孝。子曰："今之孝者，是谓能养。至于犬马，皆能有养；不敬，何以别乎？"（《为政》）

3. 子曰："父母在，不远游。游必有方。"（《里仁》）

"学习"

1. 子曰："兴于诗，立于礼，成于乐。"（《泰伯》）

2. 子曰："不学诗，无以言；不学礼，无以立。"（《季氏》）

3. 子曰："默而识之，学而不厌，诲人不倦，何有于我哉？"（《述而》）

4. 孔子对曰："有颜回者好学，不迁怒，不贰过。不幸短命死矣！今也则亡，未闻好学者也。"（《雍也》）

"修养"

1. 子曰："君子成人之美，不成人之恶。小人反是。"（《颜渊》）

2. 子曰："过而不改，是谓过矣。"（《卫灵公》）

3. 子曰："君子和而不同，小人同而不和。"（《子路》）

4. 子张曰："何谓五美？"子曰："君子惠而不费，劳而不怨，欲而不贪，泰而不骄，威而不猛。"（《尧曰》）

5. 子贡问政。子曰："足食，足兵，民信之矣。"子贡曰："必不得已而去，于斯三者何先？"曰："去兵。"子贡曰："必不得已而去，于斯二者何先？"曰："去食。自古皆有死，民无信不立。"（《颜渊》）

"处世"

1. 司马牛忧曰："人皆有兄弟，我独亡。"子夏曰："商闻之矣：死生有命，富贵在天。君子敬而无失，与人恭而有礼。四海之内，皆兄弟也——君子何患乎无兄弟也？"（《颜渊》）

2. 子夏曰："仕而优则学，学而优则仕。"（《子张》）

3. 子曰："欲速，则不达。见小利，则大事不成。"（《子路》）

4. 子曰："不患人之不己知，患不知人也。"（《学而》）

学生确立"道德""孝道""学习""修养""处世"五个主题，也许归类不够科学，理解不够准确，但他们确实是在表达现阶段自己对于《论语》这二十一则内容的关注和理解。"仁"为根本，"孝"事父母，"学"而不厌，君子"修"己，"处世"通达。

从确认内在道德基础，到对待身边最亲近的人，到对待自己最基本的任务，到追求个人品行修养的完善，到学习外部处世原则——学生通过《论语》对孔子思想有了自己的理解脉络。而老师帮助他们进行了另一种梳理和延展：

> 古之欲明明德于天下者，先治其国；欲治其国者，先齐其家；欲齐其家者，先修其身；欲修其身者，先正其心；欲正其心者，先诚其意；欲诚其意者，先致其知；致知在格物。物格而后知至，知至而后意诚，意诚而后心正，心正而后身修，身修而后家齐，家齐而后国治，国治而后天下平。[1]

"格物""致知""诚意""正心""修身""齐家""治国""平天下"，由治学到修身，由内心到行动，由完善自己到承担家国责任。通过补充儒家经典《大学》中这一段落，学生们在儒家思想的观照下，也更明确了如何提升自己，如何一步步承担起生命中的责任。

二　步入太学访为学之路

（一）持敬太学，探寻晨钟暮鼓

孔庙与国子监之间的夹道内，189 座高大石碑组成的碑林安静地矗立在那里。石碑上篆刻着儒家十三部经典：《周易》《尚书》《诗经》《周礼》《仪礼》《礼记》《春秋左传》《春秋公羊传》《春秋谷梁传》《论语》

---

① 曾参、子思：《大学 中庸》，团结出版社 2017 年版，第 12 页。

《孝经》《孟子》《尔雅》。我们走过这片历史的碑林，辨认着承载经典的字迹，不知不觉通过持敬门踏入了元明清三朝的最高学府——国子监（太学）。

我们远远地被这里最大的建筑所震撼，只见一座圆形水池中央的四方高台上，一座方型重檐殿宇坐落其上，周围环绕长廊，其东西南北各有一桥，横跨池上。从上空俯视下去，这四周环水的殿堂好似一枚外圆内方的铜钱，颇有"天圆地方"的意味。学生很好奇为什么"大学"里会有这样一座宫殿。我们告诉学生，这是清代皇帝讲学的地方，皇帝亲自到太学讲学，充分显示了其对高等教育的重视。皇帝祭祀孔子之后，这里的钟楼撞钟，鼓楼擂鼓，殿前四个大香炉里烧着檀香，皇帝走入讲台，坐上宝座，讲授儒家经典的篇章，这盛典叫作"临雍"。为了让皇帝的声音传送到甬道旁跪着的王公大臣和太学生数千人耳朵里，辟雍门外设传声官，皇帝讲一句，传声官传一句。在这里，我们想象着那声势浩大、无比威严、充溢着皇权和经典双重肃穆感的历史场景。

（二）浏览史迹，品评科举兴败

那夹杂着对皇权和经典双重敬重之情的，想必多是层层选拔而出的在此苦读的太学生（监生）。要了解他们的经历和心路绕不开"科举考试"这个话题。我们进入"中国科举制度历史"展厅，一起了解了科举制度的历史及流变：秦朝以前，采用"世卿世禄"制度，后来又按军功封爵。汉朝时，由各级地方推荐德才兼备的人才（"举孝廉"）。魏晋时期，创立九品中正制，按出身、品德考核人才。但由于世族过于强大，掌控了人才的选拔，造成了"上品无寒门，下品无士族"的局面。

中国科举制度最早起源于隋代。隋统一全国后，把选拔官吏的权力收归中央，废除九品中正制，开始采用分科考试的方式选拔官员。

到了唐朝，科举制度不断完备，学子们主要考明经、进士两科。明经重帖经、墨义，进士重诗赋。进士及第称"登龙门"，第一名曰状元。中榜人同到慈恩寺大雁塔下题名以示荣耀，所以中进士又称"雁塔题名"。

宋朝是科举制度的改革时期。放宽了录取范围，增加了录取人数，正式确立了州试、省试和殿试的三级科举考试制度。皇帝亲自宣布登科进士名次，并赐宴"琼林宴"。

到了明代，科举迎来鼎盛时期。殿试由皇帝亲自主持。进士榜用黄纸书写，所以称金榜题名。明代乡试、会试头场考八股文，主题和格式严重束缚人们的思想。科举制发展到清代，日趋没落。到了清末，随着西学传播和洋务运动的发展，中国历史上延续了1300多年的科举制度被废除。

随着这场历史的浏览，学生们对科举制度也有了初步且辩证的认识：相对于世袭、举荐等选材制度，科举考试无疑是一种公平、公开、公正的方法，也的确为中国历朝发掘、培养了大量人才，更形成了"万般皆下品，唯有读书高"崇尚教育的社会观念；然而科举也有负面影响，如学子对于功名官位的追求；尤其是明代开始的僵化死板的考核内容和考试形式，束缚思想，阻碍社会的发展。

尤为可贵的是，学生们还结合自己学习的现实，表达了对科举的认同或反思：

> 十几年两耳不闻窗外事，书或许已经被翻烂了多本。也许也曾厌倦过，颓废过，但是完成文章时，内心的幸福和自豪是无法遮掩的。就像有资格来到国子监学习进修的学子们，在日落时看着夕阳照耀在金色琉璃瓦上时，心中不会是对人生的迷茫，或是失落，而必定是心怀天下，志气凌云的。

> 想象百年前，书生们咀嚼着陈旧经书中最后一点渣滓，帝王们以他们所信奉的思想治国时是如何的落后。是的，那是中华最后的黄昏。"尽信书，不如无书""学而不思则罔"，我们的学习也如此，学习的目的是获取知识，为更深的学习和将来的工作奠定基础，而不是像百年前那个病态的社会一样，注定在历史的长河中散去。

（三）回归课本，续读余音绕梁

在无限的唏嘘感慨中，我们的游学进入尾声，我们的脚步也踏入国子监出口"集贤门"附近著名的琉璃牌坊下，装饰的绿色琉璃瓦艳丽华美，其正反两面横额均为皇帝御题，是中国古代崇文重教的象征。在这个特殊的地方，在课程的尾声，我们回归了课本，延续了课文：

人教版教材里选录了明朝开国文臣之首、明初诗文三大家之一的宋濂给太学生马生的一篇赠文——《送东阳马生序》：

> 余幼时即嗜学。家贫，无从致书以观，每假借于藏书之家，手自笔录，计日以还。天大寒，砚冰坚，手指不可屈伸，弗之怠。录毕，走送之，不敢稍逾约。以是人多以书假余，余因得遍观群书。既加冠，益慕圣贤之道，又患无硕师、名人与游，尝趋百里外，从乡之先达执经叩问。先达德隆望尊，门人弟子填其室，未尝稍降辞色。余立侍左右，援疑质理，俯身倾耳以请；或遇其叱咄，色愈恭，礼愈至，不敢出一言以复；俟其欣悦，则又请焉。故余虽愚，卒获有所闻。
>
> 当余之从师也，负箧曳屣，行深山巨谷中，穷冬烈风，大雪深数尺，足肤皲裂而不知。至舍，四支僵劲不能动，媵人持汤沃灌，以衾拥覆，久而乃和。寓逆旅，主人日再食，无鲜肥滋味之享。同舍生皆被绮绣，戴朱缨宝饰之帽，腰白玉之环，左佩刀，右备容臭，烨然若神人；余则缊袍敝衣处其间，略无慕艳意。以中有足乐者，不知口体之奉不若人也。盖余之勤且艰若此。

宋濂这段文字具体地描述了自己年少求学时借书求师之难，饥寒奔走之苦，告知后生心中"有足乐者"（对知识的追求），不会觉得自己的"口体之奉"（物质条件）不如他人，从而勉励青年人珍惜良好的读书环境，专心治学。

而就在当年太学的琉璃牌坊下，老师将这篇文章未入选课文的后半部分讲解给了同学们：

> 今虽耄老，未有所成，犹幸预君子之列，而承天子之宠光，缀公卿之后，日侍坐备顾问，四海亦谬称其氏名，况才之过于余者乎？
>
> 今诸生学于太学，县官日有廪稍之供，父母岁有裘葛之遗，无冻馁之患矣；坐大厦之下而诵《诗》《书》，无奔走之劳矣；有司业、博士为之师，未有问而不告，求而不得者也；凡所宜有之书，皆集

于此,不必若余之手录,假诸人而后见也。其业有不精,德有不成者,非天质之卑,则心不若余之专耳,岂他人之过哉!

东阳马生君则,在太学已二年,流辈甚称其贤。余朝京师,生以乡人子谒余,撰长书以为贽,辞甚畅达,与之论辩,言和而色夷。自谓少时用心于学甚劳,是可谓善学者矣!其将归见其亲也,余故道为学之难以告之。谓余勉乡人以学者,余之志也;诋我夸际遇之盛而骄乡人者,岂知余者哉!①

现在学生的生活就像宋濂所说"今诸生学于太学,县官日有廪稍之供,父母岁有裘葛之遗,无冻馁之患矣;坐大厦之下而诵《诗》《书》,无奔走之劳矣;有司业、博士为之师,未有问而不告,求而不得者也;凡所宜有之书,皆集于此",开明的政治、安定的社会、良好的教育、优足的生活皆具,我们哪里还有不追求学习("业精")和提升修养("德成")的理由呢?孩子们遥想着文中艰难求学立身的故事,品味着先辈穿越时空的劝勉,也思考着现实中的自己……

在披笼夕晖薄纱的琉璃牌坊下,通过这样的补充和启发,带着这些追思和自问,这场历时三个多小时的孔庙、国子监之行画上了完满的句号。

结　语

这堂三个多小时的游学"课"由本校老师们备课,亲自实地讲解,课程底蕴深厚、信息量大,同学们兴趣盎然、收获颇丰。

同学们也充分发挥了自身的主观能动性,完成预习作业,现场积极思考,后续书写的观后感更是角度各异,有关儒家地位、孔子思想、古代礼乐、古典建筑、科举流变、现实反思等多个方面,余味无穷。

这堂课具有很明显的综合性,兼有文学、哲学、历史、政治、建筑、书法、音乐、舞蹈等多个学科的内容。

---

① 课程教材研究所中学语文课程教材研发中心:《语文八年级下册教师教学用书》,2007年版,第221页。

　　从个人生平到思想理念，从建筑风格到承载内涵，从逸闻趣事到正史案卷，从传统经书到课本映照，从追忆过往到当下思考……彰显了较强的层次性与渐进性。

　　这堂课旨在引领学生学习、理解继而发扬、传承中国传统文化，带学生走进了孔庙和国子监——两个承载中华儒家思想和文人精神的地方，悟儒家仁心修德，访书生为学之路。现场化、实物化的学习方式让孩子们充满好奇、印象深刻，实地亲近了历史，真切感受了文化，更充满着仪式感。

　　传统文化进校园的"进"字，当然有"引进"（"请进来"）的意思；也许，我们还可以做"进入"（"走出去"）的一些尝试：走进身边宝贵的中华文化遗产——寻访遗迹，游览建筑，亲近文物，身处传统文化的古迹或现场，身临其境地感受和学习。传统文化如果能这样直观、本真的"入"教师的课，"入"学生的心，不亦是它"进"校园的一种方式吗？

第 三 编

传统文化教育反思与创新

传承与担当：基于教师传统文化素养提升的认识和思考

赵红波①

一 "教师传统文化素养"的概念界定

教师传统文化素养是指教师的传统风范和文化品格，应包括四个方面：一是教师自身的文化认同感，即能够自觉回到文化源头寻求发展动力和智识支持，能以"持经达变""固本开新"的态度理解和传承传统文化；二是教师对传统礼仪、风俗、道德、制度的基本认知，以及对古典文学和艺术的审美情趣；三是教师对文化经典文本的研读能力以及教授传播传统文化的能力；四是教师在教育教学过程中的"教化"意识，即对学生作为一个"人"的精神人格教养的关注，而非简单的知识和技能的传授。

二 提升教师传统文化素养的必要性

从国务院办公厅印发的《关于实施中华优秀传统文化传承发展工程的意见》（2017）等文件精神来看，加强学校中华优秀传统文化教育，提升教师和学生的传统文化素养，引导师生增强民族文化自信和价值观自信，是提升教师传统文化素养的政策依据和必然要求。早在 2014 年教育

---

① 赵红波，北京中关村第一小学。

部就下发了《完善中华优秀传统文化教育指导纲要》，文件中指出：加强中华优秀传统文化教育，是深化中国特色社会主义教育和中国梦宣传教育的重要组成部分；是构建中华优秀传统文化传承体系，推动文化传承创新的重要途径；是培育和践行社会主义核心价值观，落实立德树人根本任务的重要基础。① 《纲要》中还详细规定了各学段的目标、内容等，然而这些目标都需要通过教师加以落实。

从学校课程改革的发展历程来看，课程改革的主线是对"如何培养一个人"以及"培养一个什么样的人"的问题解答，每一次的课程改革都是一场学习方式的变革，每一场学习方式的变革都关乎人性的回归。传统文化对人的存在价值及意义的解读是我们中国人独有的"精神气质"，为此，如何解码文化基因，培养一名具有"中国精神"的公民，教师承担着使命及责任，"正人先正己"，教师须先加强自身的传统文化素养。

三　教师传统文化素养提升的路径与方法——以语文教师为例

身为一名语文教师，应该如何提升自身的"传统文化素养"呢？

（一）认识与认同是前提——树立"文以载道"的观念：以融合的视角看待传统文化与语文教学的关系

当前语文教师在教授传统文化的过程中存在三种现象。现象一："乱花渐欲迷人眼。"当今，高度重视传统文化教育的背景下，无论是教育行政部门还是社会、家长都对语文教师提出更高的要求，一下子有太多的内容需要老师去实施与落实，在众多的传统文化资源中老师们无从选择，认为哪个都重要，哪个都要讲。现象二："一种相思，两处闲愁。"有的老师将语文教学和传统文化完全割裂开，认为在学科教学的基础上凭空多出了新的任务，把自己搞得手忙脚乱。现象三："一日看尽长安花。"还有少数老师只是把传统文化的教学蜻蜓点水似的完成，至于落实的效

---

① 《完善中华优秀传统文化教育指导纲要》（教社科〔2014〕3号）。

果如何就不得而知了。

语文教师既是祖国语言文字学习和训练的传授者,也是传统文化思想的传承者。传统文化在课堂的回归不是外在于语文课堂之外的一个"历史陈列品"或不同于日常语文教学的"附加品",更不是简单的"传统元素"的铺排。周敦颐《通书·文辞》有言:"文,所以载道也。"语文教学和传统文化不是割裂的两种东西,而是"文道统一"的关系。传统文化在课堂的回归是一种精神内核的"融合",是教师能依据教材中的传统经典文本,在进行"语文本位"的语言文字理解和运用基础上,还能进行"道"的解读。传统文化在课堂的回归是一种精神内核的"融合",是教师能依据教材中的传统经典文本,在进行"语文本位"的语言文字理解和运用基础上,还能进行"道"的解读。

案例1:北师大版六年级下册中的《矛与盾》

《矛与盾》是北师大版语文教材中六年级下册"冲突"单元中"寓言二则"中的第一篇寓言。依据教学参考中的建议和老师对于寓言教学的经验,我们可以把本课的目标定位于:了解课文大意,理解什么是矛盾冲突,体会说话做事要实事求是、互相谦让的道理。

当传统文化融入语文教学的内核,这节课呈现的则是如下目标与内容:理解寓言《矛与盾》的寓意,及寓言寓意深刻、形象生动的特点,体会讽刺批判的作用;联系寓言故事产生的历史背景,体会作者巧妙运用寓言来表达思想主张及主要观点;培养学生阅读寓言故事的审美思维和审美情感。

于是,在课堂上我带着学生从一则寓言开始,走进寓言,在理解寓言寓意的基础上,结合寓言的背景了解韩非子是如何巧用寓言来佐证自己的观点与思想。用互文的理论为学生补充阅读韩非子其他的寓言作品,进一步体会韩非子寓言的特点与作用。课的最后,老师罗列出春秋战国时期涌现出的大思想家及其代表作,让学生沉浸于优秀传统文化的滋养中。整节课,由一则寓言开始,到一类寓言,到一位思想家,再到一个思想家辈出的时代,一路引领学生亲近传统文化,走进传统文化,爱上传统文化。正是因为老师自身具有较强的传统文化,才能从文本中挖掘传统文化元素。

我们的教材中还编入很多有着浓郁传统文化元素的经典诗文与佳篇。

对于这类文本老师更应该尊重作者的情感，尊重编者的意图，选择切合的教学策略，最大化地把经典作品的价值显现出来。

案例2：北师大版三年级语文上册"过年"单元《元日》

《元日》是北宋诗人王安石的一首诗，新年元日热闹、欢乐和万象更新的动人景象，抒发了诗人执政变法、除旧布新、强国富民的抱负和乐观自信的情感。教师在教学中紧紧抓住放爆竹、饮屠苏酒、贴桃符的文化意向，引导学生想象画面，体会情感。不仅如此，在课堂上教师借用苏辙的"年年最后饮屠苏，不觉年来七十余"①的诗句把饮屠苏酒的先幼后长的习俗介绍给学生。为了让学生体会到不管历经多少朝代的更迭，人们对美好的期盼是亘古不变的，老师在学生充分理解《元日》的基础上补充了宋朝陆游的《除夜雪》和清代孔尚任的《甲午元旦》两首诗。在对三首诗的对比中，学生不仅习得了学习古诗的方法，更体会这传承千年的传统习俗所折射出的中华子孙对美好和幸福的不懈追求。

从以上两个教学案例中我们不难发现，当教师把学科教学与传统文化教育融为一体，传统文化资源能够充实和强化语文教师自身教学能力的提升，最终使传统文化和语文教学的"精神内核"实现融会贯通。

案例3：语文与传统文化课程设计

当教师以融合的视角看待传统文化与语文教学的关系后便会产生辐射作用。语文教师大多承担着班主任工作，如何将传统文化的基因渗透在教育教学中，我校的边颖老师就做出了大胆的尝试与创新。她从六年一体化课程设计的独特视角，将传统文化引入课堂教学和班级管理，通过明晰的课程目标、课程内容、课程实施以及课程评价，让学生有序、有目的、有兴趣、有收获地学习中华优秀传统文化，以提升自身的文化涵养以及道德素养。

---

①　苏辙：《苏辙集·栾城三集》卷3《七十三岁作》《除日二首》之一，中华书局1990年点校本，第1195页。

（二）有效形式、持续修炼是根本——涵泳研读：创办以教师为主体"相约经典"读书会

涵泳经典、研读经典能让教师们在直面经典中省察身心、反思生活，与圣贤对面亲聆、以心相印。

以经典研读为主的读书会形式，是一个可持续的、常态化的学习平台，其作用有三：第一，"以文会友，以友辅仁"①，读书会可以让教师在同伴的切磋交流中相向以善、相期以道，以同伴研修的学习合力带动自身的学习和发展；第二，读书会在一定程度上克服了单纯培训的支离印象和被动地接受，真正让老师们主动地走进经典原文，展开深度阅读，对经典有较为系统、完整、深入的认知；第三，读书会成员分组讲解的方式可以让老师们克服对经典的恐惧，敢于"开讲"，为教师们的课堂教学打下坚实的基础。

（三）课题引领是方向——基于问题导向的课题研究：保证传统文化实践的科学性

传统文化走进课堂仍存在学习资源的整合、学习方式、课程建设、教师发展、教学评价等种种限制及问题，这就需要教师充分发挥科研引领的优势，针对问题开展研究、形成策略，使传统文化教育在学校获得实质性推进。目前，学校正进行"基于儿童立场的小学优秀传统文化教育实践探索""中华优秀传统文化与现代语文课堂"两个课题的研究。

（四）学·研·教一体化是关键——研训一体：提升语文教师挖掘文本中传统文化元素的能力

传统文化与语文的深度融合，需要传统文化学习与语文教学教研不分离，否则就会是两张皮，教师缺乏提升传统文化素养的动力，与语文教学密切联系的话，教师会有一举多得的切实感受；教研与教学不分离，不能只要求教学，而对教研中传统文化的挖掘、渗透不提，那只能流于表面……因此，我们聘请专家，分文体深入学习、教研、教学的方式，

———————

① 《论语·颜渊》，杨伯峻《论语译注》本，中华书局1980年版，第132页。

既增加了教研的深度广度，也提高了教师的素养，提高了教学的品质，学生有所收获。

1. 依托教研，提升学科素养

近几年，学校依托市、区、校本三级教研，在语文核心组活动中聘请专家，从散文、小说、诗歌、神话等不同文体做解读与教学策略的研究，互文性阅读、建构主义下的阅读教学也作为教师研训的内容。以此来提升教师学科素养、文学素养，培养教师挖掘文本中传统文化元素的能力。

2. 虚心求学，开阔视野

秉承"走出去"和"请进来"的理念，我们选派教师前往"什刹海书院"参观学习；同时也鼓励教师到敬德书院学习相关课程，提高教师国学积累，提升教师传统文化底蕴。

3. 鼓励实践，修炼内功

我校四位青年教师参加了"中华优秀传统文化与现代语文课堂"课题组主办的教师基本功大赛，并取得了优异的成绩。张萍老师在"诵读经典传承文化"小学传统文化教育全国高端论坛中以"修己安人"为题呈现了一节精彩的经典诵读课。在传统文化教学的实践中，老师们也在不断地修炼与提升，实现着自身的价值。

四 传承与担当：任重道远

习近平总书记在十九大报告中谈道：没有高度的文化自信，没有文化的繁荣兴盛，就没有中华民族伟大复兴。① 学习经典、传承文化最终指向的是立德树人。教育是一种基于自我实现的生命关怀，小学传统文化教育不仅要培养独善其身的人，更要培养心系天下的公民。教育要基于自主发展的传统文化教育，旨在促进儿童自觉、自主承续传统文化的修习与担当，做一个根植中国的现代公民。

---

① 习近平：《决胜全面建成小康社会 夺取新时代中国特色社会主义伟大胜利——在中国共产党第十九次全国代表大会上的报告》，2017 年 10 月 18 日，中国政府网 http://www.gov.cn/zhuanti/2017－10/27/content_ 5234876. htm。

民族文化的传承、发展和创新,很大程度上依赖于语文。中国传统文化应在小学语文课堂教学的沃土上生根、发芽。在新的社会发展时期,弘扬民族传统文化精神和保护传统文化是我们教师的重要责任。站在时代讲台的语文教师,应该担当起历史的使命。充分发挥语文学科的特殊功能,通过祖国的山川之美、民俗之美、历史之美、文化之美和传统之美,让学生在祖国的灿烂的文化长河中游弋、翱翔,使中华文化传统得以光大。

传统文化教育亟待体系建设

郭晨光①

中华优秀传统文化是习近平总书记治国理念的核心精髓。所谓的中华优秀传统文化，即"以中华民族为创作主体，于清晚期以前，在中国这块土地上形成和发展起来的，具有鲜明特色和稳定结构的、世代传承并影响整个社会历史的宏大的古典文化体系"②，是中华民族有别于其他民族的独特标识，是"世代积累的相对稳固的物质与精神遗产的总和"。我们弘扬社会主义核心价值观必须依靠中华优秀传统文化。近几年，传统文化教育日益受到重视，出现了可喜的一面，如许多高校设立了专门的国学院，民间成立的国学馆、社团组织等如雨后春笋。但过程中也出现了一些问题。如课程体系尚不完善，不少地方开展的传统文化教育如疾风骤雨般倾泻而下，在教学内容上不加甄别，对经典只强调单纯记诵。学生无法找到教学内容与现实生活的交叉点，兴味索然，授课老师授课积极性不高，应付了事。一哄而上、缺乏科学设计的做法显然不利于传统文化教育健康发展。为了全面落实习总书记关于弘扬传承中华优秀传统文化的系列讲话精神，更好地贯彻落实教育部《完善中华优秀传统文化教育指导纲要》，构建中华优秀传统文化传承创新体系，探索新时代下传统文化教育新模式，是首要解决的任务。以下简要谈谈体系建设的几点内容。

---

① 郭晨光，北京师范大学中华文明传播中心。
② 赵洪恩：《中国传统文化通论》，人民出版社 2003 年版。

一 加强课程内容的建设

"中华优秀传统文化课程体系"并未建立，传统文化体验教育的内容涵盖传统文化体验教育，内容建设是关键。和其他科目的国家课程一样，对于优秀传统文化课程标准，对课程的性质、课程的基本理念和设计思路、课程目标、课程内容和实施建议等还没有形成有效指标。选择什么样的内容进入传统文化体验教育过程，直接影响着传统文化体验教育的质量与效果。中华文化源远流长、博大精深，选择哪些精华内容进入大中小学教育教学体系，显然需要细致筛选。应将中华传统文化放在时代发展的大背景下加以分析和整理，用时代的眼光、世界的眼光辩证地看待。在庞杂的传统文化中提炼出与社会主义核心价值观相契合的内容，是开展中华优秀传统文化教育的前提。这项具有巨大意义的工作，既需要熟悉精通传统文化的专家学者，还需要熟悉教育教学实践和规律的教育工作者的参与。积极推进中华优秀传统文化进课程、进课堂，可以先从校本课程入手，根据不同阶段学生的学习特点，研究开发传统文化体验教育课程、教材等。传统文化体验教育不仅要渗透到各个学科中，而且应该成为一门独立的学科、专设的公共课，且应逐步建立具有自身特色的课程标准和教学评价体系。以高校为例，传统文化教育的灌输基本集中于大学语文和思政课，远远不能满足大学生的需求。有必要给全校开设公选的传统文化教育课程"中华人文精神""中华礼仪文化与实践""儒家经典研读""中华诗词记诵与创作""古典艺术（琴、棋、书、画）""中医养生保健""传统文化与现代化"等。对于小学生而言，内容可以选取《三字经》《弟子规》《声律启蒙》《论语》《孟子》和古典诗词、曲、赋，适当将游戏、表演、竞赛等轻松、活泼的形式编入中华民俗文化、古典音乐艺术欣赏等专题内容。更重要的是，在教材编写上发挥人文学科"润物细无声"的作用，立足于学生德育的培养和人格的塑造，围绕儒家"立人"培育模式和"大学之道"（"大学之道，在明明德，在亲民，在止于至善"，是我国古代大学教育的方针与程式），以修身为中介，形成了个人伦理、社会伦理、国家伦理贯通一体的伦理道德体系。传统文化教育就是以德行为根本生发出来的优良文化，它的作用除了知识的教授，还要传统文化的学习和理解与德育形成良性的互动关系，注重修身和陶冶情操，树立"修齐治平"的家国情怀，增强自身的使命感和责任感，从而产生投身社会、重义轻利的价值观和不畏艰难的决心勇气。

二 注重传统文化教师队伍的建设

教师是推广传统文化的重要传承者。现阶段大中小学的传统文化教师一般由师范类学校的中文系学生担任，专业素质较强，但很少有人有历史、哲学、中医、艺术、对外汉语等学科背景。大多将优秀传统文化课程当作传统的语文课来训练，教授的内容仍以历史、文化知识灌输、罗列为主，教学内容千篇一律，传统文化课程只能流于形式。针对专业师资匮乏的现状，一方面提高原教师师资的传统文化教育水平，还应该尽快培训、培养一批具有良好思想文化素养和专业素养的中华优秀传统文化专门教育队伍；另一方面，还应打造灵活机动的开放式教师队伍。《纲要》还指出，要鼓励民间艺人、技艺大师、非物质文化遗产传承人参与教学、实践。这样既不怕因大中小学专设中华优秀传统文化专职教师岗位带来更多的人事负担，也不会给相关教师带来教学的压力，同时还能给社会上的优秀专家学者提供走进课堂的机会，让学生体验他们独特的人格魅力和技艺，提高学习兴趣。这对教师、学生以及专家学者来说，无疑都是共赢的举措。

三 打造传统文化的特色基地建设

传统文化除了进课堂、进教材，还要"进实践"。《中庸》言："博学之，审问之，慎思之，明辨之，笃行之。"学、问思、辨是统一的过程，而行贯穿在每个阶段。《论语》也说："学而时习之，不亦说乎？""习"即指行动、体验、实践的意思。叶圣陶先生曾说："语言文字的学习，出发点在'知'，而终极点在'行'；到能够'行'的地步，才算具有这种生活的能力。"学以致用是根本，目标是"知行合一"。实施传统文化教育实践，需要有专门的场所和空间。有条件的学校应打造传统文化特色基地、体验馆或者功能教室，地方政府也可建设相应的文化广场或公共设施（可以开发本地历史古迹、民俗、非物质文化遗产的保护与传承），配备标准的基础设施用以实施经典教育的主题及项目，融互动性、教育性和趣味性为一体。以北京师范大学中华文明传播中心为例，中心依托近百年历史的辅仁校区作为文化传承阵地，面向中小学、幼儿园教师群体，推出中华优秀传统文化传习坊系列，特邀国学经典、书法、中医、古琴、戏剧等领域的"名师大家"，通过一对一指导和手把手传习，带领大家走上中华优秀传统文化的"传习之路"！该系列传习坊于2017年7月、8月已成功举办了两期，并取得了良好的社会反响。

四 建立多元化的教育评价督导机制

现阶段我国应试教育、就业导向教育现象仍较严重，分数、升学和就业率依然是对不同教育阶段的学校进行评价的最重要指标，进而影响了对学生学习的评价。除了各级教育行政部门、教育机构等应重视国民教育质量的综合评价工作，摒弃唯升学、就业率是，还要建立和完善一套灵活、操作性强的传统文化体验教育研究与实践的评价机制，将传统文化体验教育教学研究和实践推进纳入整体评价范围。例如将传统文化保护、研究、弘扬、传承的情况纳入该单位年度工作考核体系之中，建立物质和精神奖励办法，激发文化工作者和文化经营者传承优秀传统文化的积极性与创新性。更重要的是，要将"德育"效果作为考评的重要参数，确立良性的评价和奖励机制，确保优秀传统文化的传承工作落实到方方面面，并非流于表面、形式。

总之，中华优秀传统文化是国家战略的重要内容，积极发掘、整理中华优秀传统文化并将其在现实生活中传承创新不仅是学校、教师的责任和使命，还需要千千万万个家庭、家长的主动参与。自古以来，家庭就是树立高尚的道德情操、传递家国观念的重要场所。魏晋南北朝时期众多家训、诫子书等教育子弟"友于兄弟""德艺周厚"等鼓励语来要求晚辈对亲友友善以及才德兼备，才能保证家族的繁荣和长盛不衰。现阶段通过组织开展学生和家长共同参与的传统文化体验、实践活动、志愿者服务和公益性活动，营造良好的校外学习氛围。让优秀传统文化真正走进家庭，让中华因子、民族文化之魂从基层生根发芽，必定能使优秀传统文化得到良好传承，发挥其在当代社会的重要价值。

以态度的改变促进传统文化
在校园的传播

向铁生　梁贵惟①

　　中国传统文化在校园传播过程中，学生对于传统文化的错误认识和消极态度是一大阻碍。因此，以社会心理学中的态度改变理论，从家长、教师、同学与校园环境四个层面来改变学生对于传统文化的固有态度，使学生在内心理解、喜爱上传统文化，从而进行自主的学习和践行。

　　态度及其改变理论在社会心理学中具有很高的应用价值。我们社会中的许多行为，如了解他人的立场，告诉他人我们的观点，说服他人改变原先的看法等，都与态度有关。② 面对中国传统文化在校园中的传播问题，其中的突破点在于学生对中国传统文化态度上的感知和认同。

一　态度改变理论的适用性

　　从传统文化传播过程中所出现的问题和传统文化的价值两方面来看，中国传统文化对中国学生的影响在西方文化和经济快速发展的网络化时代的冲击下日益减轻，中国传统文化的教育往往仅限于课堂、课本，流于表面，没有真正触及学生的内心。学生学习中国传统文化主要是源于应试考试的需求，缺乏自主性，缺乏真正的理解和正确的态度，没有认

　　① 　向铁生、梁贵惟，湖南大学文学院讲师；梁贵惟，湖南大学文学院硕士研究生。
　　② 　郑雪：《社会心理学》，暨南大学出版社 2004 年版，第 117 页。

识到传统文化的价值。

（一）传统文化传播的阻碍

首先应该明确的是中国传统文化在校园的传播所遭遇的阻碍，根据以往学者的研究以及现在学者的调查，自五四运动以来，中西文化之间的冲突从多方面导致了传统文化在中国所处地位的动摇，无论是传统文化中的精华还是糟粕都遭到严重的破坏和消解。五四运动过程中没有根植于中国传统文化而对西方文化的大力推崇，如"科学、民主、自由"口号的提倡，而且其目的也在于反中国传统儒家。科学主义攻击的是传统的意理，自由思想则破坏了传统的家族制度。前者促使生活规范的丧失，后者引发知识青年的离异。在现代化过程中，由于新旧之争，在观念上形成长时期的胶着状态，但社会的实际情况却在加速转变中，于是标准与现实之间的距离越拉越大，人的适应也越来越困难，遂产生另一种现象，年轻人对传统采取冷漠的态度，对现代则趋于功利，似乎成为价值圈以外的一群失落者。[①] 张国选 2016 年在郑州龙子湖高校园区调查显示，近一半的学生表示对传统文化缺乏热情。在调查中，学生 28.6% 的人认为中国传统文化代表封建的，具有迷信思想，中国传统文化的思想有一定的僵化，不实用。30% 的学生认为，传统文化不能直接用于工作，不主张发扬[②]。学生对于传统文化的认知依旧存在偏差。《中国教育在线》于 8 月 18 日发布了一条主题为"语文教材大换血"的微博，至 11 月 20 日其微博评论仅 299 条，点赞数最高的两条都是持否定态度。

从这则微博的转发量和评论量可以看出现代大众对于传统文化或者说是语文教育的不重视，经常占据微博头条或热搜的往往是娱乐八卦新闻。从评论内容来看，持反对态度的是大多数。又例如人造节日"双十一"，其社会知晓度、影响力、重视度远高于中国传统节日，可以看出传统文化在大众中并不流行，中西文化节日冲突还未完全解决，国内就已经出现了人造节日的冲击。换言之，大众对于传统文化的态度是冷漠的，缺乏热情。整体趋功利、趋世俗的态度影响了学生形成正确对待传统文

---

① 韦政通：《中国文化与现代生活》，中国人民大学出版社 2010 年版，第 21 页。
② 张国选：《传统文化融入高校思想政治教育路径研究》，河南工业大学出版社 2016 年版。

图1　《中国教育在线》微博内容

化的态度，也说明当今时代学生态度的改变对于传播传统文化的重要性。

（二）传统文化的价值

中国传统文化历经几千年的传承，连绵不断。无论历史长河的巨浪如何冲洗，无论朝代如何更迭，中国传统文化始终没有断绝。中国传统文化以其鲜明的民族特色屹立于世界文化之林。对于中国特色社会主义的发展，国家软实力的发展，中国传统文化都具有根基性的作用，只有根植于中国传统文化，才能焕发出强劲的生命力。对个人而言，传统文化有利于促进个人的健康成长，形成正确健全的人格。中国古代传统文化是人格化的文化，中华儿女的独特人格是文化的人格①。传统文化在培育个人的爱国主义情怀、崇高的社会责任感方面，在培育个人自强不息、彬彬有礼方面，在指导个人积极向善、丰盈精神方面等都有着极为重要的价值。近年来，各地兴起的国学热、海外汉学的不断发展等，都在彰

---

① 王炳照：《中国古代传统文化与人格养成教育》，《河北师范大学学报》1998 年第 1 期。

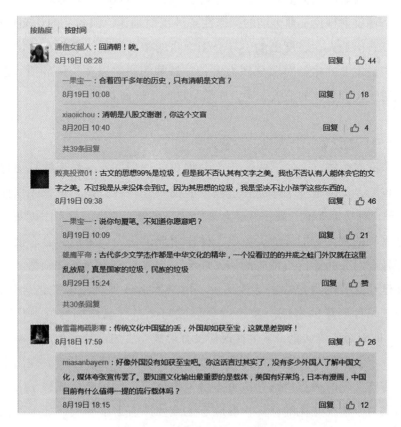

图2 《中国教育在线》微博评论

显中国传统文化的魅力。

在此现实情形下，借鉴社会心理学中的态度改变理论来改变学生对于传统文化的错误认识、消极态度，唤起学生对于传统文化的认同与热爱，促进校园内传统文化的传播，有着重要的实践价值。

二 态度改变四重奏

社会心理学认为态度的形成主要来源于社会学习，即我们从他人身上习得的态度，也就是说态度往往是通过与别人交往或者仅仅是通过观察别人的行为而获得的①。无论是从洛克的"白板说",还是巴甫洛夫的经典条件反射理论、斯金纳的操作性条件反射理论、凯尔曼的认知理论,都可以看出他人在态度上的引导对于学生的重要影响。学生在校园日常生活中最主要的接触对象分别为家长、教师、同学以及校园环境。改变学生对于传统文化的消极态度,亦需从这四个方面着手。

(一) 教之首,行之先——家长

家庭对个体态度的形成起着十分重要的作用,家庭是个体社会化的第一场所,父母则是个体成长过程中的第一任教师,是儿童首先认同的对象②。对学生来说,家长是最直接的学习对象。学生的很多态度都是在观察家长的言行中形成的。经典条件作用理论认为如果把社会态度作为对于社会对象的评价或情感的话,那么以态度对象作为条件刺激,将其与人已经具有的肯定或否定性评价、情感等无条件刺激多次结合强化,则对于条件刺激的态度对象也就会形成与无条件刺激同样的评价和情感③。即面对传统文化,学生在最初没有形成态度之前或者形成消极态度以后,家长如果对传统文化持有积极看法,学生会通过家长表现出来的对于传统文化的积极情感和认可态度做出反应,学生会在观察学习中加工自己对于传统文化的认知,形成态度或使原有态度转变,那么家长的积极态度在很大程度上会让学生形成对传统文化的积极态度。操作性条件反射理论认为父母对孩子态度的称赞或者否定会促使孩子形成或改变态度。也就是说面对传统文化,学生在家长面前展示自己的态度时,如果学生表现出积极的态度,家长对此表示赞赏、表扬,则会强化学生的原有态度。反之,家长对此表示否定,则会削弱学生对于传统文化的积极态度,甚至改变。对于本身持消极态度的学生,通过家长的态度和表达可以得以引导和改变。更值得注意的是,家长的行动与态度是否一致也是引导学生态度改变的重要环节。家长行为和态度不一致会导致学生

① R. A. 巴伦、D. 伯恩:《社会心理学》,黄敏儿等译,华东师范大学出版社 2001 年版,第 151 页。

② 郑雪:《社会心理学》,暨南大学出版社 2004 年版,第 146 页。

③ 同上书,第 143 页。

的认知不协调，费斯汀格的认知不协调理论认为：任何时间只要个人发现有两个认知彼此不能协调一致时，就会感觉到心理冲突，因心理冲突而引起的紧张不安，转而形成一种内在的动机，促使个人放弃或改变认知之一，而迁就另一认知，借以消除冲突，回复协调一致的心理状态。①家长在表达自己对于传统文化的认可态度时，如果做出的行为却是反传统文化的，贬低传统文化的，那么对于学生形成正确地对待传统文化的态度则是有害而无益的。

学校应重视家长对于学生的态度引导力量，可以举办家长会，加强对于家庭传统文化传播的调查以及对家长的传统文化观进行调查和引导，使家长形成正确的传统文化观念，使家长主动传播传统文化。让家长成为积极引导学生的重要因素。中国古代传统文化是以孔子创导的儒家学说为主体的文化，中国古代传统教育的核心就是教人学会做人，也可以说，中国古代传统教育实质上是一种人格养成教育，是一种塑造理想的完美人格的教育②。而这种教育就是对于我们传统文化的有效继承，是从诗书礼义到精神理想的全面承接。纵观历代大家大族，都重视家规的定制，家规内容是以"学"和"道德修养"两方面来要求子弟立身立命，家长对于传统文化中的精华部分的重视以及传播，是优秀传统文化对于现世的积极价值的体现。家长对于传统文化的重视势必会引起学生的重视，家长要明白传统文化对于个人成长发展的重要性，并在日常生活中以自己的行动向自己的孩子展示言行的一致性。央视曾播出的《给妈妈洗脚》的公益广告，以小孩对妈妈、给奶奶洗脚行动的模仿感动了一代人，一则短短的广告体现出了中国传统文化中的孝道、教育观，以及亲情之间的温暖。其广告语是："其实，父母是孩子最好的老师。"深刻体现出家长对学生态度改变的巨大积极作用。

（二）教之力，行之美——教师

作为学校教育的主体，教师的作用从古至今就得以明确。"师者，所以传道授业解惑也""人类灵魂的工程师""花园的辛勤园丁"，等等。

---

① 郑雪：《社会心理学》，暨南大学出版社2004年版，第150页。

② 王炳照：《中国古代传统文化与人格养成教育》，《河北师范大学学报》1998年第1期。

优秀的教师最容易成为学生的学习榜样，学生会对成为自己榜样的教师进行观察和模仿，并因此习得新的行为方式和新的思想，即态度形成与改变的重要途径。而要成为学生的榜样或者成为吸引学生的人，从态度改变理论来说，教师应该做到以下几点。

1. 可信的说服者

即强调教师自身的素质及能力。教师作为教学过程中的权威，有着天然的说服优势，即学生更倾向于相信教师的话。但是教师的权威并不是能持续存在的，当一位教师没有良好的教学能力和令人信服的知识涵养，是不足以令学生信服的。教师在宣扬传统文化时必须对传统文化有着深入的了解，在日常教学和生活中的行动要与传统文化的旨向相符合，并在教育过程中散发出传统文化的人格魅力，以上是一位说服者的可信度来源。高可信度和低可信度传播者带来的观点改变程度不同，高可信度信源能够提高传播结束时观点改变的程度，这种观点在霍夫兰与韦斯的研究中被证实，可信度高的信源总是比可信度低的信源更令人信服①。例如，同一个传统文化的理解，让专家和普通民众来说，专家获得的认同率总是高于普通民众的。教师要通过自己的行为与自己的身份、睿智达成一致，使自己成为可信的对象，而不是表里不一，说一套做一套。只有可信的说服者才能改变学生对于传统文化的已有的消极态度，转向积极的、喜爱的并愿意学习和践行的态度。

2. 潜移默化地说服

在改变态度的过程中不能经常性地强调传统文化，不然容易激起学生的对抗心理。对抗心理即对个人自由的威胁做出抗拒的反应②。特别是在如今如此强调自由的年代，学生在面对强力宣传和压力的时候，会产生被迫感。学生对于传统文化形成错误态度的原因之一就在于学生在成长过程中主动或被动地接收了各种不正确或片面正确的信息。正因如此，学生形成了对传统文化的刻板印象：一是将传统文化与传统文化中的糟

---

① 卡尔·霍夫兰、欧文·贾尼斯：《传播与劝服》，张建中等译，中国人民大学出版社2015年版，第21—25页。

② R. A. 巴伦、D. 伯恩：《社会心理学》，黄敏儿等译，华东师范大学出版社2001年版，第176页。

粗相对等，二是认为中国以往的贫穷落后都在于传统文化的束缚。所以在引导学生对于传统文化的正确态度的过程中，急功近利地采取灌输型、填鸭式的方法，不断强调传统文化的重要性，是错误的。教师的作用在于引导而不是直接的告知，不试图改变我们态度的信息，比刻意改变我们态度的信息更具说服力①。"教"字在《说文解字》中的解释是："上所施下所效也。"② 教师以自己的思想、行为表现出传统文化的美感，激发学生对传统文化的认同，不是仅仅让"传统文化"四个字留在学生脑中，而是使学生从自己内心深处感受到传统文化的魅力。例如向学生讲述"君子博学而日参省乎己"时，教师不应该仅限于书面知识讲解，而是可以每周向学生做一个报告，说明自己一周以来对于教学工作的不足和进步。用行动来展示传统文化在文本上的阐释，更能引起学生的共鸣以及认同。社会心理学说明重复接触对于提升好感度或正面评价的重要作用，对一个新刺激的重复接触通常会迅速提高对这种刺激的正面评价。布鲁克斯和李维斯提出：即使是婴儿也会对他们曾见过的人的照片发出微笑，而不会对他们第一次见的人的照片微笑。③ 要改变学生对于传统文化的消极态度，多次重复"传统文化"是正确的方向，但是说教式的重复是没有意义甚至会引起反感和反向改变的。要使传统文化更好地在校园传播，就不能仅流于概念，应该寓概念于行动、情感，使学生在教师的言行中发现、感叹传统文化的美："原来这就是传统文化啊！"

（三）学之乐，合之同——同学

学生在校园内最常接触到的就是同学，所以教师在发挥自身作用增强自身感染力和影响力的同时，要努力营造学生之间的良好人际关系，营造积极对待传统文化的氛围，通过学生影响学生。心理学家海德最早提出"一致论"，他认为，不平衡状态会形成紧张并产生一种力求恢复平

---

① R. A. 巴伦、D. 伯恩：《社会心理学》，黄敏儿等译，华东师范大学出版社 2001 年版，第 172 页。
② 许慎、段玉裁注：《说文解字注》，浙江古籍出版社 2006 年版，第 127 页。
③ R. A. 巴伦、D. 伯恩：《社会心理学》，黄敏儿等译，华东师范大学出版社 2001 年版，第 331 页。

衡的力量①。根据海德的 P － O － X 模式来看，当学生对于传统文化持有消极态度时，其好友却持有积极的态度，学生会根据好友的态度来调整自己原有的态度，以达到平衡。而二者如果持有相同的态度，则会强化此态度。重要的是，如何让学生之间的态度趋向积极？社会心理学认为，群体对成员的吸引力以及成员彼此之间的吸引力会使群体之间产生凝聚力②，班级对于传统文化的共同认识会增强学生对于传统文化的积极态度，影响群体凝聚力的要素主要有群体领袖和群体认同。

1. 群体领袖

群体领袖相当于学生集体中的可信的说服者，在改变学生的态度方面，其目的性更为隐秘。对于群体领袖的选择，有以下几点需要着重强调：第一，群体领袖是对传统文化具有积极态度的人；第二，群体领袖是积极、开朗的人。社会心理学指出：大量不同的实验已经不断地发现积极情感可以导致对他人的积极评价——喜欢③。换言之，越积极、乐观、活泼的人更容易吸引别人，更能引起学生的趋同情感。而且，开朗的善于交际的人更能与不同个性的学生相交流、沟通。第三，群体领袖通常在班级担任职位，增强其在学生中的权威。在班级中找出符合条件的学生来影响其余学生的态度，其态度接触的直接性更具引导力。个人直接接触对态度和观念的影响要比大众传播的影响要大而且深远。爱斯汀等人曾经询问大学毕业生，在教科书、教授和同好友之间哪种接触对他影响最深远。大部分人都认为同学好友的影响最大，教室以外的个人直接接触对一般大学生在大学生活中的态度、信念的改变具有强大的影响力④。而群体领袖又作为隐形且非功利的传播源，不会引起本身具有趋同倾向的学生的有意反抗。此种氛围一旦营造，则会在班级内形成群体认同。

2. 群体认同

在一个群体中，一个人越是重视成员身份，他的观点和态度越会遵

---

① 戴元光：《传播学研究理论与方法》，复旦大学出版社 2011 年版，第 68 页。

② 郑雪：《社会心理学》，暨南大学出版社 2004 年版，第 209 页。

③ R. A. 巴伦、D. 伯恩：《社会心理学》，黄敏儿等译，华东师范大学出版社 2001 年版，第 338 页。

④ 檀传宝：《态度改变理论和德育的审美选择》，《高等师范教育研究》1994 年第 6 期。

从群体内的共识，这也意味着，越重视成员身份的人，越容易受到来自其他成员传播的影响①。学生处在群体之中，日益接受周围同学对于传统文化的积极态度，则更倾向自己改变原有态度以符合群体的认同，达到自我身份的确立。学生个体的积极态度又会强化群体的整体态度趋向，形成整个班级对于传统文化的内在凝聚力，有利于传统文化在校园内的传播。

值得注意的是，在此过程中同样值得关切的是学生的学习态度，生活状况，以及同学之间的情感交流，要让学生在充满友爱与向上的环境中学习、理解、弘扬中国传统文化。

（四）境之美，思之谐——校园环境

学校对于传统文化的态度在校园的环境中可以得到展现。学生每日的学习都处于校园环境当中，不知不觉就会受到环境的感染。环境主要体现在自然景观和人文景观的布局上，以及学校举办的活动所制造的文化氛围。

1. 学校的自然与人文景观

学生对于传统文化的不理解导致了学生对传统文化的偏见，如果学校从景观布局中体现出传统文化的优秀面，用景观展示传统文化的美与精神，使环境发挥出其绵长持续的影响，则能帮助学生形成正确地对待传统文化的态度。态度说服理论指出：某些方面（如外表）有吸引力的说服者比吸引力低的说服者更能说服别人。② 以此类推，美的校园景观同样能引发学生的积极情感。在上文已经提到"重复接触"对于积极态度的形成的重要性，以及潜移默化的重要性，校园景观的设置同样也是增加传统文化的重复接触率，增加传统文化与学生的接触次数和频率。在校园景观的部署上要考虑到直观的审美性和隐藏的功利性的问题，要将传播传统文化这一功利目的寓于无目的的审美景观中。例如近几年蓬勃

---

① 卡尔·霍夫兰、欧文·贾尼斯：《传播与劝服》，张建中等译，中国人民大学出版社2015年版，第116页。

② R. A. 巴伦、D. 伯恩：《社会心理学》，黄敏儿等译，华东师范大学出版社2001年版，第172页。

发展的故宫淘宝，作为文化产业，其以故宫文化为依托，在微博上发布故宫美图，以精致的包装和唯美的造型吸引大批消费者。从中可以看出，当今社会对于美的认同，美的就是好的。在校园景观的布局上同样要遵循这种规律，并之以传统文化精髓，打造内外兼备的校园景观。《红楼梦》中的园林艺术是自然与人文的高度契合，校园景观的设置可以以此为鉴。大观园的色是自然的色，以四季植物不断变化的色彩为上，形成园林的色彩美。大观园的声是自然的声，水声、风声、雨声、鸟声、琴声、笑声形成园林丰富的自然音响美。大观园的香是农业的香，粮食、蔬菜、植物、水果的香气从泥土中生成，在园林中散发，形成园林的嗅觉美①。并之以假山，亭阁，楼院，又配之以极具文化气息的诗性语词如"杏帘在望""蘅芷清芬""凹晶凸碧"等，传统文化的美感呼之欲出。虽然校园景观不可能还原大观园中的景致，但给我们提供了一个可行的方向性范例。以美的校园景观激发学生对于传统文化的认同感和喜爱感，以美的重复接触改变学生的固有消极态度。

2. 文化活动的开展。校园传统文化活动的开展可以说是多方多面，各学校早已组织过多种传统文化活动，如诗词朗诵、传统歌舞表演、书法绘画大赛等。在特定情况下，角色扮演（或其他机制）激发的主动参与，能够提升说服传播的有效性②。亦即，使学生参与到文化活动中更能改变学生对传统文化的消极态度。但要明确的是，此类活动直接影响的是参与活动的同学，而其他未参与活动的学生的态度则难以确定是否得到有效的改变。这类活动的意图性过于明显，态度改变理论指出预先警告（即指个体获得的关于自己将要成为说服目标的信息）会增加对说服的抗拒③。不能否认此类活动对于传统文化的宣传作用以及强化作用，但其影响所存在的短暂性甚至是逆反性也不能忽视。活动设置的最佳方式是融入学生的日常学习生活，相对于显性的大型活动，隐形的日常活动更能引起学生态度的改变。

---

① 张世君：《〈红楼梦〉的园林艺趣与文化意识》，《红楼梦学刊》1995 年第 2 期。

② 卡尔·霍夫兰、欧文·贾尼斯：《传播与劝服》，张建中等译，中国人民大学出版社 2015 年版，第 228 页。

③ R. A. 巴伦、D. 伯恩：《社会心理学》，黄敏儿等译，华东师范大学出版社 2001 年版，第 177 页。

结　语

　　运用态度改变理论来促进传统文化在校园内学生间的传播，通过家长、教师、同学以及校园环境四方面的引导，使学生对于中国传统文化的态度在时间的推移中慢慢得到改变。希望能使中国传统文化更加深入地被学生群体所理解，在多元化的社会环境中让学生能明确传统文化的价值所在，在时代的发展中保持着中国人应有的精神风貌，使中国传统文化薪火相传。

对当前中小学国学教育的几点反思

吴静瑾[①]

目前中小学国学教育的定位偏重知识教育，但国学教育更重要的是要影响学生的生活，帮助他们树立正确的、有利于他们健康成长的价值观、人生观和世界观。中小学国学教育的定位，当从学生生活实际入手，引领他们去发现自我，形成自己的生活准则，快乐而主动地成长。国学教育的视角也有所转换，不仅要阅读经典，还应把民俗文化教育与之结合，把生活文化融入国学教育，使学生真正感受到国学在生活中的意义和力量，方能实现真正的效果。

当前，中小学文化课中有一个明显的趋势，就是文化的回归，从单纯的西学为主走向一种理性的方向，重新审视民族传统文化。越来越多的中小学将孔孟经典，句读训诂重新带进课堂，很多学校还成立了相关的学生社团，申报了相关的教研课题，这些行为大多被称为"国学教育"。但是在如火如荼的"国学教育"中，我们也能看到光鲜背后的隐忧。

一　中小学国学教育的定位

中小学国学教育的定位问题，应当是一个目前亟待探讨和解决的问题。

---

① 吴静瑾，北京第三十五中学。

从当前状态来看，中国内地中小学国学教育大多是带着学生读孔孟，读一些儒家经典或是诸子散文、唐诗宋词，很少有突破这些范围的内容，而教学的主要目标也集中在让学生读懂这些内容，并有些自己的感受。当然，对中小学生而言能读懂也不是一件容易的事情。可是，我们可曾想过，学过这些内容之后，学生有没有变化，有哪些变化。我曾经有过这样的经历，我在课堂上教孩子们读《弟子规》，孩子们背得滚瓜烂熟，讲得头头是道，但是放学路上，我看到我的学生在马路上随手就把废弃的冰激凌包装扔在地上，我走过去阻止并教育了他们，但当时我的心里充满了挫败感。《荀子·劝学篇》："君子之学也入乎耳，著乎心，布乎四体，形乎动静，端而言，蠕而动，一可以为法则。小人之学也，入乎耳，出乎口。口耳之间，则四寸耳，曷足以美七尺之躯哉？"难道我们辛辛苦苦的国学教学所达到的效果就是"小人之学"？

我认为，中小学国学教育要重知识，更要重思想。孔子说："古之学者为己，今之学者为人。"《正义》中解释说："为己，履而行之；为人，徒能言之。"对于中小学生，我们的国学教育没有必要期望他们在短短几年内变成开口论孔孟、闭口老庄的学者，重要的是通过国学教育能够影响他们的生活，帮助他们树立正确的，有利于他们健康成长的价值观、人生观和世界观。我欣赏香港新亚中学一个孩子说的："通过中国文化课程的学习，我学会了在生活中思考。"也许她并不能长篇大论地谈孔孟先贤，但是我敢说，她的学习是真正有效的，是能让她受惠一生的。

钱穆先生认为一部《论语》即是讲生命的快乐。李泽厚先生在《论语今读》中也指出："与西方'罪感文化'和日本的'耻感文化'相比较，以儒学为骨干的中国文化的精神是'乐感文化'。"[1]在我们的日常国学教学中，老师应该将这样的一种精髓渗透在教学中，用快乐去引导学生看世界看生活的目光，去影响孩子们的生活方式。用经典指引孩子们成长的方向，确立为人的准则，形成他们的道德评价体系。

那么如何将"生命的快乐"的理念融入教学呢？

首先要对这一理念有全面的认识。"生命的快乐"或者说"乐感文化"并不是一个肤浅庸俗的概念。这种快乐当贯穿于整个人生，并可以

---

① 李泽厚：《论语今读》，生活·读书·新知三联书店 2004 年版，第 25 页。

不断复制，可持续发展，它强调韧性精神，强调艰苦奋斗，强调在悲苦艰辛的过程中不断发现自我、认同自我，不断实现自我的价值，不断建立自我的尊严。以儒家文化为核心的中国文化精神有别于西方和印度的宗教式文化，其中许多哲理近乎常识，却仍然深沉，她是世俗的，但世俗中有高远，她是平凡的，但平凡中见伟大。

其次，要认识到这一理念的实现是有阶段的，并不能一蹴而就，我们要在学生成长的不同阶段引领他们走向更高远处。

这种阶段性在《论语》开篇就已经体现出来了。

"学而时习之，不亦说乎？"——"学习'为人'以及学习知识技能而实践之，当有益于人、于世、于己，于是中心悦之，一种有所收获的成长的快乐。"

"有朋自远方来，不亦乐乎？"——"这'乐'完全是世间性的，却又是很精神性的，是'我与你'的快乐……是人世间也就是所谓'主体间性'的关系情感，那是真正的有益情感的快乐。"

"人不知而不愠，不亦君子乎"——承接上句与人同乐的意思，但更深一层上是强调"虽群却不失个体之尊严、实在与价值。"

三层越转越深，即认同本体—本体乃群居而非个体独存—回归本体，虽群却不失个体意义。①

对中小学生而言，讲"本体"与"群体"，讲"实用理性"似乎太高深了，但是，我们必须告诉他们，要不断地去发现自我，要"看见我自己"。我认为这个自觉的过程当有四层含义，或者说是形成一个循环的四个阶段。

1. 看到自己对自己的意义，即"认同本体"的过程

所谓"看到自己对自己的意义"就是看到自己的成长，看到自己的进步，因而不断地肯定自己。钟敬文先生曾经教导弟子说："兴趣是最好的老师，但成就感是老师的老师。"这里的"成就感"就是自我肯定的成果。一个人成长的最终动力应当来自在正确评价自身基础上给出的对自我的不断肯定，而不是外界的表扬或鞭策。现在，很多学生的动力往往来自追求外界（或老师，或父母）的认同、赞许，而缺乏真正有效的内

①　李泽厚：《论语今读》，生活·读书·新知三联书店2004年版，第24—27页。

在的动力。这样的状况，并不利于他们的可持续发展。

　　2. 看到自己对于亲人的意义

　　先贤著作中常常提到人应该怎样对待父母、兄弟。《论语》中说"孝弟也者，其为仁之本与"，"仁"是儒学的根本范畴，而"仁"的根本是建立在与家庭成员的情感关系上的。"从'三年之丧'到孟子和王船山所说的'人禽之别'，首先强调的正是这样一种家庭中子女对于父母的感情的自觉培养，以此作为'人性'的本根、秩序的来源和社会的基础"①，此外，在《国语》《左传》等经典中皆有相关的记载和理论阐释。所以，在中国的文化传统中，"孝悌"是很重要的一环，当一个人能看到自己对于亲人的意义时，他的心志便扩大了，他的心中除了自己，还要容纳下更多的人，心中有人，自我的生命意义便有所提升了。一个人对自己亲人能"入则孝，出则悌"，推而及人，便能很好地处理自己的社会关系，进而促进社会的和谐发展。孟子的"老吾老以及人之老，幼吾幼以及人之幼"说的就是这个道理。

　　3. 看到自己对社会的意义

　　很多国学经典是教人如何为人的，是传道的。中国人讲"术必有道"，如果做人的准则错了，那么无论做什么事就都是错的。在这里，一个很重要的指标就是要看到自己对社会的意义。一个人要学会分辨自己在社会中的位置，从而担负起相应的社会责任，而这个过程是发自内心的，是对自我的社会意义认同和肯定。想想《论语》中提到的"君君、臣臣、父父、子子……""不在其位，不谋其政"……都讲的是社会角色和社会关系的处理，特别是孔子说："君子周而不比，小人比而不周。"对于社会责任和社会关系的处理成为君子和小人的分界标准。曾子说过："吾日三省吾身——为人谋而不忠乎？与朋友交而不信乎？传不习乎？"这三省条条都是和处理人的社会关系相关。看到自己对社会的意义后，便会油然而生社会责任感和使命感。"为天地立心，为生民立命，为往圣继绝学，为万世开太平！"中国知识分子代代传承的心怀家国天下传统，不也正是因为他们看到了自身的社会意义吗？看到这一点，自我的生命不仅对自己有意义，对亲人有意义，对于社会而言，更具神圣性，值得

---

　　① 李泽厚：《论语今读》，生活·读书·新知三联书店2004年版，第28页。

人们肃然起敬。

　　4. 看到不断完善的自我

　　自我是一个起点，也是最后的归宿。当人的内心发现自己存在的意义与价值时，便会不断产生完善自我的内在动力；由不断完善的个人组成的群体，必是不断完善的群体；由不断完善的群体组成的社会，也当是不断完善的社会。

　　如果我们能引领学生去不断发现自我的价值，那么他们的成长将是主动的，快乐的，他们也将真正走进国学的精神内核，为成为国学真正的传承者做好思想上、观念上的准备。中小学国学教学的定位，当从学生生活实际入手，引领他们去发现自我，形成自己的生活准则，而不是简单地诵读经典，或者只在课堂上滔滔不绝。

二　中小学国学教学的视角转换

　　目前中国内地中小学国学教学大多从经典入手，言必论孔孟，服必尊汉唐。但是，我们也实实在在地看到经典与孩子的距离。那么如何拉近这个距离呢？

　　经典不是空穴来风，更不是哪个天才的灵光一闪，而是源于先贤们对人类社会、日常生活的体悟，而反过来，当这些经典广为流传之时，必对民众生活产生深刻的影响。经典与民众日常生活当是有诸多互解的，他们的血脉是相通的。中国普通老百姓的生活文化和生活智慧里有很多与经典相通之处。

　　在社会组织民俗、居住民俗、待客民俗等很多领域，都传达着中国人对人际关系的理解，长幼有序，和睦乡里，老百姓在实实在在的生活中实践着孟子"老吾老以及人之老，幼吾幼以及人之幼"的理想。在民间常见的诞生礼、婚礼、葬礼等人生仪礼中，我们也能看到中国人对生命的理解和尊重，对人与自然关系的阐释，这些与圣贤们的经典何尝不是殊途同归的呢？对于我们和学生而言，经典并不是单纯拿来朝奉，拿来顶礼膜拜的，更重要的是拿来实践于生活的。

　　钟敬文先生认为中华民族的传统文化可以分为三条干流。"第一条是上层文化，从阶级上说，它主要是封建地主阶级所创造和享用的文化。

第二条是中层文化的干流，它主要是市民文化。第三条干流是下层文化，即由广大农民和其他劳动人民所创造和传承的文化……中华民族的三层优秀文化的荟萃，构成了我们民族传统的灿烂文化。"① 这也就是说"国学"的范畴不应当只局限于几部经典，而应当有更加广阔的天地。我们在传统文化教学过程中，在国学教育过程中，可以以生活文化、民俗文化、民间文艺作品等这些孩子们熟悉的领域为切入口，拉近学生与经典的关系，力求使学生在生活中阅读活的经典，同时也拓展学生的国学视野。当学生能在心中消除与经典的隔膜，用自己的生活去实践经典，用自己的生命去阅读经典、诠释经典之时，传统文化便完成了一次传递。

因此，中小学国学教育的视角可以更多元化一些，视野可以更广阔一些。中学国学教育的目的应当是引领思想、引发兴趣、普及知识，而不是培养专门的研究人才，所以，在中学的国学课堂里，在老师力所能及的情况下，我们可以让学生更为全面地了解国学的内涵和外延。

现在，中小学国学教育复兴之路才刚刚起步，在全球化的背景下，在西学多年来一统天下的历史面前，我们需要面临的困难和挑战还很大，但是我们依然对民族文化充满信心，对我们的孩子们充满信心。中国文化的血脉从不曾中断过，每个人身上都有"传统"的影子，每个人心里更有"传统"的种子，我们要做的就是尽我们的力量让这些种子萌芽、开花。作为教师，我们当把我们的生命融入课堂，引领学生去感受国学的温暖，更重要的是去感受自我生命的温暖。

---

① 　钟敬文：《中国民间文学讲演集》，北京师范大学出版社 1999 年版，第 10—11 页。

中小学语文教学如何有效渗透传统文化

张晓玉①

当前，中华优秀传统文化受到党和国家的高度重视，要求建立并完善中华优秀传统文化传承与教育体系。教育部《完善中华优秀传统文化教育指导纲要》（下称《纲要》）明确提出要在从小学到高中的各个学科渗透传统文化内容，"在中小学德育、语文、历史、艺术、体育等课程标准修订中，增加中华优秀传统文化内容比重"。教育部就《纲要》答记者问中也提到，在各个学段的教学要点和教学任务中，要做到"学科课程全覆盖，将教育内容体现到德育、语文、体育、艺术等主要课程中去"。这是国家和教育部在学科教学方面对中小学传统文化教育提出的具体要求。

与其他学科相比，语文学科作为母语教育的主要载体，与中华优秀传统文化有着更为紧密的关联，也因此成为传统文化教学渗透的关键学科。2014年10月，北京市教委出台《北京市中小学语文学科教学改进意见》，指出当前语文教学中存在着"优秀传统文化内容彰显不足、经典文学作品阅读量不够"等问题。而要解决这些问题，需要引导教师寻求传统文化与语文学科教学的结合点，在语文学科教学中有机融入传统文化的相关内容，切实提升语文教学的品位和质量。

---

① 张晓玉，海淀区教育科学研究院。

一　语文学科教学渗透传统文化的必要性

目前，从中小学的实践情况来看，传统文化课程主要有三种实施途径。一是通过校本选修的方式，开设国学选修课程，进入课表，保证课时。这种方式目前主要依托语文学科的老师来进行，可以更好地实现传统文化教育的持续性与有效性。二是通过多学科渗透的方式，在语文、历史、思想品德、综合实践等相关人文学科中渗透。自古文史哲不分家，很多著名的文章，如贾谊的《过秦论》、诸葛亮的《出师表》、范仲淹的《岳阳楼记》等，都既是文学名篇，又是史学杰作，同时还有深刻的政治含义。这些学科较容易找到传统文化与本学科的结合点，通过恰当的设计将之融入教学之中。另外，在数学、化学、生物等学科中也可以渗透传统文化，如数学教学渗透《九章算术》的知识，生物教学渗透中医学知识等，对此，一些学校已经做了初步的探索和尝试。三是结合社团和传统技艺课程开展教育实践，坚持在书法、国画、京剧、武术、剪纸、曲艺、木雕、篆刻等课程中渗透，并通过综合实践活动学以致用，服务于社区民众。

以上三种途径各有侧重和优势。第一种途径最有效，可以直接解决语文教材中传统文化内容不足的问题。但就目前而言，并非每个学校都有足够的课时和师资来保证其实施，现阶段还无法硬性要求学校全部开设此类课程，需要逐步推开和落实。第三种途径主要是各种传统文化教育的活动或技能培养，突出实践操作性，与语文学科的关联度不大。而第二种学科渗透的途径则对课时没有特别要求。语文课又是每个学校必开的课程，在内容的安排上有调整的余地和可能。因此，就目前来看，这种方式最容易实施，也最具有现实可能性和实践操作性。但目前，大家对语文教学渗透传统文化的认识还比较浅近，在具体实施中有失随机和无序，需要对之进行深入思考和分析，进一步完善和创新渗透的方式和途径。

二 语文学科渗透传统文化的原则

（一）以"优秀"为导向的批判性

在教育部印发的《纲要》中，有一个词特别值得关注，就是"优秀"。尽管学术界对是否有必要在"传统文化"前面加上这一限定词尚有争议，但这仍然是当前中小学传统文化教育的基本导向。传统文化根源于农业文明的古代社会，有很深刻的宗法宗族观念，其中所蕴含的等级和伦理观念与现代文明也有着深刻的冲突。对此，我们不必闻之而色变，也无须删之而后快，但也需要针对传统文化的这些暗疾以批判的态度进行甄别，教会学生辩证分析，反思评价。

（二）与教材内容的有机关联性

传统文化内容繁多，在渗透教学时要注意选择与所讲授内容有内在关联、能相互佐证或在相互辩驳中加深理解的内容。例如，在讲到屈原的《离骚》时，我们可以适当融入端午节吃粽子、划龙舟等习俗，但不必将各地风俗都拿来详细比对。如果在具体形式上多做纠缠，就会严重跑题，不知所终。为此，语文学科渗透传统文化要尽量围绕明确的主题，不要太宏阔。另外，在相关问题的设计上，也要尽量具体，不宜过于笼统。例如，有的老师让学生听完《卧龙吟》之后，就问学生"通过这首乐曲，你对传统文化有何了解"，等等。这样的问题有失宏阔，会让学生有些不知如何下手，也无法达成预期的教学效果。

（三）渗透内容与方式的适切性

适切性主要包括两个方面。一是渗透内容的适切性。虽然有些学校尝试在小学阶段渗透关于《道德经》《庄子》的相关内容，台湾的王财贵教授也建议在 13 岁前读《道德经》，但笔者认为在这些内容的选择上还是要慎重。一般情况下，可以用儒家思想立其根本，根本确立后用《道德经》的智慧和谋略来使之更圆融通达。另外，《论语》《孟子》也尽量在小学高年级段渗透会比较好。二是渗透方式的适切性。小学阶段注重培养兴趣，尽量采用读绘本、讲故事等生动活泼的教学形式，在盎然的兴趣中逐步引导学生掌握语言规律。而初中开始关注语言的具体应用及效果，围绕与目前教材中的古诗文相关联的作家、作品延伸拓展，将学生对传统文化的认知视野进一步打开。高中则要特别突出传统文化内容的思辨性，古代哲学、政治、历史等内容都可以融入进来，让学生了解思想，品评人物。

（四）在文学性的基础上凸显文化性

学校教育的一个重要职能是传承文化，要以文化人，以文育人。而语文是最重要的文化载体，承载着文化传播与传承的功能。当前的语文教学通常是引导学生分析欣赏字句修辞之美，以文学的思路来进行。但从更深层的意义上看，语文教学同时也应该是一种文化浸润，需要在关注文学性的同时关注其文化性。例如，在讲授欧阳修的《醉翁亭记》等篇章时，可以融入《朋党论》等文章的学习，结合文学作品去探析作者的政治观与哲学观，分析这样的一种观点如何影响到其人生选择及处世风格。这样一种文化的分析可以超越对文本的孤立的认知，深入了解欧阳修的思想及其成因，能更全面和深入地理解其人在文学及文化史上的意义和价值。

三　在语文教学中渗透传统文化的策略和方法

在语文学科中应该如何渗透传统文化的相关内容，让语文与传统文化教育相得益彰呢？笔者认为，可以采取如下几种方式。

（一）传统教学环节的嵌入

这种方式是将传统文化的学习作为课堂教学的一个独立的环节来呈现，每节课都抽出大约5—10分钟的时间来学习相关内容，之后再按照日常教学进度开展教学。比如，可以以每日故事的方式融入。传统经典中有很多寓意深刻的小故事，可以让孩子们从《弟子规》《三字经》等蒙学读物或其他传统文化读物中寻找自己感兴趣的故事，每节课（当然也可以安排在课前）抽出5分钟的时间让学生讲给同学听。《语文学科改进意见》要求让学生学习楹联，而古代很多的楹联本身就蕴含着故事。如状元解缙小时候与曹尚书的对联故事,从"门对千竿竹,家藏万卷书"到"门对千竿竹短,家藏万卷书长"再到"门对千竿竹短无,家藏万卷书长有"。通过这样的方式让小学生了解楹联知识,会让他们感觉趣味横生,乐此不疲。当然这种嵌入的方式主要适用于小学阶段,而且相对而言比较质朴,还不能算是真正意义上的融入,但这在当前课时较为紧张、传统文化教学时间无法保证的情况下是一种不错的尝试,如果能够长期坚持也会让学生受益良多。

(二) 吟诵等传统教学法的引入

语文学科渗透传统文化,不能一味照搬古代,但也不能完全按照现代语文教学的方法来进行。吟诵是古诗文特有的读书法,也是古代私塾教育基本的教学法。吟诵是对诗文的一种反复玩味、品鉴和理解,在一定程度上复活了诗文的声音,以一种自然浸润的方式让学生感受体味,进而理解其中所寄寓情感的细微曲折,在深刻的情感共鸣中体悟先贤智慧和精神内涵,并涵养提升自身的品格修养。这样的教学口传心授、圆润通达,在不经意间将古诗文的意蕴送达学生的心灵,具有直观而切实的教育价值与意义。如果在古代诗文教学中吸收借鉴吟诵的教学方法,在一定程度上是用传统文化的教学方法来承载传统文化的教学内容,是内容与形式的有机统一,是学科渗透传统文化的一种更自然、更有机的方式。

当然,吟诵教学不同于一般的阅读教学,它是一种以声音为主要手段、以诉诸感性为主要目标的教学方法,其目的是让学生通过声音深入理解并切身感受诗文含义,是一个教师点拨、学生自学的反复反馈过程。教师只有了解这些特点,才能很好地开展教学。另外,开展吟诵教学也需要遵循一定的原则,如最好是采用现代汉语语音来进行的普通话吟诵;要与时俱进,根据学生的需求对传统吟诵做适当革新;同时也要认识到,吟诵教学只是传统文化教育的一种方式,要根据教学内容进行选择性运用。

(三) 传统知识内容的融入

这是语文学科教学渗透传统文化的基本方式。具体策略如下:

1. 在诗词文赋教学中融入传统文化专题探究

这是当前中小学教师针对现有教材中传统文化内容不足所最常采用的一种方式。通常是围绕教材中所学古诗文的内容及作家进行专题式的拓展和探究。如可以围绕杜甫《登高》这一诗文的学习，开展以"写秋"为专题的阅读和探究，将古今这一主题的名篇收集在一起，比较领悟不同作家在描述同一主题时的不同风格。也可以开展以作家为专题的探究，将杜甫的作品收集在一起，比较其不同时期文风的变化等。另外，很多教师也常引导学生以某部典籍为专题进行拓展，如"《论语》专题""《诗经》专题""《史记》专题""《三国演义》专题"等。这种方式主要适合初中和高中学生。对这些专题的学习可以在阅读之后让学生展开辩论，并通过微写作记录发表自己的看法等。

2. 在现代文教学中融入传统文化的内容

传统与现代之间并不像我们惯常所认为的有着截然的界限，一切传统都曾经是现代，任何的现代都有着历史的回响。因此，可以在小说、戏剧、散文等现代内容的讲解中融入传统文化的相关内容。台湾中山女中游千惠老师在教学设计中让今人与古人对话，让古典与现代相互阐发，相互印证。例如，她引导学生将金庸《天龙八部》中"卷轴上既绘明步法，又详注《易经》六十四卦的方位，他熟习《易经》，学起来自不为难……"等文字与孟子的"君子深造之以道，欲其自得之也。自得之，则居之安；居之安，则资之深；资之深，则取之左右逢其源。故君子欲其自得之也"的话相对照，理解学习要左右逢源，须将所学融会贯通才会真正体会到学习的乐趣所在。又如，她在讲沈从文的小说《丈夫》时，将其与"廉者不受嗟来之食"联系起来。这一现代题材的小说与孟子的表述形成了一种互文性，让学生深深体会到，在面临尊严的问题时，生计不再是首要的关注。这种现代内容与经典精神的贯通，拉近了学生与经典的距离，使经典与学生生命和人生际遇发生了重要关联。

3. 在西方名篇的教学中融入中国传统文化的内容

东西方文化有着不同的逻辑起点和发展轨迹，呈现出比较鲜明的差异，但在一些重要的方面也有着诸多的一致性。而且随着现代西方各种社会问题的不断凸显，东方文化对现代文明的价值和作用也将会不断得到凸显。但现在的学生对西方文化充满了敬仰，对自己的文化却知之甚少，中文表达能力差，在各种跨文化的交流中缺少本民族的文化底蕴和底气，这是很令人担忧的事实。而要改变这种现状，可以从当前的语文教育教学入手，在教学过程中，有意识地结合东方文化与西方文化，在彼此的对照和分析中更好地辨识和分析各自的特点。例如，在讲授莎士比亚的《哈姆雷特》时，可适当引入关汉卿的《窦娥冤》或汤显祖的《牡丹亭》等作品，在形式的差异中引导学生探究中外剧作家思想深处所共有的对人情的洞察和对人性的悲悯。同时也可以让学生认识到中国文化的特点和优长，增强对中国传统文化的亲切感与认同感，更好地建构起作为中国人的精神气质和优良品格。

以上对中小学语文教学渗透传统文化的必要性、渗透原则和渗透策略进行了初步的探讨和分析，希望能够为中小学语文教师提供一些可资借鉴的思路和方法，让传统文化教育教学实践能够开展得更深入、更有实效。

旧传风调与时违

——关于传统吟诵进校园的几点思考

陆有富①

吟诵是汉语诗文的传统诵读方式，有着悠久的历史和重要的文化价值。就目前来看，在吟诵进校园普及的过程中，我们应该传授正确的吟诵方法并把握传统吟诵进校园的目的，认识了解传统吟诵的作用并培养热爱传统吟诵的教师，通过多样的方式使传统吟诵普及开来，让传统吟诵在校园发挥其应有的积极的作用，重振中国古典诗文的吟诵传统。

吟诵是古代读书人在读书或创作中一种自然而然的诵读方式，从先秦至清末，终未断绝。鸦片战争以后，西学渐入，改革风行，对中国固有之传统冲击甚大，传统吟诵也不免走上式微之路。虽清末士人意欲起而振之，或结社联吟，或撰文呼吁，或躬身示范，大力强调传统吟诵在创作、教化等各方面的作用，但终将难挽颓势。进入民国，由于"白话文运动"的影响，政府在学校教学、教材上进行了一系列的改革，在这样的环境下，传统吟诵及吟诵教学面临着巨大的挑战。

时至今日，在文化界的大力倡导之下，各地吟诵团体的建立，吟诵活动的举办，吟诵录音的发行，课堂对吟诵的引入等都昭示着吟诵骎骎日进而大有复兴之势。在这样的情势之下，需要我们正确认识传统吟诵的意义和掌握正确的吟诵方法，使传统吟诵在校园发挥其应有的作用。

---

① 陆有富，内蒙古师范大学。

一

　　进入民国后的十多年来，由于政治、文化等原因，本来应该作为一种自然而然的读书方式的吟诵一度转衰，每况愈下。对此，钱基博先生在《黄仲苏先生朗诵法序》中曾感慨道："近世文章道尽，士不悦学。其粗通古学者，往往专治古人名物制度、训诂书数，曼衍杂说，沾沾自喜；而于词章语言之妙，罕知吟会。其尤甚者，敢为诡诞，自轻家丘，曰：'彼都人士，治文学者不如是也。'"① 朱自清先生在《论朗读》一文中也说道："五四以来，中等以上的国文教学都不兴这一套。"② 又说："五四以来，人们喜欢用'摇头摆尾'去形容那些迷恋古文的人，摇头摆尾正是吟文的丑态，虽然吟文并不需摇头摆尾。从此青年国文教师都不敢在教室里吟诵古文，怕人笑话，怕人笑话他落伍。"③ 不难看出，在当时否定传统文化的大环境下，私塾的废止、新学堂的改革、白话文教材的推行确实给传统吟诵造成了很大的冲击，传统吟诵渐行渐远。

　　关于传统吟诵歌咏的前世今生，已有大量论文述及，兹不赘言。关于吟诵的方法，大体而言，是介于诵读和吟唱之间的口头表现方式，读者可以根据个人对作品的理解，遵循作品的平仄韵律，将作品中所传达的多维复杂的情感通过声音的抑扬顿挫、轻重缓急等表现出来。它与吟唱有别，吟唱是加了许多音乐的元素，具有固定的乐谱格式，其中之高低起伏、轻重缓急也是一成不变的。而传统吟诵可根据吟诵者对作品之理解而变化，换言之，同一首诗，同一吟诵者在不同时间、不同地点吟诵所表现之腔调可能不同。不同的吟诵者由于其阅读背景、年龄长幼、音色高低等因素对同一篇作品的吟诵也不可能相同。可以说吟诵是一种创造性的读书方法，不同时地、不同读者的玩味涵泳正是对于诗歌多方位的创造性的解读，我们只有在这样的曼声长吟中才能体会诗歌作品中传达出的复杂多维的情感。

----

① 钱基博：《黄仲苏先生朗诵法序》，《光华大学半月刊》1935 年第 3 期。
② 朱自清：《朱自清古典文学论文集》，上海古籍出版社 2009 年版，第 147 页。
③ 同上。

我们以诗歌为例,李商隐《锦瑟》这首诗,爱诗者无不喜吟乐道,然而它却是一首难解的诗作。宋元以来,诸家对其题旨揣测纷纷,莫衷一是。如果将之施与乐谱,那只能够表现一种固定的情感,而传统吟诵则全然不同,他可以根据读者的不同理解而有不同的声调,这种"以声传情"确是传统吟诵的本质所在,它是吟诵者被诗歌作品中的情感韵律所感染后通过声音的一种自我情感的表达。可见,吟诵与吟唱(歌唱)确有不同。目前的吟诵实践多是配乐朗诵、配曲吟唱,虽能吸引大多听众,但与传统吟诵全然不同。这就要求我们在教学中正确传达吟诵之方式方法,培养学生的吟诵能力,让学生透过声音对诗篇做出诠释,而不是制定一种固定的乐谱让大家去遵循。吟唱则可以诱导学习者养成吟诵的爱好和习惯。

二

中国的传统吟诵并不是一种炫技的表演,而是对经典诗文涵泳玩味中的自赏自得。这种自赏自得不仅是对于诗文创作有一定的启发指导,而更高层次的是学习者通过不断地吟咏玩味,真正地体会到古人所留下来的这些凝固的文字所传达出的感发力量,进而以窥作者在千百年之上贯注于字里行间的生命跃动。

古人诗文的创作和修改都是伴随着吟咏而来的,如"吟诗作赋北窗里,万言不直一杯水"(李白《答王十二寒夜独酌有怀》)、"陶冶性灵在底物,新诗改罢自长吟"(杜甫《解闷十二首·其七》)就是这样的情况。清人曾国藩也曾有一段极为深刻的话,他说:"凡作诗最宜讲究声调,须熟读古人佳篇,先之以高声朗诵,以昌其气;继之以密咏恬吟,以玩其味。二者并进,使古人之声调拂拂然若与我喉舌相习,则下笔时必有句调奔赴腕下,诗成自读之,亦自觉琅琅可诵,引出一种兴会来。"其中之"琅琅可诵""引出一种兴会"就是吟诵所产生的潜移默化的影响。古文的写作也是同样的道理。在吟诵中体会古人下笔用字之音响节奏与情感表达的关联,体会语言音节韵律的美妙,其创作必定情韵俱兼。叶嘉莹先生曾说:"如果在学诗和作诗时经常伴随着声音的吟诵,则写出来的诗就有一种声情结合的情韵生动之美。而如果不伴随吟诵,只凭思想智力为诗，就会缺少这一种情韵生动之美。"这正是吟诵在古典诗歌创作中所发挥的微妙作用。

吟诵时的那种涵泳玩味不仅使人沉浸在诗作的妙境之中，更是对人的道德品格、文化精神的一种潜移默化的熏陶和培养。叶圣陶先生曾指出："吟诵的时候，对于研究所得的不仅理智地了解，而且亲切地体会，不知不觉之间，内容与理法化而为读者自己的东西了，这是最可贵的一种境界。学习语文学科，必须达到这种境界，才会终身受用不尽。"其中所言之终身受用的"境界"，正是在涵泳品读中与诗人产生一种心灵的契合和共鸣，体会到作者在文字中传达出真实的感发生命。这种兴发感动的生命久而久之会深入人心，进而产生一种潜移默化的熏陶，佳趣自当得之。

徐复观先生曾说，中国传统经典"在人之所以为人的这一方面，确显示了常道，而对自己的民族，永远在精神的流注贯通中，与我们以启发鼓励、提撕、温暖，我觉得这是无可置疑的"。我们守着一批至可宝贵的文化经典，如何使其发挥鼓励、温暖人心的作用，吟诵无疑是直接进入的有效途径之一。

三

民国时期，传统吟诵虽然受到极大的冲击，唐文治先生出掌的无锡国专、上海南洋公学依然弦歌不辍，当时江南大批学生受益。唐文治先生将吟诵与作文有机结合，创造了"三十遍读文法"并应用于教学实践，他还制定了更为详尽的读文规则："学者读文，务以精熟背诵不差一字为主，其要法每读一文，先以三十遍为度。前十遍求其线索之所在，划分段落，最为重要。次十遍求其命意之所在，有虚意，有实意，有正意，有言中之意，有言外之意。再十遍考其声音，以求其神气，细玩其长短疾徐抑扬顿挫之致。三十遍后，自不知手之舞之，足之蹈之，虽读百遍而不厌矣。能得斯境，方能作文，然实各有其性之所近，至易而无难也。"① 范敬宜回忆起他 1945 年在国专沪校读书时听到唐先生吟诵自著的

---

① 唐文治：《唐文治文选》，上海交通大学出版社 2005 年版，第 264—265 页。

《英轺日记》时说："声震瓦屋，声泪俱下，其忧国之情，使学生无不为之动容。"钱基博先生同样在教学中重视古文吟诵，一位校友回忆他讲课的一个教学片段就颇能说明这一点："他讲《昭明文选》，眼不看台下，一坐下来，助教把文房四宝一摆开，他便摇头晃脑地吟诵起来，一面吟诵，一面圈点。我们也跟着他，模仿他亦步亦趋地吟诵圈点，往往一节课不讲一句话，就在这悠扬起伏的吟诵声中过去，我们也似有所悟，感到是一种享受。"① 传统吟诵在课堂上所发挥之作用由此可见。

恢复吟诵的当务之急就是要将吟诵纳入大中小学的教学中，让吟诵回归课堂。郑欣淼先生认为："吟诵归根到底，是一种学习、教育方法。恢复和发展吟诵传统的关键，就是使它进入教育体系，回到普通中国人的生活中。"② 在一些学者的呼吁下，目前吟诵的传承已经得到相关教育部门的重视，相信在不久的将来会纳入我们的教育体系。

吟诵若进入课堂，吟诵师资之难觅则是当前吟诵传承面临的一个重要问题。当务之急，是要培养一些热爱吟诵并对传统有着深刻了解和体悟的年轻学子，让他们承担起承传的责任。叶嘉莹先生曾热切地希望："中小学的教师们，或者目前正在师范学校肄业以后将从事中小学教育的青年们，能够首先学会吟诵，如此自然可以在教学中以口耳相传的吟唱方式，使吟诵的传统能在下一代学童中扎下根来。"③ 我们也希望越来越多的师范院校能够开设吟诵的相关课程，一些教育机构也能定期举办语文教师的吟诵培训班，吟诵学者积极推广吟诵视频音像资料，加强吟诵师资的培养，使吟诵能够正式回归课堂，发挥其应有的作用，重振中国古典诗文的吟诵传统。

① 伍大希：《七十年家与国——伍大希演讲实录》，湖南文艺出版社2002年版，第17页。
② 郑欣淼：《让吟诵回到生活中》，《光明日报》2010年5月12日版。
③ 叶嘉莹：《叶嘉莹自选集》，南开大学出版社2004年版，第44页。

校园创意周边与传统文化
再生产的路径探索

——以北京师范大学文学院南山工作室为例

传统文化走进校园需要创造性转化，周边产品走进校园需要创意的激发，年轻人则是二者共享的受众群体。如何将传统文化的厚重内涵与周边产品的活泼形式相结合，创制出符合当代年轻人接受模式的校园文创产品，是传承与发扬中华优秀传统文化、实现中华民族文化自信的题中之意。北京师范大学文学院南山工作室成立于 2016 年，截至目前已打造了一批以"诗酒李白"为代表的核心品牌 IP 以及诗词人物衍生周边体系，在校园创意周边与传统文化再生产的路径上做了许多工作。本文将从缘起、初创、成果、联动四个方面来阐述南山工作室的探索历程，以供参考指正。

一 缘起：首部古典诗词吟唱剧《诗酒李白》

（一）量变质变：从吟唱到吟唱剧

古典诗词是中国古代文学之瑰宝，集格律美、意境美、辞采美和含

蓄美为一身。《毛诗序》云："诗者，志之所之也，在心为志，发言为诗，情动于中而形于言，言之不足，故嗟叹之，嗟叹之不足，故咏歌之，咏歌之不足，不知手之舞之足之蹈之也。"诗者通过"发言""嗟叹""咏歌"乃至"舞蹈"等多种方式来呈现诗词意境和自身情感。其中"吟唱"就是中国古典诗文创作和学习的重要辅助方式，它与古典诗歌相伴而生，紧密相融。历代文人的诗词创作、交流多以吟唱为表现方式。吟唱保存了中国传统音乐文化，是音乐、语言与文学的结合，体现出一种文化共生互通的现象，是中国传统文化的宝贵财富。

"古典诗词吟唱剧"则是北京师范大学南山诗社在此基础之上，将古典诗词吟唱与戏剧相综合所创造出的一种试验性的新舞台表演形式。北京师范大学南山诗社自成立以来，立足古典诗词，通过学习"吟唱"这一载体继承和弘扬中华优秀传统文化。南山诗社坚持通过吟唱来深入揣摩诗词内蕴，体味诗词情感，以"感发性情、吟咏精神"为口号，以旋律表现诗词，将诗词融入旋律。

2014年时，南山诗社首次提出古典诗词吟唱剧的概念，2015年5月15日，首部古典诗词吟唱剧《诗酒李白》，在北京师范大学学生活动中心上演，通过戏剧与李白诗作的结合展现了一代诗仙的人生。《诗酒李白》由北京师范大学文学院教授康震担任文学策划、台湾辅仁大学教授孙永忠担任吟唱指导，该剧一共分为"黄鹤留别""牡丹梦觉""浊世清音"和"诗风酒骨"四幕。以唐代大诗人李白的一生为线索，讲述了天界的太白金星醉酒后触怒玉帝，被贬下凡，化身李白，经历62年人间磨炼；而与太白金星有约酒仙为从李白处寻得一酒方的谜底，一路追随，见证了他黄鹤楼上的快意直言、朱门皇宫中的蔑视权贵，歌坊门前的慷慨解囊，以及扶桑友人的思念赞扬，李白恣意豪情的人生画卷也徐徐铺展在观众眼前，最后二人在随江流流逝的小舟中论道飞升而去，成就了这一段诗酒传奇人生。伴随着故事的发展，南山诗社先后吟唱了十首经典李白诗词作品，包括《渡荆门送别》《黄鹤楼送孟浩然之广陵》《清平调》《月下独酌》《关山月》《秋风词》《哭晁卿衡》《宣州谢朓楼饯别校书叔云》《将进酒》《下江陵》等。

(二) 国学青春: 从抽象到具象化

笔者曾参演古典诗词吟唱剧《诗酒李白》且担任剧目的视觉设计师，因此对诗人李白的形象情有独钟。以北京师范大学文学院南山诗社出品的国内首部古典诗词吟唱剧《诗酒李白》为契机，为了使李白的形象具体生动，在平面宣传的设计之初，参照了剧中李白的定妆人物形象设计了李白的二维卡通形象，并在宣传海报中就以卡通李白和成人李白相邀对酌的姿态作为画面主体来吸引学生的目光。在节目单中笔者也广泛使用了卡通李白。在门票中采取了门票书签化的策略，并且根据门票的发放对象差异设计了不同形态的卡通李白动作来适配，有持酒杯、拿书卷等不同形态。在舞台布景的设计中，以实景描绘虚意，舞台整体分成了四个区域，由古筝、二胡、笛箫等乐池区代指琴，由经纬线毯和书籍堆叠而成的表演区代指棋，由一幅书法作品和绘画作品构成的背景区代指书画，由南山诗社歌队组成的吟唱区勾连起琴棋书画，共同呈现出诗人李白的风骨。

2016 年，在北京师范大学文学院的大力支持下，以南山诗社的核心骨干成员为依托，成立了南山工作室。时逢 2016 届全体文学院学生毕业季，南山工作室以"天生我材必有用"为毕业寄语，设计并制作了"诗酒李白"毛绒玩具作为全体文学院毕业生的礼物，与此同时，还面向全社会展开了"100 个小李白"的众筹活动。此外，文学院还将"诗酒李白"作为文学院学生境外交流的中华传统文化"带队教师"，拍摄并制作了"小李白带你游学世界"的系列推送报道。

二 初创: 南山工作室团队组建与设计理念

(一) 品牌标识: 阳刻与阴刻互为表里

南山工作室与南山诗社同气连枝，在品牌标识上则通过中国篆刻的阴阳刻的方式来体现这种关系。南山诗社的标识是由篆体的"南"和"山"拼合、变形而成，采用了阴刻的设计思路，与此同时，南山工作室的标识同样是由篆体的"南"和"山"拼合、变形而成，但是采用了阳刻的设计思路，二者一阴一阳，相辅相成，互为表里。

（二）组织架构：多层次多维度一体化

所谓多层次，即是指人员构成上涵盖本、硕、博三个层次。其中本科多为南山诗社的高年级核心骨干成员，主要是三四年的同学。其中硕士多为南山诗社继续深造读研的老成员，南山工作室为已经本科毕业的南山诗社成员在研究生阶段提供了新的平台与助力。其中博士则为文学院的指导教师，他们为南山工作室的健康运转保驾护航。

所谓多维度，即是指团队运营上囊括产、学、研三个维度。南山工作室以诗词吟唱为核心，在学的方面致力于古典诗词吟唱的精进理解，深入到诗词背后了解曲调的来源、选择、诗词内涵、相关学术研究等，在研的方面致力于古典诗词吟唱的教材、教案、教具的研发与设计，将自己所学用于研究，在研究中不断学习，而在产的方面则囊括了古典诗词吟唱的教学人才、课程体系、影像光盘、周边产品等。

在打通了不同学历层次的人员流动体制机制外，基本实现了产学研的一体化全过程，在这样一套人员的培养机制下，每一个参与者都可以在不同的阶段找到自己合适的位置，保证了南山工作室的持久运行。

三　成果：打造以"诗酒李白"为代表的 IP

（一）形象代言：毛绒公仔"诗酒李白"

毛绒公仔"诗酒李白"又称"小李白"，头大呆萌，可直立放置，身穿唐朝官服，头戴黑色乌纱帽，左手端于胸前，右手背于身后，双脚脚底分别印有由南山工作室的红色徽标以及由北京师范大学文学院康震教授题写的"诗酒李白"的白色书法字样。其头顶戴着的乌纱帽为可穿戴式，能够自由摘取。李白的胡子为不规则三角形，可用于儿童的抓取和把玩。

《诗酒李白》古典诗词吟唱剧以古典诗词吟唱为核心，集传统服饰、民族器乐、东方古典舞、传统礼仪、历史事实、民间风俗等于一体，充分利用诸如灯光、音效等现代化技术手段的综合性舞台艺术，着力展现传统写意之美的东方戏剧形式。脱胎于此的毛绒玩具"诗酒李白"，结合吟唱剧的相关内容以及自身的存在合理性，对人物设定做了些微调整。

"诗酒李白"乃是才华横溢的太白金星、恣意豁达的酒仙以及传奇坎坷的诗人李白三者合一的"谪仙人",他融合了神、仙、人的特点,下面就听我讲述他的故事。酒仙觅得一酒方,却猜不出其中诗谜所喻引子,意欲询问灵性极强、通晓所有谜底的太白金星,却赶上生性狂傲的太白金星喝酒误事,不小心毁了62朵御前牡丹,因此被玉皇大帝贬下凡界而为李白。在红尘中,太白金星以天宝元年42岁的中年李白形象示现,酷爱饮酒赋诗,也因此受到唐玄宗的赏识,得以供奉翰林。酒仙得知成为凡人的李白唯有在将醉未醉之刻,其太白灵性才能得以恢复,协助自己猜出谜底。为此酒仙作为李白的监督者,不仅追随了他的一生,也为从他口中套出谜底使尽浑身解数。在多次的"较量"与旁敲侧击中,酒仙见证了凡人李白的快意慷慨、豪放真诚,以及文人雅士、扶桑友人、舞坊歌女对他的赞扬与思念,酒仙也终于似有所悟。在凡人李白走完62年人生即将魂归天际之时,酒仙再次来到他的身边,化身县令李阳冰与李白促膝长谈,二人相视而笑,终得以道破诗谜天机。至此,凡人李白、太白金星与酒仙不分彼此融为一体,成为人世间独一无二的诗仙"诗酒李白"。

这款"诗酒李白"毛绒玩具便是在此剧目的背景启发之下,以儿童为本位,通过卡通的方式将李白形象具体化,丰富而立体地呈现李白的当代教育意义。

(二)课堂教具:黏土手办"诗酒李白"

在课堂教学的过程中,让学生自己动手做一个"诗酒李白"会让学生更有参与感和体验感。以白色的超轻黏土为主体就可以捏出李白的身形,再用橙色的超轻黏土通过脸部磨具捏出李白的头型,给头型配上五官以及黑色超轻黏土捏制的管帽,再用绿色的超轻黏土捏出酒杯,蓝色的超轻黏土捏出云彩,相互组合调整后,辅之以牙签来搭建骨架,就可以让学生捏出属于自己的"诗酒李白"手办。在捏的过程中,不断刺激着学生去思考李白的形象究竟是什么样的,通过哪些诗句或文献可以佐证,自己又该如何去呈现心目中的李白形象,在这样反复的过程之中,虽然手办可能尚未捏出来,但是在学生的心中已经成形了属于他的可感可知的具体的李白形象。

四　联动：通过诗词衍生周边讲好中国故事

（一）办公用品："诗意不烦"系列文件夹

"诗意不烦"系列文件夹的灵感来源主要是以苏轼、李白、杜甫的文学形象和历史故事为依托，结合他们流传下来的代表性诗句，特此设计了"杜工部地产""东坡颂肉""诗酒李白"三款文件夹，旨在用趣味诙谐的当代解读方式，来呈现"诗意不烦"的人生追求和生活理念。

"杜工部地产"的人物形象为杜甫，有正脸朝右、正脸朝左、背对提手三种姿态，所用诗句出自《茅屋为秋风所破歌》，创意句为"茅屋又破了"，主题词为"不破"，主题色为"正灰"，图文排版规则采用"黄金分割比例"。其人物设定为杜甫旅居成都之时，看到自家房屋顶上的茅草又被风吹走了，于是愁眉苦脸地说道："茅屋又破了！"但是他并没有为窘迫的现实所折服，反而是在心中树立起更为广大的志愿，"安得广厦千万间，大庇天下寒士俱欢颜！"自此杜甫成立了以"不破"为口号的"杜工部地产"，并修建了一批质优价廉的房子，深受广大人民群众的赞誉。

"东坡颂肉"的人物形象为苏轼，有执筷吃饭、捧碗打饭、托腮趴地三种姿态，所用诗句出自《猪肉颂》，主题词为"不肥"，主题色为"天青"，图文排版规则采用"黄金分割比例"。其人物设定为苏轼被贬黄州的时候，他没有因此郁郁寡欢食欲不振，反而乐观豁达热爱生活。苏轼发现当地的猪肉品质优良价格低廉，于是他一心专研烹调技法，发明了吃起来口感"不肥"的红烧肉，连自己都要"早晨起来打两碗，饱得自家君莫管"，自此"东坡颂肉"的佳话在当地广为流传，而东坡肉也成了黄州人过年过节餐桌上的传统美食。

"诗酒李白"的人物形象为李白，有持杯腾云、拿卷腾云、醉酒躺地、背对提手、正面抬手五种姿态，所用诗句出自《将进酒》，主题词为"不醒""不见""不愁"，主题色为"精白"，图文排版规则采用"黄金分割比例"。其人物设定为李白自长安放还以后，为排解心中的苦闷，与好友借酒消愁。李白不仅才华横溢，还酷爱饮酒作诗，当他喝得酩酊大醉的时候，便短暂地回想起了自己乃是天上的"诗仙"，他举着酒杯腾云驾雾，遨游在无拘无束的天地山水之间，豪放地吟咏着"天生我材必有用"。随着酒劲逐渐消退，他的仙躯也不断缩小将要回归凡体。酒醒之前，"诗仙"躺在李白的帽子上，他希望自己能长醉"不醒"，小人"不见"，心中"不愁"。

（二）福字对联："廿四节气"与"中国剪纸"

民俗生活是传统文化不可割裂的一部分，将诗词人物形象结合一定的岁时节令特征融入产品设计之中，就显得自然而然。文学院南山工作室在 2017 年春节，首次将"诗酒李白"的形象融入春节福字的设计当中。用身穿喜庆红衣的李白置换"福"字的示字旁。同期，"二十四节气"入选世界非物质文化遗产名录，因此用二十四节气的小篆字体拼合出"福"字右半边的形体，再配合上由启功书法和鸡年生肖构成的对联，一同构成了"廿四节气"和"诗酒李白"相互碰撞的主题新春套件。在 2018 年春节来临之际，文学院南山工作室又将"东坡颂肉"与"福"字相结合，并且把卡通版苏东坡和"福"字都设计成为中国剪纸的风格，再配以由穷刷和狗年生肖构成的对联，一同构成了"中国剪纸"和"东坡颂肉"相互碰撞的主题新春套件。诗词与民俗都是传统文化的重要组成部分，二者相互交融，可以产生出丰富多彩的创意。

形式永远在不断地推陈出新，文化永远在不断地积累沉淀，只有通过人的思考与努力才能够架起二者之间的桥梁，创意就在人的思考与实践中涌现。